Basiswissen Lernen im Sport

Reihe herausgegeben von
Nils Neuber, Institut für Sportwissenschaft, Universität Münster,
Münster, Nordrhein-Westfalen, Deutschland

Der Sport hat sich im 20. Jahrhundert zu einem zentralen sozialen Phänomen entwickelt, das weite Bereiche der Gesellschaft, wie das Freizeit-, Bildungs-, Gesundheits-, Wirtschafts- und Mediensystem, durchdringt. Die Ausprägungsformen des Sports sind nahezu unbegrenzt: Kinder- und Jugendsport, Schul- und Vereinssport, Freizeit- und Breitensport, Leistungs- und Wettkampfsport, Abenteuer- und Trendsport, Gesundheits- und Alterssport u.v.m. Entsprechend komplex sind die Rahmenbedingungen und Themen des Lernens im Sport. Die Lehrbuchreihe Basiswissen „Lernen im Sport" greift diese Voraussetzungen auf und gibt eine Einführung in zentrale Gegenstandsbereiche und Themen des Lernens im Sport. Dabei wird eine sozialwissenschaftliche Perspektive eingenommen und auf Teildisziplinen, wie Sportpädagogik, Sportdidaktik, Sportpsychologie und Sportsoziologie, zurückgegriffen.

In übersichtlichen und klar gliederten Darstellungen finden Leserinnen und Leser einen komprimierten Überblick zum Fachgegenstand. Definitionen, zusammenfassende Übersichten und kommentierte Literaturhinweise helfen, das Gelernte zu vertiefen. Damit wird ein sicherer Einstieg in wichtige Begriffe und Themenfelder der Sportwissenschaft ermöglicht. Die Lehrbuchreihe Basiswissen „Lernen im Sport" richtet sich in erster Linie an Studentinnen und Studenten sportwissenschaftlicher Studiengänge, bietet aber auch Anknüpfungspunkte für verwandte Studiengänge, wie Erziehungs- und Sozialwissenschaft. Entsprechend orientiert sich die Konzeption der Bände am Arbeits- und Studienalltag von Studierenden und Lehrenden an der Hochschule. Darüber hinaus kann die Lehrbuchreihe auch von Schüler/innen, Lehramtsanwärter/innen, Lehrer/innen sowie Mitarbeiter/innen aus Sport, Jugendhilfe und Wohlfahrtsverbänden genutzt werden.

Weitere Bände in der Reihe http://www.springer.com/series/16449

Nils Neuber

Fachdidaktische Konzepte Sport II

Themenfelder und Perspektiven

Nils Neuber
Universität Münster
Münster, Deutschland

ISSN 2662-5601　　　　　　ISSN 2662-561X (electronic)
Basiswissen Lernen im Sport
ISBN 978-3-658-30248-1　　　ISBN 978-3-658-30249-8 (eBook)
https://doi.org/10.1007/978-3-658-30249-8

Die Deutsche Nationalbibliothek verzeichnet diese Publikation in der Deutschen Nationalbibliografie; detaillierte bibliografische Daten sind im Internet über http://dnb.d-nb.de abrufbar.

© Springer Fachmedien Wiesbaden GmbH, ein Teil von Springer Nature 2021
Das Werk einschließlich aller seiner Teile ist urheberrechtlich geschützt. Jede Verwertung, die nicht ausdrücklich vom Urheberrechtsgesetz zugelassen ist, bedarf der vorherigen Zustimmung des Verlags. Das gilt insbesondere für Vervielfältigungen, Bearbeitungen, Übersetzungen, Mikroverfilmungen und die Einspeicherung und Verarbeitung in elektronischen Systemen.
Die Wiedergabe von allgemein beschreibenden Bezeichnungen, Marken, Unternehmensnamen etc. in diesem Werk bedeutet nicht, dass diese frei durch jedermann benutzt werden dürfen. Die Berechtigung zur Benutzung unterliegt, auch ohne gesonderten Hinweis hierzu, den Regeln des Markenrechts. Die Rechte des jeweiligen Zeicheninhabers sind zu beachten.
Der Verlag, die Autoren und die Herausgeber gehen davon aus, dass die Angaben und Informationen in diesem Werk zum Zeitpunkt der Veröffentlichung vollständig und korrekt sind. Weder der Verlag, noch die Autoren oder die Herausgeber übernehmen, ausdrücklich oder implizit, Gewähr für den Inhalt des Werkes, etwaige Fehler oder Äußerungen. Der Verlag bleibt im Hinblick auf geografische Zuordnungen und Gebietsbezeichnungen in veröffentlichten Karten und Institutionsadressen neutral.

Planung/Lektorat: Stefanie Laux
Springer VS ist ein Imprint der eingetragenen Gesellschaft Springer Fachmedien Wiesbaden GmbH und ist ein Teil von Springer Nature.
Die Anschrift der Gesellschaft ist: Abraham-Lincoln-Str. 46, 65189 Wiesbaden, Germany

Dank

Für die Unterstützung bei der Entwicklung dieses Lehrbuchs danke ich zunächst unseren Studentinnen und Studenten im Master of Education, die die Inhalte des Bandes mit ihren kritischen Nachfragen in der Vorlesung „Fachdidaktische Konzepte" einem permanenten Praxistest unterzogen haben. Greta Brodowski, Clarissa Lamm und Esther Schwarz standen mir in allen Fragen der Textrecherche zur Seite und haben die Literaturverzeichnisse zusammengestellt. Philipp Ciupke bewies Geduld und Sachverstand bei der Gestaltung der Abbildungen. Kollegiale Rückmeldungen kamen von Kathrin Aschebrock, Marion Golenia, Uta Kaundinya, Renate Nocon-Stoffers, Sebastian Salomon und ganz besonders von Franziska Duensing-Knop und Esther Pürgstaller, die das gesamte Manuskript gelesen haben. Kathrin Aschebrock hat die Schlussredaktion übernommen und dabei den Zitierstandard perfektioniert. Nils „Kaufi" Kaufmann hat den Schreibtanker mit ruhiger Hand um alle Klippen herum navigiert und alle nötigen Arbeitsschritte koordiniert. Und meine Frau Frauke Neuber hat mir wie immer den Rücken freigehalten oder gestärkt, je nachdem was gerade nötig war. Ihnen allen danke ich herzlich für ihre tatkräftige Unterstützung.

Münster im Oktober 2020   Nils Neuber

Inhaltsverzeichnis

1 Einleitung 1
2 Grundzüge sportdidaktischer Konzepte........................ 9
3 Wahrnehmung und Körpererfahrung 31
4 Kreative Bewegungserziehung 51
5 Erlebnis- und Abenteuersport............................... 75
6 Leisten, Leistung und Erfolg im Sport 95
7 Soziales Lernen im Sport................................... 115
8 Gesundheitsförderung im Sport 137

Einleitung 1

Der Sport hat sich in der zweiten Hälfte des 20. Jahrhunderts zu einem bedeutsamen gesellschaftlichen Phänomen entwickelt. Kinder- und Jugendsport, Freizeit- und Breitensport, Leistungs- und Wettkampfsport, Abenteuer- und Trendsport, Gesundheits- und Alterssport u.v.m. – die **Formen des Sports** sind nahezu unbegrenzt. Zugleich durchdringt die „Sportidee" weite gesellschaftliche Bereiche wie das Freizeit-, Bildungs-, Gesundheits-, Wirtschafts- oder Mediensystem. Sport ist damit „mehr als die Summe der Sportarten, Sportaktivitäten und Sportgelegenheiten. Sport ist ein Teil des alltäglichen Lebens vieler Menschen geworden" (Grupe und Krüger 2007, S. 69). Im Zuge der **Ausdifferenzierung des Sports** hat er allerdings eine enorme Komplexitätssteigerung erfahren, die sich in einer zunehmenden Entgrenzung des traditionellen Sportbegriffs ausdrückt. Sport kann der Leistungssteigerung, der Kontaktaufnahme, der Selbstdarstellung, der Körperformung, der Entspannung, der Gesundheitsförderung u.v.m. dienen. Im vorliegenden Fall wird er in pädagogischer Absicht ausgelegt. Dabei geht es insbesondere um die **Förderung von Kindern und Jugendlichen** in und durch Bewegungs-, Spiel- und Sportaktivitäten.

Bewegung und Sport gehören zu den häufigsten und wichtigsten Tätigkeiten im **Aufwachsen von Kindern und Jugendlichen.** Bereits im Vorschulalter nehmen die meisten Mädchen und Jungen regelmäßig an Bewegungsangeboten in Kindertagesstätten oder Sportvereinen teil. Im Grundschulalter steigen die Bindungsraten von Sportvereinen teilweise auf über 80 % einer Alterskohorte an, und auch im Jugendalter betreiben fast alle Heranwachsenden mindestens eine Sportart regelmäßig (vgl. Züchner 2013). Sporttreiben kann damit ohne Bedenken als **jugendspezifische Altersnorm** bezeichnet werden (Zinnecker 1991). Allerdings sind Bewegungs-, Spiel- und Sportaktivitäten nicht per se pädagogisch bedeutsam. Ihre pädagogische Wirkung hängt zum einen von

© Springer Fachmedien Wiesbaden GmbH, ein Teil von Springer Nature 2021
N. Neuber, *Fachdidaktische Konzepte Sport II*, Basiswissen Lernen im Sport,
https://doi.org/10.1007/978-3-658-30249-8_1

den Rahmenbedingungen ab, unter denen sie stattfinden. Verschiedene **Lernorte** bieten unterschiedliche formale, non-formale und informelle Lern- und Bildungspotenziale, die von Heranwachsenden jeweils unterschiedlich genutzt werden können (vgl. Neuber und Golenia 2019). Zum anderen ist die pädagogische Wirkung von Sportangeboten maßgeblich von ihrer **pädagogischen Inszenierung** abhängig, d. h. von der Art und Weise, wie sie gestaltet werden.

In dieser Hinsicht orientieren sich sportdidaktische Arbeiten in der Regel an der doppelten Zielsetzung einer **Erziehung zum Sport** und einer **Erziehung durch Sport** (vgl. Scherler 1997). Auf dieser Basis begründet auch Beckers (2001) zwei **Aufgaben pädagogischen Handelns im Sport** (vgl. Abb. 1.1):

▶ **Erziehung** Ausgehend von den Anforderungen der Gesellschaft zielt Erziehung auf die Strukturierung des Denkens, Fühlens und Handelns. Bezogen auf das Feld des Sports bedeutet das die Vermittlung von Fähigkeiten und Fertigkeiten, Einstellungen und Kenntnissen, die man zum Sporttreiben in einer Gesellschaft braucht.

▶ **Bildung** geht dagegen von den individuellen Möglichkeiten und Wünschen des Einzelnen aus und zielt auf die Lebensgestaltung des Subjekts. Auf den Sport bezogen heißt das, dass das Individuum in die Lage kommt, sich in der Vielfalt sportlicher Angebote zurechtzufinden, einen eigenen Standpunkt zu entwickeln und Sport sinnvoll in seinen Lebensalltag zu integrieren.

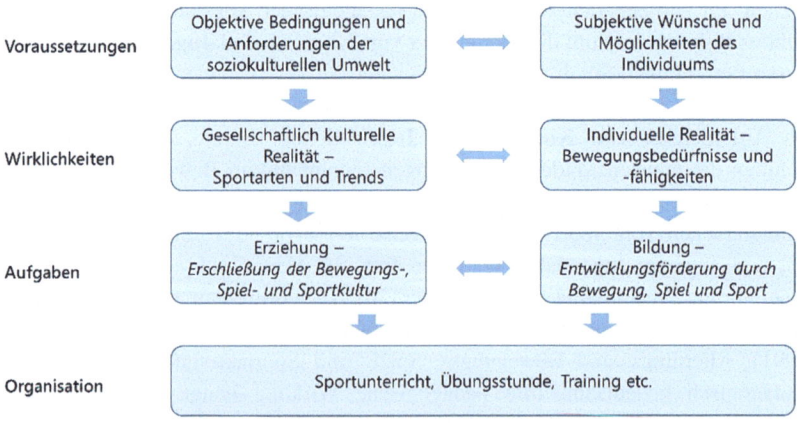

Abb. 1.1 Pädagogisches Handeln im Sport. (Mod. nach Beckers 2001, S. 30)

1 Einleitung

Beide Aspekte pädagogischen Handelns sind nur in wechselseitiger Verschränkung zu denken. Während Erziehung auf die **Sache** gerichtet ist und dabei „Muster geformten Verhaltens" vermittelt, zielt Bildung auf die **Person** und deren Fähigkeit zur Selbstgestaltung, die den selbstbestimmten Umgang mit diesen Mustern einschließt (Beckers 2001, S. 30).

▶ **Doppelauftrag des Schulsports** Die zwei Aufgaben pädagogischen Handelns bilden die Grundlage für den Doppelauftrag des Schulsports: Erschließung der Bewegungs-, Spiel- und Sportkultur sowie Entwicklungsförderung durch Bewegung, Spiel und Sport (MSW NRW 2014).

Der Auftrag geht einher mit Prinzipien eines **Erziehenden Sportunterrichts,** wie denen der Mehrperspektivität, Erfahrungs- und Handlungsorientierung, Reflexion, Verständigung oder Wertorientierung (MSWWF NRW 1999). Mit dieser explizit pädagogischen Perspektive auf den Sport kann der Schulsport einen spezifischen Beitrag zum allgemeinen **Erziehungs- und Bildungsauftrag der Schule** leisten. Dementsprechend werden neben fachimmanenten Zielen Beiträge des Schulsports zu überfachlichen Aufgaben der Schule genannt, z. B. Verkehrserziehung, Gesundheitsförderung, interkulturelle Erziehung, politische Bildung, ästhetische Erziehung oder reflexive Koedukation (MSWWF NRW 1999). Auch **außerschulische Erziehungs- und Bildungskonzepte** im Sport beziehen sich auf die Idee eines doppelten Auftrags pädagogischen Handelns (vgl. Neuber 2018). Ohne an dieser Stelle vertiefender auf diese pädagogische Argumentation eingehen zu können, ist damit die Grundlage für die **Förderung von Kindern und Jugendlichen** in und durch Bewegung, Spiel und Sport skizziert.

Es bleibt zu fragen, welche Kompetenzen Lehrende im schulischen und außerschulischen Feld benötigen, um in dieser Weise förderlich handeln zu können. Zur Beschreibung der Kompetenzen hat sich ein **dimensionales Kompetenzmodell** bewährt, das auf dem „Model of Teacher Development" von Terhart (2007) basiert (vgl. Abb. 1.2). Die Kompetenz von Lehrkräften entwickelt sich danach aus dem Zusammenspiel von kognitiven, moralischen und praktischen Dimensionen (Terhart 2007, S. 49–50). Die erste Dimension bezieht sich auf das **Wissen,** das sie über Schule und Unterricht, Lehrende und Lernende benötigen, um erfolgreich handeln zu können. Die zweite Dimension betrifft die Einstellungen und **Haltungen,** das pädagogische Selbstverständnis, das für pädagogisches Handeln im Sport(unterricht) nötig ist. Die dritte Dimension zielt auf das didaktische **Handeln** oder bescheidener: die Fähigkeit

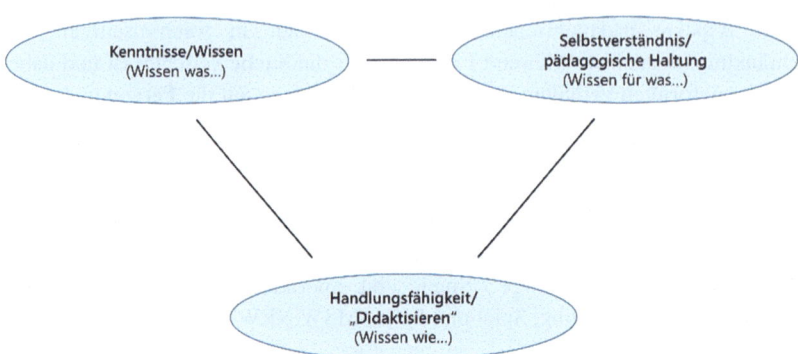

Abb. 1.2 Dimensionales Kompetenzmodell der Sportlehrerbildung. (Mod. nach Terhart 2007, S. 50)

des „Didaktisierens", also des Didaktisch-Denken-Könnens (vgl. Neuber 2016). Die dreidimensionale Grundstruktur des Modells kann bei Bedarf auf Teilkompetenzen, wie die Sach-, Selbst- oder Sozialkompetenz von Lehrenden, bezogen werden (vgl. Miethling und Gieß-Stüber 2007).

Das Kompetenzmodell verweist auf zentrale Dimensionen der **Qualifikation von Sportlehrerinnen und Sportlehrern**. Dabei ist zunächst unerheblich, ob es sich um Studierende, Referendare oder Lehrkräfte im Beruf handelt. Auch im außerschulischen Bereich, etwa in der Ausbildung von Übungsleiterinnen und Übungsleitern im Verein, sind diese Dimensionen von grundlegender Bedeutung (Golenia und Neuber 2014). Entscheidend ist, dass das Modell wesentliche **Aspekte pädagogischen Handelns im Sport** adressiert, die im Rahmen der Qualifikation von Lehrenden angesprochen werden sollten. In diesem Sinne ist das dimensionale Kompetenzmodell auch Grundlage für das vorliegende Lehrbuch „Fachdidaktische Konzepte Sport II – Themenfelder und Perspektiven", das dementsprechend drei zentrale **Zielsetzungen** verfolgt:

- Zunächst sollen **grundlegende Kenntnisse** zu Themenfeldern und Perspektiven des Sportunterrichts vermittelt werden. Dabei geht es weniger um übergreifende Konzepte zur Beschreibung des Sportunterrichts *allgemein*, als vielmehr um die Darstellung *spezifischer* fachdidaktischer Konzepte in Anlehnung an die sechs Pädagogischen Perspektiven „Eindruck", „Ausdruck", „Wagnis", „Leistung", „Soziales" und „Gesundheit".

1 Einleitung

- Des Weiteren sollen die Leserinnen und Leser durch die Darstellung verschiedener fachdidaktischer Positionen einen Überblick über das Handlungsspektrum in spezifischen Bereichen erhalten. Dazu werden in jedem Kapitel ausgewählte Konzepte exemplarisch gegenübergestellt. Letztlich soll damit die Möglichkeit gegeben werden, im Sinne eines **pädagogischen Selbstverständnisses** eine *eigene* fachdidaktische Position einnehmen und begründen zu können.
- Schließlich zielt das Lehrbuch auf das **praktische Denken und Handeln** von Lehrerinnen und Lehrern im Sport im Sinne eines „Didaktisch-Denken-Könnens". Ausgehend von Grundbegriffen und Grundlagen werden in den Kapiteln jeweils Konzepte mit konkreter Umsetzungsorientierung vorgestellt. Dazu werden Hinweise zu Ziel-, Inhalts- und Methodenentscheidungen sowie Tipps zum Weiterlesen und -denken gegeben. Reflexionsfragen beenden die Kapitel jeweils (siehe Kasten).

Der Aufbau des Lehrbuchs folgt einem einfachen unterrichtstheoretischen **Grundmodell für den Sportunterricht** (vgl. Abb. 1.3). Ausgehend von soziokulturellen Rahmenbedingungen und spezifischen pädagogischen Grundlagen werden in diesem Band die **Entscheidungsfelder** „Ziele", „Inhalte" und „Methoden" des Modells vorgestellt. Das geschieht entlang der sechs Pädagogischen Perspektiven in Kapiteln zu Wahrnehmung und Körpererfahrung, Kreativer Bewegungserziehung, Erlebnis- und Abenteuersport, Leisten, Leistung und Erfolg im Sport, Soziales Lernen im Sport sowie Gesundheits-

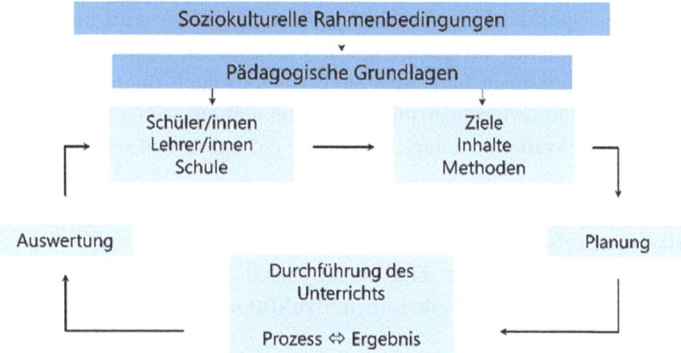

Abb. 1.3 Unterrichtstheoretisches Grundmodell des Sportunterrichts. (Mod. nach Neuber 2000, S. 103)

förderung im Sport. Die Pädagogischen Perspektiven gehören – mit wechselnden Bezeichnungen – zum Grundbestand eines „Mehrperspektivischen Sportunterrichts" (Balz und Neumann 2013). Ein weiterer Band widmet sich den **Voraussetzungsfeldern** des Models mit den Bereichen „Schülerinnen und Schüler", „Lehrerinnen und Lehrer" sowie „Schule und Schulsport". Konkret geschieht das in Kapiteln zu Kindern als Zielgruppe im Sport, Jugendlichen als Zielgruppe im Sport, Mädchen und Jungen als Zielgruppe im Sport, Heterogenen Zielgruppen im Sport, Sportlehrerinnen und Sportlehrern sowie Bewegung, Spiel und Sport in der Schulentwicklung (Neuber 2020). Allgemeine **pädagogische und didaktische Grundlagen** einer Fachdidaktik Sport werden in einem weiteren Band zusammengefasst (Neuber 2022). Konkrete Grundlagen des Sportunterrichts in der Schule (Strukturperspektive), zum Planen, Durchführen und Auswerten des Sportunterrichtens (Prozessperspektive) sowie zum Praxissemester im Sport sollen in weiteren Bänden bearbeitet werden.

Bei den hier vorgestellten fachdidaktischen Ansätzen handelt es sich – mit Ausnahme des einführenden Kapitels 2 – um **Konzepte mittlerer Reichweite**, d. h. sie konzentrieren sich auf ausgewählte Teilbereiche des didaktischen Handelns im Sport, etwa zu Leisten und Leistung, zum Sozialen Lernen oder zur Gesundheitsförderung im Sport. Die Sportdidaktik bietet zahlreiche Ansätze dieser Art, die für die Praxis des Schulsports relevant sind, die bislang aber kaum im Überblick dargestellt wurden (siehe Kap. 2). Die Auswahl der vorgestellten Konzepte ist zwangsläufig subjektiv. Insofern geht es nicht um Vollständigkeit, sondern um ein **Orientierungsangebot** im Spektrum fachdidaktischer Positionen (Balz 2009), das es den Leserinnen und Lesern erlaubt, einen eigenen Standpunkt zu entwickeln. Insgesamt sollen damit Grundlagen für Studium und Lehre im Bereich der Sportdidaktik vorgelegt werden. Zugleich wird ein vergleichsweise großes **Spektrum an pädagogischer Praxis im Sport** abgebildet, das nicht nur für Studentinnen und Studenten, sondern auch für Schülerinnen und Schüler, Lehramtsanwärterinnen und -anwärter, Lehrerinnen und Lehrer sowie pädagogische Fachkräfte im außerschulischen Feld interessant sein kann.

Rubriken des Lehrbuchs
Die Kapitel des Lehrbuchs sind immer gleich aufgebaut. Zur leichteren Orientierung werden jeweils dieselben **Strukturmerkmale** verwendet:

- Eine **Zusammenfassung** gibt vorab einen Überblick über Ausrichtung und Inhalte des Kapitels.

- Die **Einführung** skizziert die Bedeutung des Themas und stellt den Bezug zum Gesamtzusammenhang des Lehrbuchs her.
- Zentrale **Grundbegriffe** eines Themas werden zu Beginn überblicksartig kurz vorgestellt.
- Anschließend werden die sportdidaktischen **Grundlagen** eines Themas umfassend, aber prägnant entwickelt.
- Auf dieser Grundlage werden jeweils vier ausgewählte **Fachdidaktische Konzepte** zum jeweiligen Thema exemplarisch vorgestellt.
- Zur Verdeutlichung des Spektrums an fachdidaktischen Positionen werden die **Konzepte im Überblick** abschließend noch einmal gegenübergestellt.
- **Reflexionsfragen** regen zum Nachdenken an; sie zielen nicht nur auf die Reproduktion des Wissens, sondern sollen auch den Transfer in die Praxis anregen.
- Grundlegende **Definitionen** werden im Text gesondert ausgewiesen.
- **Literaturtipps** ergänzen den Text und sollen zum Weiterlesen anregen.
- Zudem gibt es jeweils einen **Wissensbaustein,** der eine andere, mitunter querliegende Perspektive auf das Thema des Kapitels bietet.

Literatur

Balz, E., & Neumann, P. (2013). Mehrperspektivischer Sportunterricht. In H. Aschebrock & G. Stibbe (Hrsg.), *Didaktische Konzepte für den Schulsport* (S. 148–177). Aachen: Meyer & Meyer.

Balz, E. (2009). Fachdidaktische Konzepte update oder: Woran soll sich der Schulsport orientieren? *Sportpädagogik, 33*(1), 25–32.

Beckers, E. (2001). Sportpädagogik und Erziehungswissenschaft. In H. Haag & A. Hummel (Hrsg.), *Handbuch Sportpädagogik* (S. 25–34). Schorndorf: Hofmann.

Golenia, M., & Neuber, N. (2014). *Empirische Untersuchung zu Kompetenzentwicklung und Einstellungsveränderungen bei Teilnehmerinnen und Teilnehmern der Übungsleiter-C Ausbildung des Landessportbundes NRW (Projektbericht).* Münster: WWU.

Grupe, O., & Krüger, M. (2007). *Einführung in die Sportpädagogik* (3. neu bearbeitete). Schorndorf: Hofmann.

Miethling, W.-D., & Gieß-Stüber, P. (2007). Persönlichkeit, Kompetenzen und Professionelles Selbst des Sport- und Bewegungslehrers. In W.-D. Miethling & P. Gieß-Stüber (Hrsg.), *Beruf: Sportlehrer/in* (S. 1–24). Hohengehren: Schneider.

MSW NRW (Ministerium für Schule und Weiterbildung des Landes Nordrhein-Westfalen). (2014). *Rahmenvorgaben für den Schulsport in Nordrhein-Westfalen.* Düsseldorf: MSW NRW.

MSWWF NRW (Ministerium für Schule und Weiterbildung, Wissenschaft und Forschung des Landes Nordrhein-Westfalen). (1999). *Richtlinien und Lehrpläne für die Sekundarstufe II – Gymnasium/Gesamtschule in Nordrhein-Westfalen. Sport*. Frechen: Ritterbach.

Neuber, N. (2000). *Kreativität und Bewegung – Grundlagen kreativer Bewegungserziehung und empirische Befunde* (Schriften der Deutschen Sporthochschule, 45). St. Augustin: Academia.

Neuber, N. (2016). Von der Theorie zur Praxis – und wieder zurück? Sportlehrerbildung als Forschungs- und Gestaltungsaufgabe. In D. Wiesche, M. Fahlenbock, & N. Gissel (Hrsg.), *Sportpädagogische Praxis – Ansatzpunkt und Prüfstein von Theorie (Schriften der Deutschen Vereinigung für Sportwissenschaft, 255* (S. 50–70). Hamburg: Czwalina.

Neuber, N. (2018). Sport und informelles Lernen. In T. Burger, M. Harring, & M. Witte (Hrsg.), *Handbuch informelles Lernen – Interdisziplinäre und internationale Perspektiven* (2. Aufl., S. 581–594). Weinheim: Beltz Juventa.

Neuber, N. (2020). *Fachdidaktische Konzepte Sport – Zielgruppen und Voraussetzungen (Basiswissen Lernen im Sport, 2)*. Wiesbaden: Springer VS. https://doi.org/10.1007/978-3-658-28464-0

Neuber, N. (2022). *Fachdidaktik Sport – Grundlagen und Modelle* (Basiswissen Lernen im Sport, 1). Wiesbaden: Springer VS. (i. V.).

Neuber N. & Golenia, M. (2019). Lernorte für Kinder und Jugendliche im Sport. In A. Güllich & M. Krüger (Hrsg.), S*port in Kultur und Gesellschaft* (S. 1–17). Berlin; Heidelberg: Springer. https://doi.org/10.1007/978-3-662-53385-7_24-1

Scherler, K. (1997). Die Instrumentalisierung der Sportpädagogik. *Sportpädagogik, 21*(2), 5–11.

Terhart, E. (2007). Erfassung und Beurteilung der beruflichen Kompetenz von Lehrkräften. In M. Lüders & J. Wissinger (Hrsg.), *Forschung zur Lehrerbildung. Kompetenzentwicklung und Prorammevaluation* (S. 37–62). Münster: Waxmann.

Zinnecker, J. (1991). Jugend als Bildungsmoratorium. In W. Melzer, W. Heitmeyer, L. Liegle, & J. Zinnecker (Hrsg.), *Osteuropäische Jugend im Wandel* (S. 9–25). Weinheim: Juventa.

Züchner, I. (2013). Sportliche Aktivitäten im Aufwachsen junger Menschen. In M. Grgic & I. Züchner (Hrsg.), *Medien, Kultur und Sport. Was Kinder und Jugendliche machen und ihnen wichtig ist. Die MediKuS-Studie* (S. 89–138). Weinheim: Beltz Juventa.

Grundzüge sportdidaktischer Konzepte 2

> **Zusammenfassung**
>
> In diesem Kapitel werden fachdidaktische Grundbegriffe und Theorien zum Sportunterricht vorgestellt. Im Zentrum steht die Darstellung sportdidaktischer Modelle und Konzepte mit einem *übergreifenden* Anspruch. Exemplarisch werden das Sportartenkonzept, das Konzept der Handlungsfähigkeit, das Psychomotorische Konzept und das Körpererfahrungskonzept beschrieben. Ein Exkurs zum Ansatz der Individuellen Förderung im Sport beschließt das Kapitel.

2.1 Einführung

Pädagogisches Handeln bedarf der Begründung, auch und gerade im Sport, dem gerne nachgesagt wird, ihm gehe es allein um körperliche Ertüchtigung. Dafür hat die Sportpädagogik zahlreiche Begründungsmuster gut aufbereitet. In einem ersten Überblick können mindestens sechs **sportpädagogische Begründungen** herausgestellt werden: Anthropologische, entwicklungstheoretische, bedürfnisorientierte, lebensweltliche, kompensatorische und schulkulturelle Begründungen (Neuber et al. 2013). Auf dieser Grundlage lassen sich die Aufgaben und Ziele der pädagogischen Inszenierung von **Sport in der Schule** beschreiben (Neuber 2020, S. 137–158). Der Sport ist das drittgrößte Unterrichtsfach in der Schule. Darüber hinaus kommen dem Schulsport weitere innerschulische und außerschulische Aufgaben zu. Im Sinne des Doppelauftrags lassen sich diese Aufgaben als fachimmanente (Erziehung zum Sport) und überfachliche Ziele (Erziehung durch Sport) begründen (vgl. Kuhlmann und Scherler 2004).

Die beiden entsprechenden **Aufgaben pädagogischen Handelns im Sport** sind bereits dargestellt worden (siehe Kap. 1).

Sportunterricht findet unter besonders komplexen Voraussetzungen statt. Das paradoxe Spannungsverhältnis der drei **Funktionen von Schule** (Haug 2019) – Qualifikation, Selektion und Integration – wird im Sportunterricht um mindestens eine Ebene erweitert. Neben dem Grundwiderspruch zwischen Qualifikation und Selektion kommt der Widerspruch zwischen dem „Sport als subjektiver Sinnerfüllung", wie ihn viele Kinder und Jugendlichen außerhalb der Schule schätzen, und dem Sport als „schulischer Pflichtveranstaltung", der schulischen Curricula und Verpflichtungen unterliegt, hinzu (vgl. Abb. 2.1). Prohl (2010, S. 100) nennt das die **Doppelte Paradoxie des Sportunterrichts.** Pädagogische Aufgaben und schulische Rahmenbedingungen machen es erforderlich, dass (angehende) Sportlehrkräfte sich orientieren und sich ihrer eigenen Position gewiss werden, um letztlich begründet handeln können. Die Fachdidaktik Sport bietet dafür **sportdidaktische Modelle und Konzepte,** die im Folgenden in allgemeiner Hinsicht umrissen werden, bevor in folgenden Kapiteln *spezifische* fachdidaktische Konzepte vorgestellt werden.

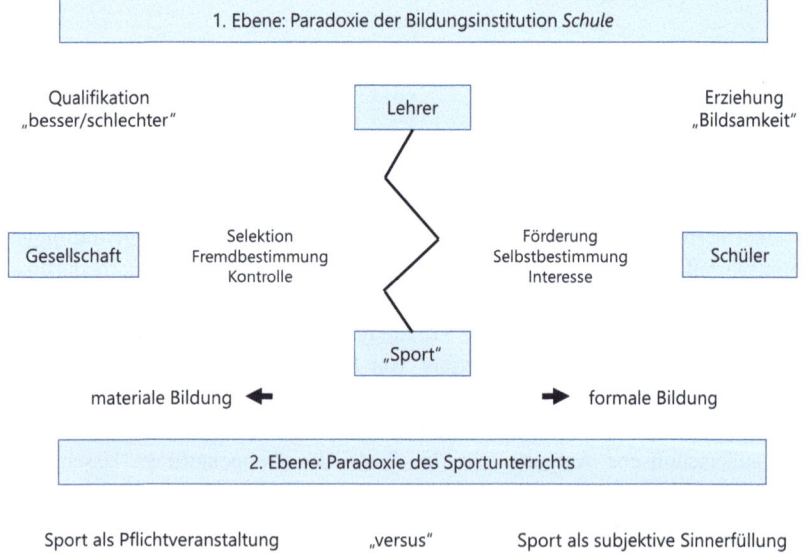

Abb. 2.1 Doppelte Paradoxie des Sportunterrichts. (Mod. nach Prohl 2010, S. 100)

2.2 Grundbegriffe

Zu den zentralen didaktischen Grundbegriffen gehören zunächst „Unterricht" und „Unterrichten".

▶ **Unterricht** ist die gezielte Planung, Durchführung und Auswertung von Lehr-Lernprozessen in einem institutionellen Kontext.

Unterrichten ist die Tätigkeit von professionellen Lehrkräften, die „stärker als Erziehung, Hilfe oder auch Beratung an die Vermittlung eines Inhalts gebunden ist, den der Lehrende beherrscht und so vermitteln soll, dass er von Lernenden, die ihn noch nicht begreifen, gelernt werden kann" (Helsper und Keuffer 2004, S. 92). Die **Didaktik** ist die Wissenschaft von Unterricht und Unterrichten (vgl. Huwendiek 2019).

▶ **Sportunterricht** Entsprechend wird unter Sportunterricht die gezielte Planung, Durchführung und Auswertung von Lehr-Lernprozessen im Medium von Bewegung, Spiel und Sport in einem institutionellen Kontext verstanden.

Sportunterrichten ist die professionelle pädagogische Tätigkeit von Sportlehrkräften, die auf die Initiierung von Lehr-Lernprozessen im Medium Bewegung, Spiel und Sport abzielt. **Sportdidaktik** ist dann die Wissenschaft von Sportunterricht und Sportunterrichten. Während „Unterricht" eher die Strukturen der Lehr-Lern-Tätigkeit fokussiert, bezieht sich „Unterrichten" auf den Prozess der Umsetzung (Scherler 2008, S. 13–17).

Die Grundstrukturen unterrichtlichen Handelns werden in fachdidaktischen Modellen und Konzepten zusammengefasst. Ein einfaches, aber bekanntes Grundmodell ist das **Didaktische Dreieck** (vgl. Abb. 2.2). Damit werden die wechselseitigen Beziehungen zwischen „Lehrer", „Schüler" und „Sache" (Lerngegenstand) als den drei zentralen Elementen von Unterricht beschrieben (Huwendiek 2019, S. 34). **Didaktische Modelle** sind dagegen komplexer. Sie können als allgemeine „Theoriegebäude zur Analyse und Modellierung didaktischen Handelns in schulischen und nichtschulischen Handlungszusammenhängen" verstanden werden (Jank und Meyer 2019, S. 35). Im Vergleich dazu sind **didaktische Konzepte** stärker umsetzungsorientiert und bezeichnen „Gesamtorientierungen didaktisch-methodischen Handelns, in denen ein begründeter Zusammenhang von Ziel-, Inhalts- und Methodenentscheidungen hergestellt wird" (Jank und Meyer 2019, S. 305). Sie definieren grundlegende Prinzipien des Unterrichts und geben in der Regel auch konkrete

Abb. 2.2 Didaktisches Dreieck. (Mod. nach Scherler 2008, S. 17)

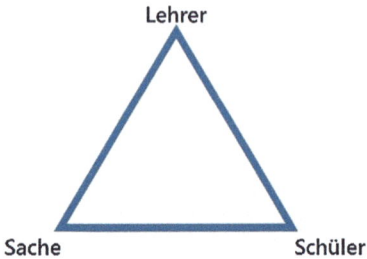

Hinweise zur Gestaltung des Unterrichts. Die spezifischen Wechselwirkungen von Zielen, Inhalten und Methoden des Unterrichts werden „Interdependenz" oder **Implikationszusammenhang** genannt (Jank und Meyer 2019, S. 55).

▶ **Literaturtipp** Jank, W. & Meyer, H. (2019). *Didaktische Modelle* (13. Aufl.). Berlin: Cornelsen Scriptor.
Werner Jank und Hilbert Meyer veröffentlichten ihre „Didaktischen Modelle" erstmalig 1991. In ihrem Grundlagenwerk erläutern sie Grundbegriffe der Didaktik, Aufgaben und Probleme des Unterrichts sowie didaktische Modelle und Konzepte. Legendär ist die „Didaktische Landkarte", die einen Überblick über die Entwicklung didaktischer Modelle gibt.

2.3 Grundlagen

Das sportunterrichtliche Geschehen ist ausgesprochen komplex. Zu den grundlegenden **Strukturmerkmalen von Unterricht** gehören Ziele, Inhalte, soziale Beziehungen, Handlungen und der zeitliche Verlauf (Jank und Meyer 2019, S. 61–71). Im Sportunterricht kommt die Bewegung im Raum als weitere Komponente hinzu. Lehrende und Lernende befinden sich nicht wie im Klassenraum mehr oder weniger statisch an einem Ort, sondern sind permanent in Bewegung. Insofern ist das Handeln von Schülerinnen und Schülern sowie Lehrerinnen und Lehrern im Sportunterricht besonders vielfältig (vgl. Krieger 2011). Zu den **Handlungsformen von Lernenden** gehören mindestens das Erkunden und Erproben, Lernen und Üben, Trainieren und Wettkämpfen, Spielen und Entdecken, Improvisieren und Gestalten sowie Bauen und Konstruieren. Entsprechend komplex sind die **Handlungsformen von Lehrenden** mit Planen

2.3 Grundlagen

und Auswerten, Betreuen und Unterweisen, Beobachten und Korrigieren, Diagnostizieren und Bewerten, Differenzieren und Integrieren sowie Motivieren und Disziplinieren (vgl. Wolters et al. 2000). Sportdidaktische Modelle und Konzepte zielen darauf ab, diese Komplexität zu entzerren und so zu ordnen, dass Unterricht zielgerichtet geplant, durchgeführt und ausgewertet werden kann. Das **Didaktische Dreieck** als einfaches Grundmodell des Unterrichtens wurde bereits skizziert (vgl. Abb. 2.2). Es verdeutlicht wesentliche Zusammenhänge, etwa indem es darauf verweist, dass die Lehrkraft die Sache so aufbereitet, dass die Schülerinnen und Schüler sie lernen können. Ein bekanntes sportdidaktisches Sammelwerk von Jürgen Funke-Wieneke (1997) trägt dementsprechend den Titel „Vermitteln zwischen Kind und Sache". Das Didaktische Dreieck wird aufgrund seiner einfachen Struktur oft kritisiert. So monieren Jank und Meyer (2019, S. 55), dass der Unterricht damit einseitig lehrerzentriert gedacht werde und methodisches Handeln der Lernenden nicht thematisiere. Eine sportbezogene Weiterentwicklung greift die Figur allerdings auf und argumentiert explizit aus der Sicht der Lehrkräfte. Im **Didaktischen Stern** steht die Lehrkraft im Zentrum des Modells und präsentiert die Inhalte, interagiert mit den Schülerinnen und Schülern und organisiert die Rahmenbedingungen des Sportunterrichts (vgl. Abb. 2.3). Letzteres kann als Spezifikum des Sportunterrichts gesehen werden, da hier vergleichsweise viel organisiert werden muss, z. B. Sportgeräte, -räume und -zeiten. Karlheinz Scherler nutzt dieses Modell zur Strukturierung seiner kasuistischen Unterrichtslehre (Scherler 2008).

Didaktische Modelle zur Analyse und Modellierung didaktischen Handelns haben den Anspruch, „theoretisch umfassend und praktisch folgenreich die Voraussetzungen, Möglichkeiten, Folgen und Grenzen des Lehrens und Lernens aufzuklären" (Jank und Meyer 2019, S. 35). Sie können in der Regel einer wissenschaftstheoretischen Grundposition zugeordnet werden. **Allgemeindidaktische Modelle,** die auch Bezüge zu sportdidaktischen Ansätzen aufweisen, sind bspw. die „Bildungstheoretische und kritisch-konstruktive Didaktik", die „Didaktische Rekonstruktion" oder die „Lerntheoretische Didaktik" (zsfd. Pfitzner 2019). Einer stärker umsetzungsorientierten, gleichwohl theoretischen Logik folgend, können darüber hinaus spezifische **sportdidaktische Modelle** ausgewiesen werden (vgl. Tab. 2.1). **Planungsdidaktische Modelle** folgen in der Regel unterrichtstheoretischen Annahmen und zielen auf die Bestimmung von Kriterien, „nach denen die Vielfalt der Phänomene, Situationen und Strukturmerkmale [des Sportunterrichts] überschaubar gemacht und geordnet werden kann" (Größing 2001, S. 34). Im Rahmen von Bedingungs- und Strukturanalysen wird versucht, möglichst viele, im Idealfall alle Elemente einer Unterrichtsstunde zu erfassen, um dadurch den reibungslosen Ablauf einer Stunde zu gewährleisten

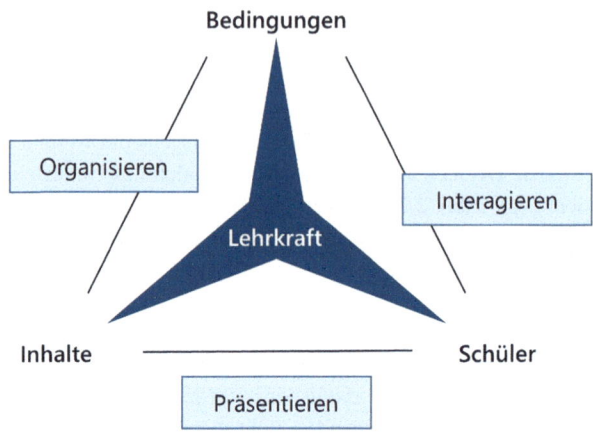

Abb. 2.3 Didaktischer Stern. (Mod. nach Scherler 2008, S. 18)

Tab. 2.1 Sportdidaktische Modelle (vgl. Neuber 2004)

Unterrichtsphase	Planen	Durchführen	Auswerten
Didaktisches Modell	Planungsdidaktik	Durchführungsdidaktik	Auswertungsdidaktik
Beispiel	Unterrichtstheoretisches Modell	Themenzentrierte Interaktion	Kasuistische Unterrichtslehre

(vgl. Abb. 2.4). Planungsdidaktiken bieten sich damit gerade für „Novizen des Lehrgeschäfts" an, weil sie aus der Strukturperspektive heraus einen Überblick über relevante Aspekte des Sportunterrichts geben. Sie bieten allerdings wenig Hilfen für den konkreten Prozess des Unterrichtens.

Im Hinblick auf den Unterrichtsprozess kommen **Durchführungsdidaktische Modelle** zum Tragen. Der Terminus hat sich bislang noch nicht durchsetzen können, dennoch gibt es in der Sportdidaktik zahlreiche Modellvorstellungen zur konkreten Umsetzung des Sportunterrichts (vgl. Neuber 2004). So befasst sich Treutlein (1998) im Sinne einer **Beziehungsdidaktik** (Miller 1999) mit der Bedeutung der Beziehungsebene zwischen Sportlehrkräften und Schülerinnen und Schülern, die er mit Blick auf das Gelingen des Sportunterrichts für zentral hält. Funke-Wieneke (1997) geht es in seiner **Vermittlungsdidaktik** darum, zwischen der Bewegungsaufgabe und dem Bemühen der Lernenden so zu vermitteln, dass der Unterricht erfolgreich ist. Köppe (2002) stellt die Person von

2.3 Grundlagen

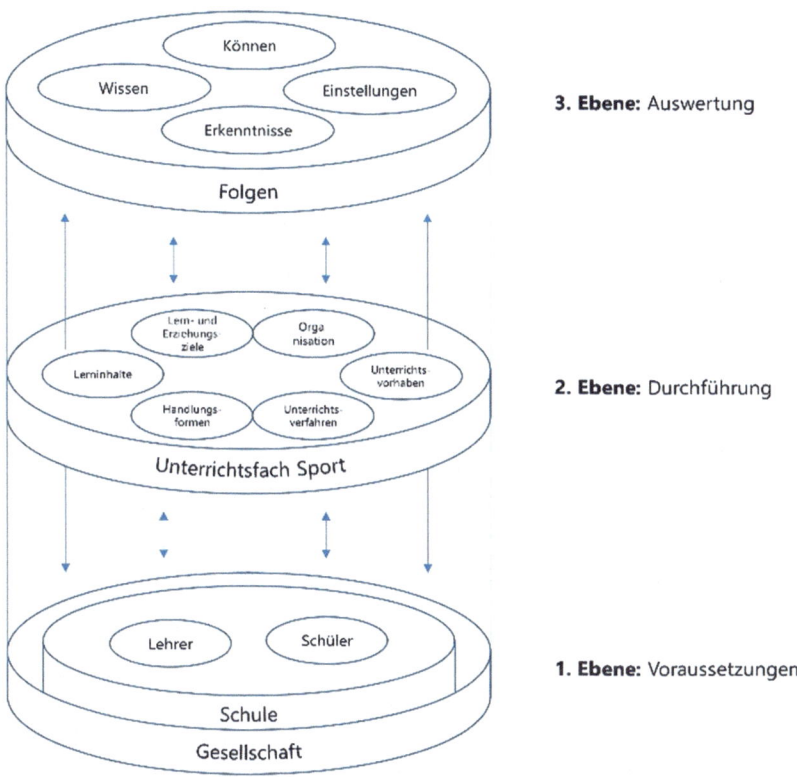

Abb. 2.4 Modell der integrativ-unterrichtstheoretischen Sportdidaktik. (Mod. nach Größing 2001, S. 35)

Sportlehrkräften in den Mittelpunkt seiner **Sportlehrerdidaktik,** die auf die Reflexion von Alltagsroutinen und subjektiven Theorien setzt. Ein Modell, das Kontaktprozesse zwischen „Ich" (Lehrperson), „Wir" (Lerngruppe) und „Es" (Sache) betont, ist die **Themenzentrierte Interaktion** nach Cohn (2000). In den Ausführungen zum Modell (vgl. Abb. 2.5) werden konkrete Hinweise gegeben, wie bspw. auf der Grundlage des Postulats „Störungen haben Vorrang" auf Abweichungen im Stundenverlauf reagiert werden kann (Gudjons 2003, S. 77–102). Aufgrund seines prozessorientierten Ansatzes besitzt das Modell großes Potenzial für die Durchführung von Sportunterricht (vgl. Neuber 2004).

Abb. 2.5 Modell der Themenzentrierten Interaktion. (Mod. nach Gudjons 2003, S. 82)

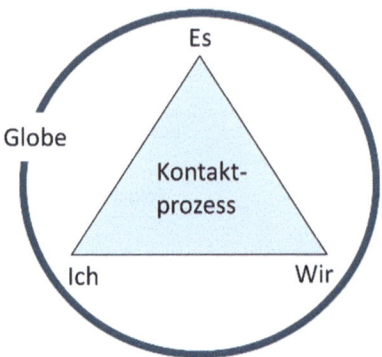

Auswertungsdidaktische Modelle setzen *nach* der Durchführung einer Sportstunde an (Scherler und Schierz 1993; Scherler 2008; Wolters 2015). Im Gegensatz zu Planungsdidaktiken, die von einem mehr oder weniger willkürlich gesetzten Nullpunkt aus Pläne für „guten" Unterricht entwerfen, geht es diesem **kasuistischen Ansatz** um die Reflexion von vergangenen Unterrichtsprozessen mit dem Ziel der Verbesserung zukünftiger Praxis. Durch die strukturierte Auswertung von Fällen entsteht ein **wissenschaftliches Fallwissen**, das „durch handlungsentlastende und stellvertretende Deutungen Hilfestellungen dabei [gibt], sich beim Aufbau oder beim Umbau eines könnensrelevanten Fallwissens Praxiserfahrungen reflexiv zu machen" (Schierz & Thiele, 2002, S. 31–32). Ein **Grundmodell** kasuistischer Sportdidaktik setzt bei der möglichst genauen Beschreibung unterrichtlicher „Fakten" an, die in Bezug zu den „Normen" gesetzt werden. Im Fall eines „Problems" besteht eine Diskrepanz zwischen Fakten (Sein) und Normen (Sollen) des Unterrichts, für die in einer reflexiven Bearbeitung, z. B. im Sportstudium, mögliche Lösungen entwickelt werden. Die „Lösungen" können in der Anpassung an die Fakten oder an die Normen bestehen (vgl. Abb. 2.6).

▶ **Literaturtipp** Scherler, K. (2008). *Sportunterricht auswerten – Eine Unterrichtslehre* (2., überarbeitete Aufl.). Hamburg: Czwalina.
Karlheinz Scherler war einer der bekanntesten deutschen Sportdidaktiker, der bis 2007 an der Universität Hamburg lehrte. In seiner „Unterrichtslehre" entwickelt er die Idee einer kasuistischen Sportdidaktik anhand von „Unglücksfällen" des Unterrichtens. Sein Konzept ist nach wie vor wegweisend für die Sportdidaktik.

2.3 Grundlagen

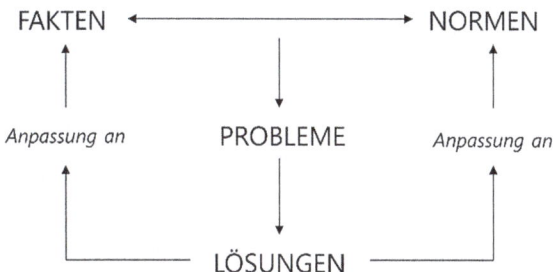

Abb. 2.6 Modell der kasuistischen Sportdidaktik. (Mod. nach Scherler 2008, S. 27)

Während didaktische Modelle eher grundsätzliche Orientierung im Hinblick auf den Unterricht bieten, sind **didaktische Konzepte** stärker am unterrichtspraktischen Handeln orientiert. Daher haben sie „häufig einen unterrichtsmethodischen Akzent, zumeist machen sie aber auch entschiedene Aussagen über sinnvolle und sinnlose Inhalte, über wichtige und nebensächliche Zielsetzungen, über ‚richtiges' und ‚falsches' Lehrerverhalten" (Jank und Meyer 2019, S. 305). **Fachdidaktische Konzepte** fokussieren ein spezifisches unterrichtspraktisches Handlungsfeld, in der Regel ein Unterrichtsfach, z. B. den Sportunterricht. Außerschulische Lernfelder sind zwar prinzipiell ebenfalls relevant, wurden bislang aber weniger umfassend bearbeitet als schulische Lernfelder. Fachdidaktische Konzepte im Sport „sind theoretische Entwürfe von Sportdidaktikern" – so hat es Eckart Balz (1992, S. 13) einmal in minimalistischer Weise definiert.

▶ **Sportdidaktische Konzepte** Etwas ausführlicher bestimmt er sportdidaktische Konzepte an anderer Stelle als „Entwürfe einer pädagogischen Gestaltung des Schulsports […]; sie antworten auf Fragen nach dem Auftrag des Schulsports, nach seinen leitenden Zielen, Inhalten und Methoden" (Balz 2013, S. 34). Dabei markieren sie unterscheidbare Positionen, die im Hinblick auf die Gestaltung des Schulsports eingenommen werden können.

Es gibt eine Vielzahl an fachdidaktischen Konzepten zum Sport mit unterschiedlicher Ausrichtung und Reichweite. Sportdidaktische **Konzepte mit kleiner Reichweite** dienen als praxisnahe Unterrichtskonzepte mit handlungsleitenden Vorstellungen für Sportlehrkräfte, Fachkonferenzen und Schulen (vgl. Regner 2005). Sportdidaktische **Konzepte mit mittlerer Reichweite** gehen über die Ebene der Einzelschule hinaus, fokussieren jedoch nur Teilbereiche des didaktischen Handelns im Sport, etwa zur Arbeit mit spezifischen Zielgruppen, z. B. Kinder und Jugendliche, oder zur Förderung bestimmter Perspektiven, z. B. Ausdruck und Gestaltung oder Leistung und Erfolg. Konzepte mittlerer Reichweite sind zentraler Gegenstand des vorliegenden Lehrbuchs. **Konzepte mit großer Reichweite** beziehen sich auf den gesamten Sportunterricht und geben damit „der Schulsportpraxis und der Lehrplanentwicklung, den Sportlehrkräften – für ihr Selbstverständnis und ihre Ausbildung – sowie der Fachdidaktik selbst eine gewisse planungsdidaktische Orientierung" (Balz 2013, S. 34). Sportdidaktische Überblickswerke beziehen sich zumeist auf fachdidaktische Konzepte mit diesem umfassenden Geltungsanspruch (z. B. Balz 2013; Messmer 2013; Prohl 2017).

In diesem Sinne werden im Folgenden **Grundzüge sportdidaktischer Konzepte** mit großer Reichweite vorgestellt, auch um Konzepte mittlerer Reichweite, die in den folgenden Kapiteln vorgestellt werden, in den fachdidaktischen Diskurs einordnen zu können. Systematisierungsversuche orientieren sich häufig an den zwei Aufgaben pädagogischen Handelns im Sport (siehe Kap. 1). So unterscheidet Köppe (2003) zwei „Orientierungen" sportdidaktischer Konzepte: Die **objektbezogene Orientierung** setzt bei den Bewegungspraxen einer Gesellschaft an und umfasst traditionelle Bewegungsspiele, normierte Sportarten und Bewegungstrends. Die **subjektbezogene Orientierung** bezieht sich auf ein verändertes Verständnis von Leiblichkeit und Bewegung, das auf ein „selbständiges Aufspüren eigener Bewegungsbedeutungen, Finden-lassen sozialer Formen des Spielens und Bewegens sowie Nachvollziehen von beobachteten Bewegungen" zielt (Köppe 2003, S. 68). Ähnlich argumentiert Prohl (2017), der eine „pragmatisch-qualifikatorische Strömung" von einer „kritisch-emanzipatorischen Strömung" fachdidaktischer Ansätze abgrenzt. Während er die erste Strömung **materialen Bildungskonzepten** und damit eher der Sache „Sport" zuordnet, bezieht er die zweite Strömung auf **formale Bildungskonzepte** und damit eher auf das Subjekt.

Folgt man dieser Systematisierungslogik, können fachdidaktische Konzepte, wie das Sportartenkonzept (Söll 2005), das Konzept der Handlungsfähigkeit (Kurz 1995), das Konzept der Entpädagogisierung des Schulsports (Volkamer 1987) sowie das Konzept der Körperlich-sportlichen Grundlagenbildung (Hummel 1997), der **pragmatisch-qualifikatorischen Strömung** zugeordnet werden. Darunter werden Konzepte zusammengefasst, „die den Begriff *Sport*unterricht wörtlich nehmen und die didaktische Begründung des Fachs hauptsächlich aus dem gesellschaftlichen Phänomen des Sports und dessen Sachstruktur herleiten" (Prohl 2017, S. 53). Diese Konzepte argumentieren damit eher sport(art)orientiert und sind methodisch tendenziell eher geschlossen. Fachdidaktische Konzepte, wie das Erfahrungsorientierte Bewegungskonzept (Funke-Wieneke 2009), das Psychomotorische Konzept (Zimmer 2019), die

2.4 Fachdidaktische Konzepte

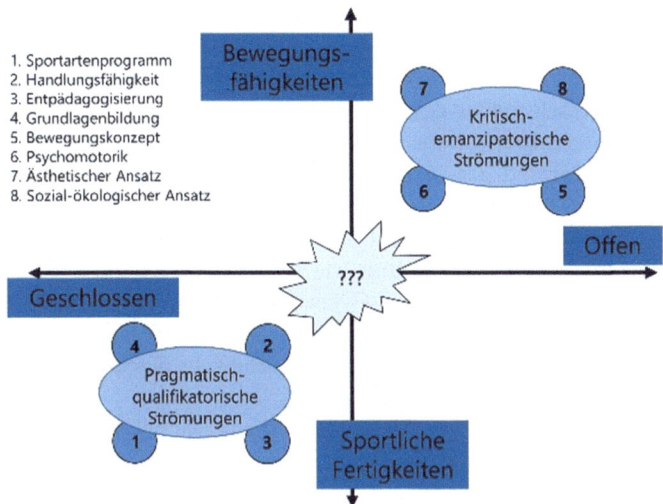

Abb. 2.7 Pragmatisch-qualifikatorische und kritisch-emanzipatorische Strömungen der Sportdidaktik. (Nach Prohl 2017)

Ästhetische Bewegungserziehung (Fritsch 2007) oder der Sozial-ökologische Ansatz (Dietrich und Landau 1999), können der **kritisch-emanzipatorischen Strömung** zugerechnet werden. Diese Ansätze stellen eher das Subjekt und die pädagogische Legitimation des Sports in den Mittelpunkt, was bedeutet, dass „der Sport kritisch hinsichtlich seiner erzieherischen Potenziale befragt" wird (Prohl 2017, S. 54). Entsprechend sind die Konzepte eher bewegungsorientiert und methodisch offen angelegt (vgl. Abb. 2.7).

2.4 Fachdidaktische Konzepte

Fachdidaktische Konzepte mit Geltungsanspruch für den gesamten Sportunterricht sind häufig gegenübergestellt worden (z. B. Balz, 1992; Neumann 2004; Bräutigam 2011; Elflein 2012; Messmer 2013; Pfitzner 2019). Die Auswahl der vorgestellten Konzepte unterliegt zwangsläufig einer gewissen Subjektivität des jeweiligen Autors. Gleichwohl nehmen die Zusammenstellungen jeweils für sich in Anspruch, ein **Orientierungsangebot** für die Leserinnen und Leser zu geben (Balz 2009, S. 33). Insofern können die Ordnungsversuche weder vollständig sein, noch wissenschaftstheoretisch in die Tiefe gehen. Sie können aber versuchen, ein gewisses **Handlungsspektrum für die Schulsportpraxis** zu verdeutlichen. In diesem Sinne wird auch hier eine Auswahl getroffen: Das **Sportartenkonzept** geht auf Wolfang Söll (1995; 2000) zurück. Die Grundidee besteht darin, dass die Sachstruktur des traditionellen Sports so prägend ist, dass sich der Sportunterricht daran zu orientieren habe. Das bedeutet, dass die Sportarten „nicht austauschbar sind, dass sie gemäß ihrer eigenen Struktur des von ihnen ausgehenden eigenen Anspruchs unterrichtet werden müssen" (Söll 1995, S. 65). Die Leitidee des Sportartenkonzepts besteht dementsprechend in der **Erschließung der (außerschulischen) Sportkultur,** wie sie sich in traditionellen Individual- und Mannschaftssportarten sowie in Gymnastik/Tanz äußert („Sport im engeren Sinne"). Ausgehend von der Sachstruktur des Sports ist der Vermittlungsansatz geschlossen-deduktiv; Lernen geschieht vornehmlich durch Instruktion und Korrektur.

Auch das **Konzept der Handlungsfähigkeit** von Dietrich Kurz (1990; 1995) geht von der Sachstruktur des Sports aus, erweitert die Überlegungen von Söll jedoch substanziell, indem es auf eine umfassende Handlungsfähigkeit im (außerschulischen) Sport abzielt. Ausgehend von motivationspsychologischen Überlegungen werden dabei mit Leistung, Spannung, Miteinander, Gesundheit, Eindruck und Ausdruck sechs „Sinnperspektiven" ergänzt, mit denen die Sporttreibenden ihrer Aktivität eine Richtung geben. Diese **pragmatische Fachdidaktik** greift ebenfalls auf Sportarten zurück, ist aber zugleich offen für Bewegungstrends („Sport im weiteren Sinne"). Das methodische Vorgehen ist tendenziell geschlossen-deduktiv, bietet aber auch Möglichkeiten für eigenverantwortliches Handeln im Sinne subjektiver Sinnzuschreibungen. Nachdem die Idee der Handlungsfähigkeit mit der Einführung des Doppelauftrags zunächst als überholt galt (vgl. MSWWF NRW, 1999), erfährt sie seit einigen Jahren eine gewisse Renaissance (z. B. Kurz 2013). Balz (2009; 2013) sieht die Handlungsfähigkeit in seinem **Intermediären Konzept** sogar als pragmatisch-vermittelnde Position zwischen materialen und formalen Bildungsansprüchen, die er dem „Konservativen" und „Alternativen Konzept" zuschreibt.

Das **Psychomotorische Konzept** von Renate Zimmer (2003; 2019) geht von einer Verschränkung psychischer und physischer Prozesse aus. Bewegungshandeln wird dabei als Entwicklungshandeln verstanden (Fischer 1996). Wesentliche Bezugspunkte einer psychomotorischen Entwicklungsförderung sind **Wahrnehmung und Bewegung.** Die Leitidee der Psychomotorik ist die Entwicklung einer harmonischen Persönlichkeit durch Bewegung und Spiel (Zimmer 2019). Das bedeutet, dass die Sache „Sport" in den Hintergrund tritt: „Hier geht es vielmehr um das *Kind,* das über Bewegung Gelegenheit erhält, sich selbst zu erproben, seinen Körper zu erfahren, seine Fähigkeiten zu erkennen und weiterzu-

2.4 Fachdidaktische Konzepte

entwickeln" (Zimmer 1996, S. 75). Dafür arbeitet die Psychomotorik sowohl mit offenen Bewegungslandschaften, als auch mit angeleiteten Bewegungsangeboten, die auf die Selbsttätigkeit der Kinder setzen. In methodischer Hinsicht wird eine offen-induktive Arbeitsweise verfolgt, die im Sinne einer **Hilfe zur Selbsthilfe** verstanden wird. Das Psychomotorische Konzept wurde insbesondere für Kinder im Vor- und Grundschulalter entwickelt, psychomotorische Ansätze gibt es heute jedoch für alle Altersphasen bis ins hohe Lebensalter (vgl. Fischer 2019).

Das **Körpererfahrungskonzept** von Jürgen Funke-Wieneke (1992; 2009) kann als Gegenbewegung zu traditionellen „Anleitungs-, Lehr- und Trainingsverfahren" verstanden werden (Funke-Wieneke 2009, S. 319). Oft wurde es auch als Gegenpol zum Sportartenkonzept von Söll (2000) bezeichnet. Die Leitidee des Körpererfahrungskonzepts zielt auf die **Wahrnehmung des eigenen Körpers,** auch in Abgrenzung zu standardisierten Körperpraktiken im normierten Leistungssport. Das bedeutet nicht, dass traditionelle Sportarten ausgeschlossen würden; tatsächlich wurde das Konzept intensiv auf bekannte Sportarten bezogen (vgl. Treutlein et al. 1992). Es bedient sich aber auch zahlreicher Körpererfahrungspraktiken von New Games und Modern Dance über Tai-Chi und Yoga bis hin zum Saunabaden. Das emanzipatorische Anliegen im Sinne einer **„Selbsterziehung",** das darin liegt, traditionelle Sportartenmuster zu durchbrechen und gesellschaftliche (Bewegungs-) Praktiken kritisch zu hinterfragen, ist dabei nicht von der Hand zu weisen (Funke-Wieneke 2009, S. 318). Sogenannte **Grundthemen des Sich-Bewegens** können dabei instrumentell, sensibel, sozial und symbolisch ausgelegt werden (Funke-Wieneke 2009). Methodisch arbeitet das Körpererfahrungskonzept tendenziell induktiv-offen, nutzt aber auch Differenzbildungen (Kolb 1994).

An dieser Stelle kann festgehalten werden, dass die eher objekt- oder subjektbezogenen Konzepte jeweils unterschiedliche Aspekte des Sporttreibens bzw. des Schulsports fokussieren. Während das Sportartenkonzept und das Konzept der Handlungsfähigkeit eher an der Sache „Sport" orientiert sind, fokussieren das Psychomotorische Konzept und das Körpererfahrungskonzept eher das Subjekt. In einer bildungstheoretischen Betrachtungsweise sind beide Sichtweisen aufeinander zu beziehen. Nur in wechselseitiger Verschränkung kann der Sportunterricht erziehungs- *und* bildungsrelevant und damit ein **Erziehender Sportunterricht** sein (vgl. Beckers 2001). Insofern korrespondiert der Doppelauftrag des Schulsports auch mit einem weitgefassten **Inhaltsverständnis,** das sowohl individuelle Formen des Sich-Bewegens, als auch teilstrukturierte Spielhandlungen und standardisierte Sportarten im Sinne der Begriffstrias „Bewegung, Spiel und Sport" einschließt (MSW NRW 2014). Zugleich geht mit dem Doppelauftrag ein weites **Methodenverständnis** einher, das das gesamte Spektrum von geschlossenen Bewegungsanweisungen über teiloffene Bewegungsaufgaben bis hin zu offenen Bewegungsanregungen nutzt (vgl. Neuber 2014). Einem weitgefassten, integrativen Inhaltsverständnis steht also ein weitgefasstes, integratives Methodenverständnis gegenüber.

2.5 Konzepte im Überblick

Die vier ausgewählten, übergreifenden fachdidaktischen Konzepte zum Sportunterricht stehen für ein gewisses Handlungsspektrum, auf das Sportlehrkräfte im Unterricht zurückgreifen können (vgl. Tab. 2.2). Das **Sportartenkonzept** (Söll 2000) zielt auf die Erschließung der außerschulischen Sportkultur im engeren Sinne. Traditionelle Sportarten, wie Individual- und Mannschaftssportarten, werden entsprechend eher geschlossen-deduktiv vermittelt. Auch das **Konzept der Handlungsfähigkeit** (Kurz 1995) orientiert sich zunächst pragmatisch an der Sache „Sport". Durch die Idee der Sinnperspektiven kann das Individuum einzelne Sportarten aber mit unterschiedlichen Bedeutungen versehen, z. B. Sport als Leistung oder Sport als Ausdruck. Entsprechend weitergefasst ist auch das Inhaltsspektrum, das neben Sportarten auch Bewegungstrends berücksichtigt, und die

Tab. 2.2 Fachdidaktische Konzepte mit großer Reichweite im Überblick

	Sportartenkonzept	Konzept der Handlungsfähigkeit	Psychomotorisches-Konzept	Körpererfahrungskonzept
Vertreter	Wolfgang Söll	Dietrich Kurz	Renate Zimmer	Jürgen Funke-Wieneke
Leitidee	Erschließung der Sportkultur	Handlungsfähigkeit im Sport	Entwicklungsförderung durch Wahrnehmung und Bewegung	Wahrnehmung des eigenen Körpers; Hinterfragen von Sportartenmustern
Sachbezug	Sport im engeren Sinn: Traditionelle Sportarten	Sport im weiteren Sinn: Sportarten und Bewegungstrends	Bewegung und Spiel	Grundthemen des Sich-Bewegens: instrumentell, sensibel, sozial, symbolisch
Vermittlungsbezug	Geschlossen-deduktiv	Geschlossen-deduktiv; Sinnperspektiven	Offen-induktiv; Hilfe zur Selbsthilfe	Offen-induktiv; „Selbsterziehung"; Differenzbildung

2.5 Konzepte im Überblick

methodische Inszenierung, die auch eigene Zugänge der Schülerinnen und Schüler erlaubt. Beide Konzepte können der **pragmatisch-qualifikatorischen** Strömung zugerechnet werden, die sich eher an der Sache „Sport" als am Subjekt orientieren (Prohl 2017).

Das **Psychomotorische Konzept** (Zimmer 2019) zielt auf eine Entwicklungsförderung durch Wahrnehmung und Bewegung. Entsprechend sind normierte Sportarten weniger wichtig als individuelle Bewegungs- und Spielmöglichkeiten. Das methodische Vorgehen ist offen-induktiv und wird als Hilfe zur Selbsthilfe verstanden. Das **Körpererfahrungskonzept** (Funke-Wieneke 2009) stellt die Wahrnehmung des eigenen Körpers in den Mittelpunkt und ist eher sportkritisch ausgelegt. Instrumentelle, sensible, soziale und symbolische Themen des Sich-Bewegens bilden den Inhaltskanon. Methodisch ist der Ansatz ebenfalls offen-induktiv und arbeitet mit Differenzbildungen. Diese beiden fachdidaktischen Konzepte können der **kritisch-emanzipatorischen Strömung** zugeordnet werden und stellen damit das Subjekt in den Vordergrund ihrer Überlegungen (Prohl 2017). Insgesamt ergibt sich ein Spektrum fachdidaktischer Ansätze, das von sportartorientiert-geschlossen bis zu bewegungsorientiert-offen reicht (vgl. Abb. 2.7). Quer zu diesen etablierten Ansätzen liegt das vergleichsweise neue Konzept der **Individuellen Förderung im Sport.**

> **Individuelle Förderung im Sport**
> Die Idee der Individuellen Förderung hat sich innerhalb der 2000er Jahre zu einem zentralen **Qualitätsmerkmal** guten Unterrichts und guter Schule entwickelt. In Nordrhein-Westfalen wird der Anspruch auf Individuelle Förderung sogar schulgesetzlich garantiert (Schulgesetz NRW, 2020). Maßnahmen der Individuellen Förderung sollen sowohl die **Schwächen** von Schülerinnen und Schülern kompensieren, als auch ihre **Stärken** entwickeln. Insgesamt zielt die Individuelle Förderung darauf, „jeder Schülerin und jedem Schüler [...] die Chance zu geben, ihr bzw. sein motorisches, intellektuelles, emotionales und soziales Potenzial umfassend zu entwickeln [...] und sie bzw. ihn dabei durch geeignete Maßnahmen zu unterstützen" (Eckert 2004, S. 97). Dabei kommt dem Zusammenspiel von **Diagnose und Förderung** besondere Bedeutung zu (Fischer 2014). Lehrkräfte diagnostizieren die Fähigkeiten ihrer Schülerinnen und Schüler sowohl implizit während des Unterrichtens als auch als „punktuelle, vom unmittelbaren Unterrichtsgeschehen abgehobene und explizite Formen der Informationsgewinnung und -verarbeitung" (Schrader 1989, S. 16). Auf

der Basis dieser spezifischen Diagnosen kann die Förderung der Heranwachsenden dann im Idealfall individuell angemessen erfolgen.

Einen Ansatz zur **Individuellen Förderung im Sport** haben Neuber und Pfitzner (2012) vorgelegt. Ausgehend vom Doppelauftrag des Schulsports unterscheiden sie einerseits eine **Individuelle Förderung** *von* **Bewegung, Spiel und Sport**. Im Vordergrund stehen dabei motorische Fähigkeiten und Fertigkeiten der Kinder und Jugendlichen. Ist die Perspektive eher defizitorientiert, zielt die Intervention auf die Kompensation individueller Schwächen und Störungen. Konzepte des Sportförderunterrichts nehmen in der Regel Defizite als Ausgangspunkt ihrer Förderüberlegungen (z. B. Dordel 2007). Ist die Perspektive dagegen kompetenzorientiert, geht es um die Entwicklung und den Ausbau individueller Stärken und Talente, für die es im Sport zahlreiche Ansätze gibt (z. B. Neuber und Pfitzner 2019). Anderseits kann sich der Unterricht auf die **Individuelle Förderung** *durch* **Bewegung, Spiel und Sport** konzentrieren. Dann stehen übergreifende Fähigkeiten, z. B. Grundfunktionen des Lernens, oder Persönlichkeitsmerkmale im Vordergrund. Auch hier kann der Zugang eher defizitorientiert bestimmt sein, etwa bei Konzepten zur Lernförderung durch Bewegung (z. B. Boriss 2012). Kompetenzorientierte Ansätze, die eher individuelle Stärken entwickeln, bieten z. B. Konzepte der Entwicklungsförderung (z. B. Neuber 2007).

Insgesamt ergibt sich damit eine Matrix, die zwischen einer Individuellen Förderung *von* und *durch* Bewegung, Spiel und Sport einerseits sowie einem eher defizit- oder eher kompetenzorientierten Zugang andererseits differenziert (vgl. Tab. 2.3). Zentrale Bedeutung für die Umsetzung individueller Förderung im Sportunterricht kommt der methodischen Gestaltung zu. Zur Individualisierung des Unterrichts werden Formen der **offenen Binnendifferenzierung** vorgeschlagen, die sich von geschlossenen Formen dadurch unterscheiden, dass Lehrkräfte ihren Schülerinnen und Schülern Lernarrangements bereitstellen, die sie eigenständig bewältigen können (Heymann 2010). Die **Aktivierung der Schülerinnen und Schüler** für eine solche selbstständige Arbeit ist der Schlüssel zum unterrichtlichen Erfolg. Letztlich ändert sich dadurch die Lernkultur grundlegend, insofern als Lehrkräfte ihre **Rolle als Lernbegleiter** ernstnehmen und Schülerinnen und Schüler vermehrt Verantwortung für ihren eigenen Lernprozess übernehmen (Pfitzner und Neuber 2012). Inwieweit damit ein integratives sportdidaktisches Konzept vorliegt, bleibt zu klären. Zumindest integriert es Sach- und Subjektperspektiven in fachspezifischer Hinsicht.

Tab. 2.3 Fachdidaktische Ansatzpunkte zur Individuellen Förderung *von* und *durch* Bewegung, Spiel und Sport. (Mod. nach Pfitzner und Neuber 2012, S. 78)

	Individuelle Förderung *von* Bewegung, Spiel und Sport	Individuelle Förderung *durch* Bewegung, Spiel und Sport
Individuelle Defizite als Ausgangspunkt	Sportförderunterricht	Lernförderung durch Bewegung, Spiel und Sport
Individuelle Kompetenzen als Ausgangspunkt	Talentförderprogramme	Psychomotorische Entwicklungsförderung

Reflexionsfragen

1. Warum ist der Sportunterricht ein besonders komplexes Unterrichtsfach?
2. Wodurch unterscheiden sich „Sportunterricht" und „Sportunterrichten"?
3. Inwiefern ist der „Didaktische Stern" eine Weiterentwicklung des „Didaktischen Dreiecks"?
4. Welche Funktionen haben sportdidaktische Modelle?
5. Welches sportdidaktische Modell würden Sie bevorzugen? Warum?
6. Inwiefern können sportdidaktische Konzepte bei der pädagogischen Gestaltung des Schulsports helfen?
7. Warum ist eine Verbindung von pragmatisch-qualifikatorischen und kritisch-emanzipativen Konzepten sinnvoll?
8. Was glauben Sie, welches fachdidaktische Konzept ist am häufigsten in der Schulpraxis vertreten? Warum?
9. Warum ist die Individuelle Förderung ein altes schulpädagogisches Thema?
10. Inwiefern kann die Individuelle Förderung im Sport ein integratives fachdidaktisches Konzept sein?

Literatur

Balz, E. (2009). Fachdidaktische Konzepte update oder: Woran soll sich der Schulsport orientieren? *Sportpädagogik, 33*(1), 25–32.
Balz, E. (2013). Fachdidaktische Konzepte. In P. Neumann & E. Balz (Hrsg.), *Sportdidaktik – Pragmatische Fachdidaktik für die Sekundarstufe I und II* (S. 34–42). Berlin: Cornelsen.

Beckers, E. (2001). Sportpädagogik und Erziehungswissenschaft. In H. Haag & A. Hummel (Hrsg.), *Handbuch Sportpädagogik* (Beiträge zur Lehre und Forschung im Sport, 133, S. 25–33). Schorndorf: Hofmann.
Boriss, K. (2012). Lernen und Bewegung – Auswirkungen körperlicher Aktivität auf die kognitiven Fähigkeiten und Konsequenzen für die individuelle Förderung. In N. Neuber & M. Pfitzner (Hrsg.), *Individuelle Förderung im Sport – Pädagogische Grundlagen und didaktisch-methodische Konzepte* (Begabungsforschung, 14, S. 123–147). Münster: Lit.
Bräutigam, M. (2011). *Sportdidaktik – Ein Lehrbuch in 12 Lektionen*. Aachen: Meyer & Meyer.
Cohn, R. (2000). *Von der Psychoanalyse zur themenzentrierten Interaktion. Von der Behandlung einzelner zu einer Pädagogik für alle* (14. Aufl.). Stuttgart: Klett-Cotta.
Dietrich, K., & Landau, G. (1999). *Sportpädagogik – Grundlagen, Positionen, Tendenzen*. Butzbach-Griedel: Afra.
Dordel, S. (2007). *Bewegungsförderung in der Schule. Handbuch des Sportförderunterrichts*. Dortmund: Modernes Lernen.
Eckert, E. (2004). Individuelles Fördern. In H. Meyer (Hrsg.), *Was ist guter Unterricht* (S. 86–103). Berlin: Cornelsen.
Elflein, P. (2012). *Sportpädagogik und Sportdidaktik* (4. Aufl.). Baltmannsweiler: Schneider.
Fischer, C. (2014). *Individuelle Förderung als schulische Herausforderung*. Berlin: Friedrich-Ebert-Stiftung.
Fischer, K. (1996). Psychomotorik: Bewegungshandeln als Entwicklungshandeln. *Sportpädagogik, 20*(5), 26–36.
Fischer, K. (2019). *Einführung in die Psychomotorik* (4. überarbeitete und erweiterte Aufl.). München: Reinhardt.
Fritsch, U. (2007). Ästhetische Erziehung. In R. Laging (Hrsg.), *Neues Taschenbuch des Sportunterrichts. Kompaktausgabe* (3., veränderte und korrigierte Aufl., S. 36–46). Hohengehren: Schneider.
Funke, J. (1992). Körpererfahrung im Sport: Grundlagen unseres Ansatzes. In G. Treutlein, J. Funke, & N. Sperle (Hrsg.), *Körpererfahrung im Sport. Wahrnehmen – Lernen – Gesundheit fördern* (2., überarbeitete Aufl., S. 9–29). Aachen: Meyer & Meyer.
Funke-Wieneke, J. (1997). Von der „Körpererfahrung" zur „Thematisierung der Leiblichkeit". *Sporterziehung in der Schule, 1,* 19–22.
Funke-Wieneke, J. (2009). Körpererfahrung. In H. Haag & A. Hummel (Hrsg.), *Handbuch Sportpädagogik* (2., erweiterte Auflage, S. 314–322). Schorndorf: Hofmann.
Größing, S. (2001). *Einführung in die Sportdidaktik* (8., überarbeitete Aufl.). Wiebelsheim: Limpert.
Gudjons, H. (2003). *Didaktik zum Anfassen – Lehrer/in-Persönlichkeit und lebendiger Unterricht* (3. Aufl.). Bad Heilbrunn: Klinkhardt.
Haug, A. (2019). Schule als Sozialisationsinstanz. In G. Bovet & V. Huwendiek (Hrsg.), *Leitfaden Schulpraxis – Pädagogik und Psychologie für den Lehrberuf* (11. Aufl., S. 555–574). Berlin: Cornelsen.
Helsper, W., & Keuffer, J. (2004). Unterricht. In H.-H. Krüger & W. Helsper (Hrsg.), *Einführung in die Grundbegriffe und Grundfragen der Erziehungswissenschaft* (6. überarbeitete und aktualisierte Aufl., S. 91–102). Wiesbaden: VS.

Heymann, H. (2010). Binnendifferenzierung – Eine Utopie? Pädagogischer Anspruch, didaktisches Handwerk, Realisierungschancen. *Pädagogik, 62*(11), 6–11.

Hummel, A. (1997). Die körperlich-sportliche Grundlagenbildung – Immer noch aktuell. In E. Balz & P. Neumann (Hrsg.), *Wie pädagogisch soll der Schulsport sein?* (S. 47–62). Schorndorf: Hofmann.

Huwendiek, V. (2019). Didaktische Modelle. In G. Bovet & V. Huwendiek (Hrsg.), *Leitfaden Schulpraxis – Pädagogik und Psychologie für den Lehrberuf* (11. Aufl., S. 33–68). Berlin: Cornelsen.

Jank, W., & Meyer, H. (2019). *Didaktische Modelle* (13. Aufl.). Berlin: Cornelsen Scriptor.

Kolb, M. (1994). Methodische Prinzipien zur Entwicklung der Körperwahrnehmung. In M. Schierz, A. Hummel & E. Balz (Hrsg.), *Sportpädagogik. Orientierungen, Leitideen, Konzepte* (Schriften der Deutschen Vereinigung für Sportwissenschaft, 58, S. 239–260). St. Augustin: Academia.

Köppe, G. (2002). *Eine kleine (andere) Sportdidaktik aus Sportlehrersicht*. Hohengehren: Schneider.

Köppe, G. (2003). Zur Vielfalt sportdidaktischer Perspektiven oder: Woran soll sich der Schulsport in der Grundschule orientieren? In G. Köppe & J. Schwier (Hrsg.), *Handbuch Grundschulsport* (S. 63–75). Hohengehren: Schneider.

Krieger, C. (2011). *Sportunterricht als Erziehungsgeschehen – Zur Rekonstruktion sportunterrichtlicher Situationen aus Schüler- und Lehrersicht*. Köln: Strauß.

Kuhlmann, D., & Scherler, K. (2004). Schulsportinitiativen – Proklamationen oder Legitimationen. In E. Balz (Hrsg.), *Schulsport verstehen und gestalten* (S. 23–38). Aachen: Meyer & Meyer.

Kurz, D. (1990). *Elemente des Schulsports* (3. Aufl.). Schorndorf: Hofmann.

Kurz, D. (1995). Handlungsfähigkeit im Sport – Leitidee eines mehrperspektivischen Unterrichtskonzepts. In A. Zeuner, G. Senf, & S. Hofmann (Hrsg.), *Sport unterrichten – Anspruch und Wirklichkeit* (S. 41–48). St. Augustin: Academia.

Kurz, D. (2013). Zur Entwicklung einer pragmatischen Fachdidaktik. In P. Neumann & E. Balz (Hrsg.), *Sportdidaktik – Pragmatische Fachdidaktik für die Sekundarstufe I und II* (S. 13–23). Berlin: Cornelsen.

Messmer, R. (2013). *Fachdidaktik Sport*. Bern: Haupt UTB.

Miller, R. (1999). *Beziehungsdidaktik* (3., korrigierte Aufl.). Weinheim: Beltz.

MSWWF NRW (Ministerium für Schule und Weiterbildung, Wissenschaft und Forschung des Landes Nordrhein-Westfalen). (1999). *Richtlinien und Lehrpläne für die Sekundarstufe II – Gymnasium/Gesamtschule in Nordrhein-Westfalen. Sport*. Frechen: Ritterbach.

MSW NRW (Ministerium für Schule und Weiterbildung des Landes Nordrhein-Westfalen). (2014). *Rahmenvorgaben für den Schulsport in Nordrhein-Westfalen*. Düsseldorf: MSW NRW.

Neuber, N. (2004). Vom Wissen zum Können – Oder: Brauchen wir eine „Durchführungsdidaktik"? In M. Schierz & P. Frei (Hrsg.), *Sportpädagogisches Wissen – Spezifik – Transfer – Transformation* (Schriften der Deutschen Vereinigung für Sportwissenschaft, 141, S. 178–184). Hamburg: Czwalina.

Neuber, N. (2007). *Entwicklungsförderung im Jugendalter – Theoretische Grundlagen und empirische Befunde aus sportpädagogischer Perspektive* (Wissenschaftliche Schriftenreihe des Deutschen Olympischen Sportbundes, 35). Schorndorf: Hofmann.

Neuber, N. (2014). Bewegungsaufgaben als Lernaufgaben? – Ansatzpunkte für eine zeitgemäße Aufgabenkultur im Schulsport. In M. Pfitzner (Hrsg.), *Aufgabenkultur im Sportunterricht – Konzepte und Befunde zur Methodendiskussion für eine neue Lernkultur* (Bildung und Sport, 5, S. 41–64). Wiesbaden: Springer VS.

Neuber, N., & Pfitzner, M. (Hrsg.). (2012). *Individuelle Förderung im Sport – Pädagogische Grundlagen und didaktisch-methodische Konzepte* (Begabungsforschung, 14). Münster: Lit.

Neuber, N., Golenia, M., Krüger, M., & Pfitzner, M. (2013). Erziehung und Bildung – Sportpädagogik. In A. Güllich & M. Krüger (Hrsg.), *Sport. Das Lehrbuch für das Sportstudium* (S. 395–438). Berlin: Springer.

Neuber, N., & Pfitzner, M. (2019). Begabungsförderung im Sport – schulische und außerschulische Perspektiven. *Journal für Begabtenförderung, 18*(1), 27–36.

Neumann, P. (2004). *Erziehender Sportunterricht – Grundlagen und Perspektiven*. Baltmannsweiler: Schneider.

Pfitzner, M. (2019). Sportdidaktik. In A. Güllich & M. Krüger (Hrsg.), *Sport in Kultur und Gesellschaft*. https://doi.org/10.1007/978-3-662-53385-7_22-1.

Pfitzner, M., & Neuber, N. (2012). Individuelle Förderung – Fachdidaktische Konzepte Bedingungen und didaktische Empfehlungen. *Sportpädagogik, 36*(5), 2–8.

Prohl, R. (2010). *Grundriss der Sportpädagogik* (3. Aufl.). Wiebelsheim: Limpert.

Prohl, R. (2017). Der Doppelauftrag des Erziehenden Sportunterrichts. In V. Scheid & R. Prohl (Hrsg.), *Sportdidaktik – Grundlagen, Vermittlungsformen, Bewegungsfelder* (S. 70–91). Wiebelsheim: Limpert.

Regner, J. (2005). *Schuleigene Lehrpläne im Sport – Grundlagen, Erfahrungen, Perspektiven*. Berlin: Pro Business.

Scherler, K. (2008). *Sportunterricht auswerten – Eine Unterrichtslehre* (2., überarbeitete Aufl.). Hamburg: Czwalina.

Scherler, K., & Schierz, M. (1993). *Sport unterrichten*. Schorndorf: Hofmann.

Schierz, M., & Thiele, J. (2002). Hermeneutische Kompetenz durch Fallarbeit. Überlegungen zum Stellenwert kasuistischer Forschung und Lehre an Beispielen antinomischen Handelns in sportpädagogischen Berufsfeldern. *Zeitschrift für Pädagogik, 48*(1), 30–47.

Schrader, F.-W. (1989). *Diagnostische Kompetenzen von Lehrern und ihre Bedeutung für die Gestaltung und Effektivität des Unterrichts*. Frankfurt: Lang.

Schulgesetz NRW. (2020). https://recht.nrw.de/lmi/owa/br_text_anzeigen?v_id=10000000000000000524. Zugegriffen: 20. Febr. 2020.

Söll, W. (1995). Sportunterricht ohne Sportarten? Plädoyer für ein richtig verstandenes „Sportartenkonzept". In A. Zeuner, G. Senf, & S. Hofmann (Hrsg.), *Sport unterrichten – Anspruch und Wirklichkeit* (S. 64–71). St. Augustin: Academia.

Söll, W. (2000). Das Sportartenkonzept in Vergangenheit und Gegenwart. *Sportunterricht, 49*, 4–8.

Söll, W. (2005). *Sportunterricht – Sport unterrichten. Ein Handbuch für Sportlehrer* (6. Aufl.). Schorndorf: Hofmann.

Treutlein, G. (1998). Veränderung der Bedeutung und Gestaltung der Beziehungsebene – Grundlage für einen zeitgemäßen Sportunterricht. *Sportunterricht, 47*(11), 436–443.

Treutlein, G., Funke, J., & Sperle, N. (Hrsg.). (1992). *Körpererfahrung im Sport. Wahrnehmen – lernen – Gesundheit fördern* (2., überarbeitete Aufl.). Aachen: Meyer & Meyer.

Literatur

Volkamer, M. (1987). *Von der Last mit der Lust im Schulsport – Probleme der Pädagogisierung des Sports.* Schorndorf: Hofmann.
Wolters, P. (2015). *Fallarbeit in der Sportlehrerausbildung.* Aachen: Meyer & Meyer.
Wolters, P., Ehni, H., Kretschmer, J., Scherler, K., & Weichert, W. (2000). *Didaktik des Schulsports.* Schorndorf: Hofmann.
Zimmer, R. (1996). Psychomotorik in der Grundschule. In M. Polzin (Hrsg.), *Bewegung, Spiel und Sport in der Grundschule – Fachliche und fächerübergreifende Orientierung* (S. 70–81). Frankfurt: AK Grundschule.
Zimmer, R. (2003). Wahrnehmen – Erleben – Bewegen. Psychomotorische Entwicklungsförderung. In G. Köppe & J. Schwier (Hrsg.), *Handbuch Grundschulsport* (S. 367–380). Hohengehren: Schneider.
Zimmer, R. (2019). *Handbuch Psychomotorik – Theorie und Praxis der psychomotorischen Förderung von Kindern* (14. Aufl.). Freiburg: Herder.

Wahrnehmung und Körpererfahrung 3

Zusammenfassung

In diesem Kapitel wird ein Überblick über Grundbegriffe und Theorien zu Wahrnehmung und Körpererfahrung im Sport gegeben. Ausgehend vom Körperverständnis in modernen Gesellschaften werden Grundlagen von Körperwahrnehmung und -erfahrung erläutert, bevor vier ausgewählte fachdidaktische Konzepte vorgestellt werden: Ästhetische Bildung, Dialogisches Bewegungskonzept, Körpererfahrung und Erfahrungsorientierter Sportunterricht. Ein Exkurs zur Bewegungsbildung in der Körperkulturbewegung ergänzt das Kapitel.

3.1 Einführung

Die Wahrnehmung des eigenen Körpers und die Auseinandersetzung mit der eigenen **Körperlichkeit** sind dem Sporttreiben immanent. Sportliche Aktivitäten sind immer mit Erfahrungen „am eigenen Leibe" verbunden. Zugleich ist der eigene Körper eng mit dem Selbstbild der Menschen verbunden. Gerade Kinder und Jugendliche definieren sich oft über körperliche Fähigkeiten und Merkmale (vgl. Korte et al. 2020). Allerdings ist das **Verständnis des Körpers** im Leistungssport oft einseitig funktional bestimmt. Der Körper wird hier vor allem als „Werkzeug" genutzt, mit dem normierte sportliche Leistungen erreicht werden sollen. Andere Aspekte von Körperlichkeit, wie z. B. ästhetische, soziale oder symbolische Bezüge, werden oft ausgeblendet. Dabei ist der Körper nicht nur ein Funktions-, sondern immer auch auch ein Wahrnehmungs- und Ausdrucksorgan (Beckers 1991). Diese verschiedenen Sichtweisen versucht der Schulsport bewusstzumachen und zu nutzen. Unter der Pädagogischen Perspektive **Wahrnehmungsfähigkeit verbessern, Bewegungserfahrungen erweitern** werden unterschiedliche Auslegungen von Körperlichkeit thematisiert (vgl. Funke-Wieneke 2009). Dazu werden im Sportunterricht verschiedene Zugänge verfolgt. Zum einen geht es um die **Förderung der Wahrnehmungsfähigkeit:** Bewegungsaufgaben im Sport stimulieren „vestibuläre, kinästhetische und taktile Wahrnehmungen und fördern deren Integration. Dies kommt dem motorischen Lernen und der sportlichen Leistungsfähigkeit zugute. Zugleich lässt sich über die Erweiterung des Bewegungskönnens die Wahrnehmungsfähigkeit differenzieren" (MSW NRW 2014, S. 9). Zum anderen zielt der Sportunterricht auf die **Förderung der Körperwahrnehmung:** „Der erkundende, spielerische Umgang mit der materialen Umgebung und die Erschließung von Körpererfahrungen durch Bewegungen gehören ebenso zum Sportunterricht wie die Vermittlung funktionaler Bewegungstechniken des Sports. Mit dem individuellen Bewegungsrepertorire entwickelt sich zugleich die Wahrnehmung der Welt und des eigenen Körpers" (MSW NRW 2014, S. 9). Damit sollen auch eingefahrene **Wahrnehmungs- und Bewegungsmuster** bewusst gemacht werden. Insgesamt sind die Sichtweisen auf Wahrnehmung und Körpererfahrung im Sportunterricht vielfältig, weshalb sich Sportlehrkräfte bewusst machen sollten, mit welchem Verständnis sie an dieses Feld herangehen.

3.2 Grundbegriffe

Ein erster zentraler Begriff des Themenfelds ist die **Wahrnehmung.** Darunter wird die Aufnahme, Weiterleitung, Koordination und Verarbeitung von Sinnesreizen über das Nervensystem verstanden. Diese Prozesse laufen automatisiert ab, können aber auch bewusst gemacht werden. Aus der Vielzahl der Reize, die permanent auf uns einströmen, trifft das Individuum nach objektiven (z. B. Gefahr) und subjektiven Aspekten (z. B. Interesse) eine Auswahl. Das Sinnessystem lässt sich nach „Fernsinnen" (Sehsinn, Hörsinn) und „Nahsinnen" (Tastsinn, Lagesinn, Gleichgewichtssinn, Geruchssinn, Geschmackssinn) unterscheiden (vgl. Zimmer 2019). Für die **Körperwahrnehmung,** also die Wahrnehmung des eigenen Körpers, sind vor allem die Nahsinne verantwortlich. Damit aus einer Wahrnehmung eine **Erfahrung** wird, bedarf es der Reflexion. Dadurch dass einzelne Episoden reflektiert und bewusst gemacht werden, sind sie über die Situation hinaus bedeutsam und können in ähnlichen Situationen „abgerufen" werden (Gieß-Stüber 1998, S. 144–146). Positive Erfahrungen, z. B.

Könnenserfahrungen im Sport, können zu einem positiven Selbstbild und damit letztlich zur **Selbstgestaltung** des eigenen Lebens beitragen (Beckers 1997). Mit dem Begriff des **Körpers** wird zunächst unser „nacktes Erscheinen" als abgegrenztes Wesen beschrieben. In einem engeren naturwissenschaftlichen Sinn wird der Körper auch als „entseeltes Objekt" verstanden, dessen Bestandteile analysiert und verallgemeinert werden können. Mit **Leib** ist dagegen der „beseelte Körper" gemeint, der auf eine Geschichte mit Emotionen und subjektiven Erfahrungen zurückblicken kann (vgl. Funke-Wieneke 2009). Der Leibbegriff wirkt mitunter etwas altmodisch – man denke nur daran, dass das Unterrichtsfach „Sport" früher „Leibeserziehung" hieß –, in pädagogischen Kontexten erscheint er aber letztlich angemessener, weil er die psycho-physische Gesamtheit des Menschen anspricht und nicht nur den zu trainierenden Körper (vgl. Krüger 2020). Trotzdem hat sich der Begriff der **Körpererfahrung** in der fachdidaktischen Diskussion durchgesetzt. Als Oberbegriff schließt er verwandte Begriffe, wie Körpergefühl, Körpererleben oder Körperbewusstsein, ein (vgl. Wolters 2016). Körpererfahrungen sind die Voraussetzung für die Entwicklung von **Körperbildern,** also Vorstellungen vom eigenen Körper. Zugleich werden Körperbilder auch von realen und medialen Vorbildern geprägt.

3.3 Grundlagen

Moderne Gesellschaften sind durch eine Vielzahl an Informationen gekennzeichnet. Gab es in den 1980er Jahren bspw. noch drei Fernsehkanäle in Deutschland, ist die Anzahl aufgrund der digitalen Verfügbarkeit heute praktisch unbegrenzt. Kinder und Jugendliche sind daher permanent gefordert, aus einer **Vielzahl an Möglichkeiten** die für sie relevanten Informationen herauszufiltern und sich für die jeweils „beste" Alternative zu entscheiden (vgl. Neuber 2020, S. 54–62). Dazu nutzen sie im Wesentlichen die Fernsinne „Hören" und „Sehen", die in westlichen **Informationsgesellschaften** wie der unsrigen sehr dominant sind. Ein Großteil der Informationen, die in Schule und Beruf vermittelt werden, wird über die Fernsinne aufgenommen. Auch die Freizeit ist durch eine Vielfalt an audiovisuellen Angeboten geprägt, die über digitale Endgeräte bereitgestellt werden und bereits im Vorschulalter zur Verfügung stehen. Es kann daher heute von einer **Vernachlässigung der Nahsinne** in unserer Kultur gesprochen werden (Beckers et al. 1992, S. 20–22). Eine intensive, leibhaftige Auseinandersetzung mit den „Dingen dieser Welt", sei es im Spiel oder in der Natur, kommt dabei oft zu kurz. Kinder und Jugendliche machen ihre Erfahrungen kaum noch unmittelbar, sondern sie lernen durch **Erfahrungen aus zweiter Hand,** die über die Fernsinne vermittelt werden (vgl. Schönrade et al. 2002).

Aus entwicklungstheoretischer Sicht ist das bedenklich. Kinder entwickeln ihre Fähigkeiten und Fertigkeiten, aber auch ihre kognitiven Strukturen über die Erfahrung der Welt mit allen Sinnen. Die **sinnliche Wahrnehmung** „ist die Wurzel jeder Erfahrung, durch die sie die Welt jeweils für sich wieder neu aufbauen und verstehen können" (Zimmer 2019, S. 14). Wird die Erschließung der Welt mit allen Sinnen begrenzt oder werden Kinder mit einem Übermaß an Reizen konfrontiert, kann das zu Entwicklungsstörungen führen. Tatsächlich kommt der **sensorischen Integration,** dem Zusammenspiel aller Sinne, besondere Bedeutung für die kindliche Entwicklung zu (Ayres 2013). Junge Menschen leben heute in einer ausgesprochen reizintensiven Welt, deren Vielfalt ihnen zahlreiche Möglichkeiten bietet. Zugleich wachsen sie hinsichtlich ihrer körperlich-sinnlichen Entwicklung in einer „verarmten Lebenswelt auf, die ihnen viele Anregungen und Erfahrungen vorenthält [...]. Dies ist auch ein Grund für eine Vielzahl von Beeinträchtigungen in der **Wahrnehmungsfähigkeit,** die heute bei Kindern festgestellt werden" (Zimmer 2019, S. 26). Ein angemessener Umgang mit der Wahrnehmung scheint also mehr denn je angeraten zu sein.

Der **Prozess der Wahrnehmung** wurde eingangs als Aufnahme, Weiterleitung, Koordination und Verarbeitung von Sinnesreizen über das Nervensystem definiert. Diesem naturwissenschaftlichen Verständnis folgend können sieben Sinnessysteme unterschieden werden (vgl. Tab. 3.1). Allerdings ist die Wahrnehmung nicht bloß ein objektiver Prozess der Aufnahme und Verarbeitung von Sinneseindrücken, sondern sie ist in hohem Maße subjektiv bestimmt und kulturell bedingt (Klinge 2009). So ist Wahrnehmung immer **kontextgebunden,** d. h. von den sozialen und kulturellen Rahmenbedingungen abhängig. Jedes Kind kennt die Bedeutung einer roten Ampel und handelt entsprechend. Insofern ist Wahrnehmung auch **vorstrukturiert,** d. h. durch die individuelle Biografie geprägt. Das Wahrnehmen „baut auf bereits vorhandene Erfahrungen auf und lagert sich in Form vom Wahrnehmungsmustern und -strukturen ab. Vergangene Erfahrungen fungieren als praktisches, körperliches Wissen, das im Handeln

Tab. 3.1 Sinnessysteme des Menschen. (Mod. nach Zimmer 2019)

Nahsinne	Taktiles System	Tastsinn
	Kinästhetisches System	Bewegungs-, Kraft- und Stellungssinn
	Vestibuläres System	Gleichgewichtssinn
	Olfaktorisches System	Geruchssinn
	Gustatorisches System	Geschmackssinn
Fernsinne	Auditives System	Hörsinn
	Visuelles System	Sehsinn

3.3 Grundlagen

und Tun entstanden ist" (Klinge 2009, S. 97). Wahrnehmung ist daher immer **bedeutungsvoll und subjektiv** bestimmt. So sind bspw. Gerüche, die wir aus unserer Kindheit kennen, in hohem Maße prägend für unser Leben. Schließlich ist Wahrnehmung immer **reflexiv**. Auch wenn Wahrnehmungsprozesse nicht immer bewusstseinsfähig sind, führen sie doch häufig zum Nachdenken über die aufgenommenen Informationen.

Der Zusammenhang von Wahrnehmung und Bewegung kann anhand des **Gestaltkreismodells** nach Viktor von Weizsäcker (1950) verdeutlicht werden (vgl. Abb. 3.1). Das Subjekt bewegt sich in seiner Umwelt. Dabei nimmt es ständig unterschiedlichste Sinnesreize aus seiner Umwelt auf und integriert sie „automatisch" in seine Bewegungsabsichten. Es besteht also ein permanentes **Wechselspiel von Wahrnehmung und Bewegung**. Als Beispiel dafür kann das Fangen eines Balls dienen: Ich nehme den auf mich zufliegenden Ball optisch wahr, begebe mich – aufgrund meiner Vorerfahrungen – in eine sinnvolle Ausgangsposition zum Fangen des Balls, während des Fangens verarbeite ich Informationen aus den Tast-, Lage-, Spannungs- und Gleichgewichtssinnen in Sekundenbruchteilen und setze sie umgehend in die Vorbereitung einer angemessenen Reaktion um, z. B. in Form eines erneuten Abwurfs (Laging 2006, S. 162–164). Auf dieser Grundlage kann der Wahrnehmungsbegriff differenziert bestimmt werden:

▶ **Wahrnehmung** ist ein Prozess der Aufnahme, Weiterleitung, Koordination und Verarbeitung von Informationen aus Körper- und Umweltreizen, der nicht nur objektiv strukturiert, sondern immer auch subjektiv bestimmt und sozial bedingt ist. Wahrnehmungsprozesse befinden sich in einem permanenten Wechselspiel mit Bewegungsprozessen.

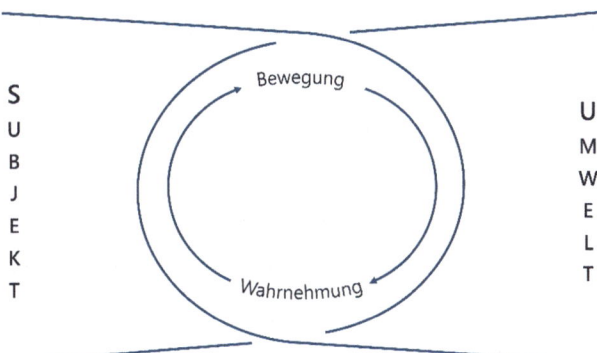

Abb. 3.1 Gestaltkreismodell. (Mod. nach v. Weizsäcker 1950, S. 132)

Der **Körperbegriff** gehört zu den intensiv diskutierten Fragen innerhalb der Sportwissenschaft, was nicht zuletzt durch die interdisziplinäre Ausrichtung des Fachs bedingt ist. In anthropologischer Sicht geht es bspw. um das Verhältnis von Mensch und Welt und die sich daraus ergebenen Körperbilder, in kulturwissenschaftlicher Sicht geht es um die Wechselwirkungen zwischen gesellschaftlichen Normen und kulturellen Körperpraxen und in naturwissenschaftlicher Sicht geht es um die Funktionsfähigkeit des Körpers in (sportlichen) Belastungssituationen (vgl. Krüger und Reinhart 2018). Für die pädagogische Diskussion ist die Unterscheidung von **Körperhaben und Leibsein** zentral. Während sich das „Körperhaben" auf die Funktionsfähigkeit des Körpers in alltäglichen Situationen, auch im Sport, bezieht, beschreibt das „Leibsein" das Aufgehen in einer Tätigkeit, bei der körperliche Restriktionen ausgeblendet werden (vgl. Grupe 1984). Dahinter steht das Verständnis von „Körper" als einem entseelten Objekt, das (naturwissenschaftlich) beschrieben werden kann, und „Leib" als dem beseelten Körper mit Emotionen und subjektiven Erfahrungen, die einem in den Leib „eingeschrieben" sind. Diese Unterscheidung war für die **Theorie der Leibeserziehung** maßgeblich und scheint aktuell eine Renaissance zu erleben (Krüger 2020). Auch das Konzept der Bewegungsbildung, das seine Wurzeln in den 1920er Jahren hat, orientierte sich an der Entwicklung des ganzen Menschen.

> **Bewegungsbildung als Menschenbildung**
> Die fachdidaktischen Konzepte zu Wahrnehmung und Körpererfahrung verstehen sich als alternative, z. T. auch kritische Zugänge zum Sport. Letztlich bleiben sie aber dem heute gängigen Verständnis von Sport verpflichtet, nicht zuletzt, weil sie auf den Sportunterricht in der Schule abzielen. Bevor sich die Sportidee im Verlauf des 20. Jahrhunderts weltweit durchsetzte, gab es in Deutschland zwei weitere Zugänge zur menschlichen Bewegung: die Turnbewegung und die Körperkulturbewegung (vgl. Krüger 2019). Die **Körperkulturbewegung** versteht die Bewegungsbildung als Menschenbildung, d. h. die „Arbeit am Körper" in gymnastischen oder tänzerischen Stunden dient immer der Entwicklung und Vervollkommnung des ganzen Menschen. **Bewegung** wird als Lebensäußerung, **als Sprache des Menschen** verstanden. Störungen im Bewegungsbild werden dementsprechend als Störungen der gesamten „Lebensordnung" gedeutet. So wird bspw. eine körperliche Fehlhaltung nicht nur als muskuläres Problem inter-

3.3 Grundlagen

pretiert, sondern als Ausdruck einer Störung, die den ganzen Menschen psycho-physisch betrifft. Man lässt die Schultern „hängen", weil man traurig ist, nicht nur, weil die Rückenmuskulatur schwach ist (vgl. Jacobs 1990).

In diesem Sinne wird Bewegung als Zusammenspiel von **Innen- und Außenbewegung** verstanden: „Richtige Bewegung ist fließend, stetig, an- und absteigend, verläuft im steten Wechsel von Spannung und Lösung der Muskeln, ergreift stets den gesamten Körper und manches andere..." (Jacobs 1985, S. 29). Der Ansatz ist fast schon erschreckend aktuell. So beschreibt Elsa Gindler in ihrer „Gymnastik des Berufsmenschen" von 1926, wie wir im Alltag aufgrund mangelnden **Körperbewusstseins** immer stärker dem Stress ausgeliefert sind: „Wir hören auf, unser Leben denkend und fühlend zu gestalten, werden gehetzt und lassen alle Unklarheiten um uns so anwachsen, dass sie immer im ungeeigneten Moment Herr über uns werden" (Gindler 1926, S. 47). Der Weg, den die Protagonistinnen der Körperkulturbewegung vorschlagen, ist die Bewusstmachung von körperlichen Prozessen, wie Atmung, Herzschlag, Spannung, Lösung, Haltung, Gleichgewicht u.v.m. (Moscovici 2005). Letztlich müsse man die menschliche **Bewegung als individuelles Geschehen** immer wieder neu entdecken, denn die Bewegung „ist nicht, sie entsteht neu in dem Augenblick, wo sie gebraucht wird" (Jacobs 1985, S. 33).

Das aktuelle Interesse am Körperthema hat nicht zuletzt damit zu tun, dass die **Körperformung** für viele junge Menschen zu einem zentralen Lebensinhalt geworden ist. Aufgrund der zunehmenden Verbreitung von Fitness-Apps und Fitness-Angeboten lässt sich vermuten, „dass der omnipräsente Wunsch nach Leistungssteigerung und Körperoptimierung neue motivationale Schwerpunkte" im Leben vieler junger Menschen setzt (Bindel et al. 2020, S. 66). Das Erreichen spezifischer **Körper- bzw. Schönheitsideale** wird dabei oftmals mit sozialer Anerkennung und Erfolg gleichgesetzt, sodass die Arbeit am eigenen Körper für viele Heranwachsende zu einem identitätsstiftenden Projekt wird. Diese Form der Selbstoptimierung wird „in hohem Maße durch medial verbreitete, körperbezogene Schönheits-, Fitness-, Leistungs- und Gesundheitsideale beeinflusst"

(Bindel et al. 2020, S. 66). Letztlich kann daher von einer neuen, digital geprägten **Jugendkultur** mit den Schwerpunkten Fitness, Körper und Gesundheit gesprochen werden, wobei weniger eine gesunde Funktionsfähigkeit als vielmehr ein gesundes Aussehen maßgeblich zu sein scheint. Zudem geht dieser „Livestyle" mit erheblichen Einschränkungen, etwa durch Diäten oder rigide Trainingspraxen, und nicht selten mit einem hohen Maß an Egozentrik einher – man tut alles, um „gut" auszusehen (Bindel und Theis 2020).

Der veränderte Umgang mit dem Körper äußert sich über den Sport hinaus auch in anderen Lebensbereichen. Neben den Medien und der Fitnessindustrie können Bereiche des **Körperstylings,** wie Mode, Make-up, Tattoos und Piercings, genannt werden, die zunehmend beliebt sind. Ob Heranwachsende darum ein Problem mit ihrem Körper haben und gar von einer **Krise der Körperlichkeit** gesprochen werden muss, kann diskutiert werden (vgl. Krüger 2020). Immerhin ist die Auseinandersetzung mit dem eigenen Körper schon immer ein bedeutsames Thema in der Entwicklung junger Menschen. Die körperbezogene Entwicklungsaufgabe zählt zu den zentralen Herausforderungen des Aufwachsens. Die **Struktur der Entwicklungsaufgabe** „Den Körper bewohnen lernen" (Fend 2001) ergibt sich aus den zum Teil massiven körperlichen Veränderungen in der Pubertät einerseits und den nicht minder massiven sozio-kulturellen Anforderungen gesellschaftlich vermittelter Idealbilder vom attraktiven Körper andererseits. Dem jungen Menschen kommt die Aufgabe zu, zwischen diesen beiden Anforderungen sinnvoll zu vermitteln (Neuber 2007, S. 139–144). Umso wichtiger erscheint es, sich im pädagogischen Feld den eigenen Körperbegriff bewusst zu machen.

Zunächst kann zwischen einem funktionalen und einem nicht-funktionalen **Körperverständnis** unterschieden werden. Während ersteres auf instrumentelle Bewegungen, z. B. in Alltag und Sport, zielt, bezieht sich ein nicht-funktionales Verständnis auf soziale oder symbolische Zusammenhänge. Funke-Wieneke (2009, S. 318) unterscheidet dazu vier **Dimensionen der Leiblichkeit:** Die „Erfahrung des Körpers" (Werkzeugleib) bezieht sich dabei auf einen funktionalen Einsatz des Körpers bspw. im Wettkampfsport. Die „Erfahrung mit dem Körper" (Sinnenleib) fokussiert Sinneserfahrungen, die man über die verschiedenen Wahrnehmungskanäle des eigenen Körpers macht. Die „Erfahrung des Körpers im Spiegel der anderen" (Sozialleib) betrifft Erfahrungen, die man im Rahmen von „Bewegungsbeziehungen" mit anderen macht. Und die „Erfahrung in der Darstellung des Körpers" (Symbolleib) bezieht sich auf Ausdruckserfahrungen mit dem Körper (vgl. Abb. 3.2). Neben funktional-anatomischen und psycho-motorischen Aspekten von Körperlichkeit sind darüber hinaus sozio-kulturelle Facetten gesellschaftlich bestimmter **Körperpraxen** zu

3.3 Grundlagen

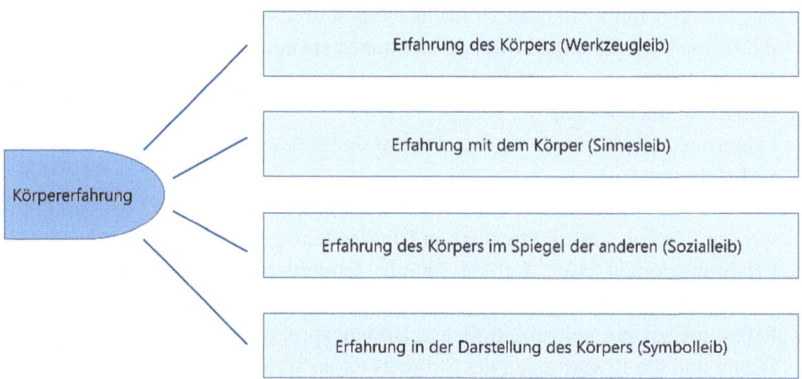

Abb. 3.2 Dimensionen der Leiblichkeit. (Mod. nach Funke-Wieneke 2009, S. 318)

berücksichtigen, etwa in geschlechtsbezogener, gesellschaftlicher oder kultureller Hinsicht (Alkemeyer und Brümmer 2018).

Vor diesem Hintergrund kann der Begriff der Körpererfahrung näher bestimmt werden. Das **Lernen aus Erfahrung** hat in der sportpädagogischen Diskussion eine gewisse Tradition. Unmittelbare Erfahrungen, wie man sie im Sport machen kann, sind oft wirksamer „als Worte und Empfehlungen. Erfahrungen ermöglichen Lernprozesse, und nicht selten sind sie Ausgangspunkt und Grundlage von Urteilen, Erkenntnissen und Einsichten" (Grupe 1995, S. 21). Das gilt in besonderer Weise für die **Körpererfahrung** im Sport, die die Wahrnehmung des eigenen Körpers in der Bewegung als Ziel und Mittel zugleich betrachtet. Funke-Wieneke (2009, S. 316) beschreibt das unmittelbare Erleben im Sport als „einzigartiges Selbstgefühl zwischen Anspannung und Entspannung, Enge und Weite, Müdigkeit und Frische, Schmerz und Wonne…". In einem ersten Zugang kann die Körpererfahrung als Teil der **Bewegungserfahrung** und diese wiederum als Teil der **Selbsterfahrung** beschrieben werden (vgl. Abb. 3.3). Die Übergänge sind dabei fließend, weil auch der Körper in Ruhe immer in Bewegung ist, bspw. durch Herzschlag und Atmung, und die Bewegung letztlich immer Ausdruck unseres Selbst ist (vgl. Jacobs 1990).

Körpererfahrungen ergeben sich nicht automatisch. Grundsätzlich können sechs **Merkmale der (Körper-)Erfahrung** beschrieben werden, die als Voraussetzung für authentische Erfahrungen gelten (Giese 2013, S. 231; Wolters 2016, S. 230). Dazu zählen:

1. Erfahrungen müssen selbst gemacht werden und sind ein aktiver Zugriff auf die Umwelt. In günstigen Momenten können sie auch zufällig entstehen.
2. Das Zu-Erfahrende muss die Wahrnehmung des Subjekts stören; Irritationen sind dabei unerlässlich.
3. Erfahrungen bedürfen der Reflexion; erst durch das (Nach-)Denken werden sie zu Erfahrungen.
4. Das Zu-Erfahrende muss mit den Vorerfahrungen des Subjekts verknüpft werden können, sonst können sie zu Überforderung führen.
5. Erfahrungslernen ist „Lernen durch Umlernen", da alte Erfahrungen sozusagen von neuen Erfahrungen „überschrieben" werden.
6. Erfahrung ist ein selbstbezüglicher Bildungsprozess, der den Mensch-Welt-Bezug und die Erwartungen des Subjekts daran verändert.

Auf dieser Grundlage kann der Begriff der Körpererfahrung spezifiziert werden.

▶ **Körpererfahrungen** sind dauerhaft verfügbare „Ablagerungen" (Könnens- und Wissensbestände), die durch Erlebnisse und Wahrnehmungen mit dem eigenen Körper gewonnen werden (Wolters 2016, S. 230). Sie können sich auf unterschiedliche Dimensionen der Leiblichkeit beziehen. Das Konzept des körpererfahrungsorientierten Unterrichts steht zugleich für eine fachdidaktische Grundposition (vgl. Funke-Wieneke 2009).

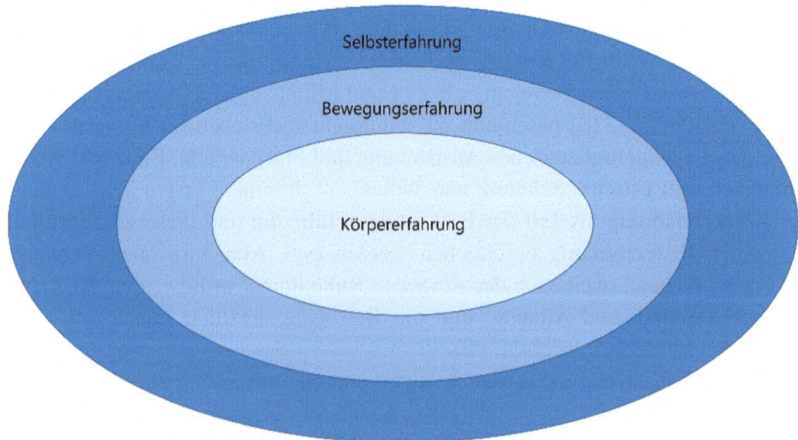

Abb. 3.3 Verhältnis von Körper-, Bewegungs- und Selbsterfahrungen. (Mod. nach Wolters 2016, S. 229)

3.3 Grundlagen

Wahrnehmung und Körpererfahrung haben nicht nur im Sport, sondern auch in der **Schule** eine zentrale Bedeutung. Der Prozess der Zivilisierung des Menschen hat dazu beigetragen, dass Aggressionen im Vergleich zu früheren Zeiten in geregelte Bahnen gelenkt werden konnten; auch der Sport hat seinen Anteil daran (vgl. Krüger 2019). Die Zivilisierung des Menschen zeigt sich aber ebenso in der Schule, die sich seit ihrer flächendeckenden Einführung im 19. Jahrhundert schnell zu einer **Sitzschule** entwickelt hat, in der Kinder und Jugendliche diszipliniert und zum „Stillsitzen" angehalten werden. Horst Rumpf (1983, S. 335) hat das unter dem Titel „Beherrscht und verwahrlost" pointiert auf den Punkt gebracht: „Im Klassenunterricht ist der Körper möglichst störungsfrei stillzustellen: der **Schulkörper** wird mit ausgeklügeltem Mobiliar, mit Verhaltensreglements, mit Raum- und Zeit- und Inhaltsmodellierungen dazu gebracht, dass er nicht mehr auffällt und als Prothese für das Hören, Sehen, Lesen, Schreiben, Sprechen dient". Als Ausgleich für das Sitzen im Klassenraum gilt von jeher der Sportunterricht. Letztlich zeichne sich aber auch der **Sportkörper** durch eine massive Disziplinierung und Beherrschung und eben nicht durch eine sinnengetragene Welterschließung aus (Rumpf 1983). Neuere Arbeiten zur Lehrplananalyse von Ruin (2014) zeigen, dass die Idee der **Disziplinierung des Körpers** auch in aktuellen Schulsportkonzepten zu finden ist.

▶ **Literaturtipp** Rumpf, H. (1983). Beherrscht und verwahrlost – Über den Sportkörper, den Schulkörper und die ästhetische Erziehung. *Zeitschrift für Pädagogik, 29*(3), 333–346.
Horst Rumpf beschreibt die Disziplinierung von Kindern und Jugendlichen in der Schule und vertritt die These, dass auch der Sportunterricht mit seiner Orientierung am Wettkampfsport zur Beherrschung der Heranwachsenden beiträgt. Schulkörper und Sportkörper folgen derselben Disziplinierungslogik.

In der Folge des „PISA-Schocks" 2001 wurden zahlreiche Maßnahmen diskutiert, um das **schulische Lernen** zu verbessern. Unter anderem führte das zur Konzentration auf die sogenannten Kernfächer und zur Einführung der Ganztagsschule. Zu einer stärkeren Einbindung von Bewegung in die Schule führten diese Diskussionen jedoch nicht, obwohl es auch damals schon zahlreiche Belege für den Zusammenhang von Lernen und Bewegung gab (vgl. Neuber 2020, S. 137–158). Dabei wurde schnell deutlich, dass sich der Unterricht zu stark auf „Regelwissen, Routinen und auswendig gelernte und methodisierte Verfahren" richtete (Edelstein 2001, zit. nach Laging 2006, S. 160). Ein „**leibliches**

Erfassen von Welt und bewegungsaktives Weltverstehen als Teil der Grundbildung des Menschen" könnte dagegen Abhilfe leisten (Laging 2006, S. 160). Nach diesem Verständnis ist Lernen ein Erkenntnisprozess, der bei individuellen Wahrnehmungen ansetzt, sie durch zielgerichtete Reflexionen zu Erfahrungen verdichtet, auf deren Grundlage dann gehandelt werden kann. Dieser **aisthetische Bildungsprozess** (Aisthesis = Wahrnehmung) ist Grundlage zahlreicher fachdidaktischer Konzepte und erklärt auch, warum das Unterrichtsfach Sport neben Kunst und Musik zu den so genannten ästhetischen Fächern in der Schule gezählt wird (vgl. Beckers 1997).

Will man das Körperthema im Sportunterricht aufgreifen, muss zunächst eine Bereitschaft dafür geschaffen werden. Mädchen und Jungen suchen zumeist die Herausforderung im „richtigen" Sport und wollen sich nicht unbedingt mit „Körpererfahrungen" auseinandersetzen, zumal körperliche Exponiertheit und Nähe leicht schambesetzt sein kann (Wiesche 2020). Hilfreich können konkrete **Bewegungsexperimente,** etwa zum Thema Haltung, Spannung oder Gleichgewicht, sein. Die Aufgaben setzen auf funktionell-anatomischer Ebene an; die Schülerinnen und Schüler suchen Lösungen für konkrete Bewegungsaufgaben (z. B. Neuber 2018). In einem zweiten Schritt können psycho-motorische Aspekte thematisiert werden, z. B. Fragen nach dem Zusammenhang von Emotion und Bewegung. Schließlich kann auf sozio-kultureller Ebene diskutiert werden, welche gesellschaftlichen Werte und Normen sich in der Körperkultur wiederfinden, z. B. Fragen nach Fitness- und Schönheitsidealen. Letztlich kann so ein **ästhetischer Bildungsprozess** von der Wahrnehmung über die Erfahrung zur Selbstgestaltung angeregt werden (vgl. Abb. 3.4). Auch das Thema der körperlichen Selbstoptimierung kann so aufgegriffen werden. Über das konkrete Erleben von Fitnesssportangeboten kann bspw. die Frage der Zweckfreiheit sportlicher Aktivitäten diskutiert werden (vgl. Bindel et al. 2020).

3.4 Fachdidaktische Konzepte

Es gibt eine große Zahl an fachdidaktischen Konzepten, die sich mit Wahrnehmung und Körpererfahrung befassen. Einige beanspruchen im Sinne eines Konzeptes großer Reichweite, für den gesamten Sportunterricht gültig zu sein. Andere können als Konzepte mittlerer Reichweite verstanden werden, die sich nur auf einen Teilbereich des Sportunterrichts beziehen (siehe Kap. 2). Historisch

3.4 Fachdidaktische Konzepte

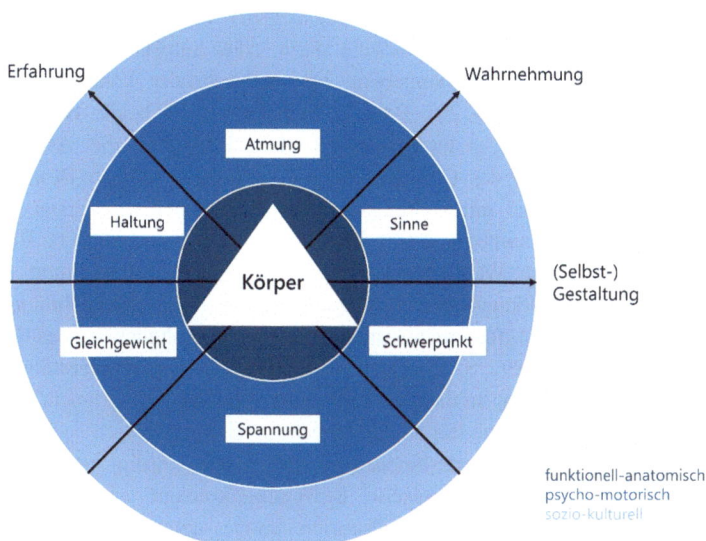

Abb. 3.4 Ebenen des Körperverständnisses im Sportunterricht. (Eigene Darstellung)

betrachtet hat das damit zu tun, dass in den 1980er und 90er Jahren mit Ansätzen, wie der **Ästhetischen Bildung** oder dem **Körpererfahrungskonzept,** eine Gegenbewegung zum traditionellen, sportartorientierten Sportunterricht entstand (vgl. Funke-Wieneke 2009). Damit sollte der Sportunterricht insgesamt reformiert werden, was sich an einer Vielzahl von Publikationen nicht zuletzt in der Zeitschrift „Sportpädagogik" nachvollziehen lässt. Diese Reformbewegung hat das Spektrum des Sportunterrichts deutlich erweitert. In den vergangenen Jahren ist dieser Richtungsstreit mit dem Konzept des **Erziehenden Sportunterrichts,** das sowohl offene Formen des Sich-Bewegens als auch normierte Sportaktivitäten einschließt, weitgehend beigelegt worden (vgl. Prohl 2017). Daher stehen heute Konzepte mit einem umfassenden Anspruch neben begrenzteren Ansätzen zur Exploration, Entspannung oder Fernöstlichen Körperarbeit (vgl. Lange und Sinning 2010).

Als Konzept mit großer Reichweite kann zweifellos die **Ästhetische Bildung** angesehen werden. Bereits in der Theorie der Leibeserziehung der 1950er und 60er Jahre spielte sie eine zentrale Rolle. Mitte der 1990er Jahre kam es zu einer „Wiederentdeckung" des Bildungsbegriffs für die Schule (Beckers 1997). Die Leitidee des Ansatzes besteht darin, „das Subjekt zu einer **Selbstgestaltung** mit individueller Sinngebung innerhalb sozialer Verantwortung zu befähigen" (Beckers 1997, S. 20). Dazu können grundsätzlich alle Bewegungs-, Spiel- und Sportangebote genutzt werden. Gleichwohl geht die **Ästhetische Bewegungserziehung** in der Grundschule vor allem von offenen Bewegungs- und Spielformen aus, die mit vielfältigen Sinneserfahrungen „aus erster Hand" erschlossen werden (Bannmüller 2000). Methodisch setzt die Ästhetische Bildung auf den Dreischritt von Wahrnehmung, Erfahrung und Selbstgestaltung (siehe Abschn. 3.3). Der Bildungsprozess ereignet sich über die Wahrnehmung des individuell Neuen, des „für mich Außer- und Un-Gewöhnlichen, des Widersprechenden" (Beckers 1997, S. 21). Dazu soll mit Prinzipien der **Widerständigkeit und Fremdheit** Unordnung in die gewohnte Wahrnehmungswelt gebracht werden, um gängige Wahrnehmungsmuster zu durchbrechen (Klinge 2009).

In Anlehnung an die niederländischen Pädagogen Gordijn und Tamboer hat Trebels (1992) das **Dialogische Bewegungskonzept** entwickelt. Ausgehend von phänomenologischen Theorien sowie dem Gestaltkreismodell von Weizsäckers (1950) grenzt sich das Dialogische Bewegungskonzept von gängigen physikalischen Sichtweisen über Bewegung in der Sportwissenschaft ab. Es entwirft eine **Theorie des Sich-Bewegens,** die Bewegung als Aktion eines „Bewegungsaktors" in einer konkreten Situation immer als bedeutungsvolles Handeln versteht (Trebels 1992, S. 22–24). Dabei werden drei **Modi der Gerichtetheit** auf die Welt unterschieden: Bei der „direkten Überschreitung" der Grenze zwischen Mensch und Welt handelt es sich um Bewegungen, die dem Menschen spontan zur Verfügung stehen. Bei der „erlernten Überschreitung" bedarf es der Übung, um eine Bewegung bewältigen zu können. Und bei der „inventiven Überschreitung" sind kreative Entwicklungsprozesse erforderlich, um zu einer passenden Bewegungslösung zu kommen (vgl. Trebels 2007). In methodischer Hinsicht orientiert sich das Konzept an der Idee des **Vermittelnden Unterrichtens,** das den Lösungsweg für eine Bewegungsaufgabe weitgehend offenhält (vgl. Funke-Wieneke 1997).

Das Konzept der **Körpererfahrung,** das in den 1980er und 90er Jahren entstand, kann als Gegenbewegung zu traditionellen „Anleitungs-, Lehr- und Trainingsverfahren" verstanden werden (Funke-Wienke 2009, S. 319). Manche Autoren verwenden auch den Begriff der **Körperwahrnehmung** (z. B. Klinge 2009). Das Konzept zielt auf die Wahrnehmung des eigenen Körpers und orientiert sich an „lebensweltlichen Lern- und Aneignungsformen, die durch Umwege, Irrtümer, Widerstandserfahrungen und vielfältige Suchbewegungen gekennzeichnet sind" (Kolb 1994, S. 239–240). Im Sinne eines

3.4 Fachdidaktische Konzepte

emanzipatorischen Anliegens sollen traditionelle Sport(arten)muster hinterfragt werden (Funke-Wieneke 2009, S. 318). Das bedeutet allerdings nicht, dass traditionelle Sportarten komplett ausgeschlossen werden (vgl. Treutlein et al. 1986). Der Ansatz bedient sich zudem zahlreicher Körpererfahrungspraktiken von New Games und Modern Dance über Tai-Chi und Yoga bis hin zum Saunabaden. Methodisch wird mit **Differenzbildungen** gearbeitet, z. B. mit Seiten- und Spannungsdifferenzen, die im Unterricht bewusst gemacht werden (Kolb 1994). Auch Prinzipien der Widerständigkeit und Fremdheit kommen zur Anwendung (vgl. Klinge 2009).

Das neueste Konzept ist der **Erfahrungsorientierte Sportunterricht** (Giese 2009; 2013). Es setzt bei einem philosophischen Erfahrungsbegriff an, der – wie auch der Bildungsbegriff – in unterschiedlichsten Feldern der Sportdidaktik Anwendung findet. Im Kern geht es um die Entwicklung des **Ausdrucks- und Wirkungswillens** des Menschen, der im Wechselspiel mit der „Formungswiderständigkeit" der Welt steht. Ausgehend von seinen Vorerfahrungen versucht der Mensch, sich gemäß seinen Vorstellungen in der Welt auszudrücken, dabei gerät er in neuen Situationen „ins Stolpern", weil seine Vorerfahrungen nicht mit den aktuellen Erfahrungen in Einklang zu bringen sind, woraus wiederum neue Vorerfahrungen und Antizipationen entstehen (Giese 2013, S. 231–233). Die Nähe zum **Gestaltkreismodell** ist augenscheinlich. Didaktisch lassen sich solche Situationen nicht erzwingen, die Rahmenbedingungen können aber inszeniert werden. Dazu formuliert Giese (2013, S. 234–237) mit der Aufgabenorientierung, der sinnerhaltenden Elementarisierung, der Initiierung von Reflexionsleistungen sowie der Transparenz von Handlungszielen vier **methodische Prinzipien**.

▶ **Literaturtipp** Giese, M. (Hrsg.). (2009). *Erfahrungsorientierter und bildender Sportunterricht – Ein theoriegeleitetes Praxishandbuch.* Aachen: Meyer & Meyer.
Martin Giese gibt in diesem Sammelband eine Übersicht über die theoretischen Grundlagen von Erfahrung und Bewegung, bevor er und seine Co-Autoren in zwölf Kapiteln auf die Praxis des erfahrungsorientierten Sportunterrichts eingehen.

Trotz der unterschiedlichen theoretischen Zugänge gibt es in **didaktisch-methodischer Hinsicht** zahlreiche Schnittmengen. Allen vorgestellten Konzepten zur Wahrnehmung und Körpererfahrung geht es darum, eingefahrene **Wahrnehmungs- und Bewegungsmuster** aufzubrechen. Erfahrungen der Widerständigkeit und Fremdheit sollen dabei helfen: „Statt raschem ‚Abhaken' und routinisiertem Einordnen in Stereotype werden Reibungsflächen geschaffen. [...] Die Verlangsamung und Erschwerung der Auseinandersetzung kann so zu einer Herausforderung werden, sich neu mit einer Sache zu beschäftigen und ihr bisher nicht beachtete Seiten abzugewinnen" (Bernd 1993, S. 71–72). Kolb (1994) schlägt dazu **Prinzipien zur Entwicklung der Körperwahrnehmung** vor, die auf Differenzbildungen beruhen, z. B. der Differenz zwischen links und rechts (Seitendifferenz), angespannt und entspannt (Spannungsdifferenz) oder schnell und langsam (Geschwindigkeitsdifferenz). Klinge (2009) spricht von **Stolpersteinen,** die in Aufgaben „ausgelegt" werden, um Wahrnehmungsprozesse zu initiieren. Dazu schlägt sie vor, Wahrnehmungsgewohnheiten aufzustöbern, Unordnung in eingespielte Wahrnehmungen zu bringen, Unbekanntes vertraut und Bekanntes durch Verfremdung unbekannt zu machen.

3.5 Konzepte im Überblick

Insgesamt lässt sich festhalten, dass sich die Komplexität der Begriffe in der Vielfalt der fachdidaktischen Konzepte zum Bereich von Wahrnehmung und Körpererfahrung widerspiegelt (vgl. Tab. 3.2). Die theoretischen Bezüge sind anspruchsvoll und reichen von bildungstheoretischen und phänomenologischen bis hin zu philosophischen Ansätzen. Der umfassende Anspruch der Konzepte zeigt sich auch in ihren Leitideen. Die **Ästhetische Bildung** zielt auf die Selbstgestaltungsfähigkeit des Individuums in sozialer Verantwortung. Dazu bedient sie sich des Dreischritts von Wahrnehmung, Erfahrung und Selbstgestaltung, der durch Erfahrungen der Widerständigkeit und Fremdheit angeregt wird. Inhaltlich steht die gesamte Bandbreite von Bewegung, Spiel und Sport zur Verfügung. Die Leitidee des **Dialogischen Bewegungskonzepts** lautet: Sich-Bewegen lernen. Das klingt etwas bescheidener als die umfassende Selbstgestaltungsfähigkeit der Ästhetischen Bildung. Gleichwohl ist damit nicht weniger als die Abkehr vom naturwissenschaftlich „entseelten" Bewegungsverständnis der Trainings- und Bewegungswissenschaft gemeint. Inhaltlich setzt das Konzept auf die menschliche Bewegung in unterschiedlichen Modalitäten. Methodisch ist das Konzept vergleichsweise offen angelegt und greift auf das Vermittelnde Unterrichten zurück.

Der Ansatz der **Körpererfahrung** zielt auf die Wahrnehmung des eigenen Körpers in unterschiedlichsten Situationen. Zeitgemäße Praktiken der Körpererfahrung gehören ebenso dazu wie traditionelle Sportarten, die aber im Hinblick auf ihre Bewegungsbedeutung hinterfragt werden. Insofern verfolgt der Ansatz auch ein emanzipatorisches Interesse. Methodisch arbeitet das Konzept

3.5 Konzepte im Überblick

Tab. 3.2 Fachdidaktische Konzepte zu Wahrnehmung und Körpererfahrung im Überblick

	Ästhetische Bildung	Dialogisches Bewegungskonzept	Körpererfahrung	Erfahrungsorientierter Sportunterricht
Vertreter	Edgar Beckers Eva Bannmüller	Andreas Trebels Ralf Laging	Jürgen Funke-Wieneke Antje Klinge	Martin Giese
Leitidee	Selbstgestaltungsfähigkeit in sozialer Verantwortung	Sich-Bewegen lernen	Wahrnehmung des eigenen Körpers; Hinterfragen von Sportartenmustern	Entwicklung des Ausdrucks- und Gestaltungswillens
Sachbezug	Bewegung, Spiel, und Sport	Bewegung in direkter, erlernter und inventiver Überschreitung	Körpererfahrung und Sportarten	Bewegung, Spiel und Sport
Vermittlungsbezug	Wahrnehmung – Erfahrung – Gestaltung; Widerständigkeit und Fremdheit	Durchgreifendes vs. Vermittelndes Unterrichten	Differenzbildung; Widerständigkeit und Fremdheit	Stolpersteine; Aufgabenorientierung, Elementarisierung, Reflexion, Zieltransparenz

der Körpererfahrung u. a. mit Differenzbildungen sowie Erfahrungen von Widerständigkeit und Fremdheit. Der **Erfahrungsorientierte Sportunterricht** zielt auf die Entwicklung des menschlichen Ausdrucks- und Gestaltungswillens durch Bewegung, Spiel und Sport. Dazu werden „Stolpersteine" im gewohnten Wahrnehmungsbetrieb ausgelegt; das Konzept arbeitet mit einer expliziten Aufgabenorientierung, einer sinnerhaltenden Elementarisierung, der Aufforderung zur Reflexion sowie einer möglichst klaren Zieltransparenz. Trotz unterschiedlicher theoretischer Grundlagen und Leitideen verfolgen alle Konzepte das Aufbrechen gewohnter **Wahrnehmungs- und Bewegungsmuster** in Abgrenzung zu einem eindimensionalen Wettkampfsportgedanken. Insgesamt erweitern die vorgestellten Konzepte das Spektrum des Sportunterrichts und gehen über eine Abbilddidaktik des normierten Leistungssports deutlich hinaus.

Reflexionsfragen

1. Was ist der Unterschied zwischen dem Körper- und dem Leibkonzept?
2. Warum kann man von einer Vernachlässigung der Nahsinne in westlichen Informationsgesellschaften sprechen?
3. Inwiefern sind Wahrnehmungsprozesse nicht nur biologisch, sondern auch subjektiv und kulturell bestimmt?
4. Warum ist das Gestaltkreismodell auch heute noch aktuell?
5. Welche Erfahrungsmöglichkeiten werden im Konzept der Körpererfahrung im Sport unterschieden?

6. Inwiefern gehen die fachdidaktischen Konzepte zur Körper- und Leibwahrnehmung über den Sportunterricht im engeren Sinne hinaus?
7. Worauf basiert das „Dialogische Bewegungskonzept"?
8. Was hat die Selbstgestaltungsfähigkeit im Ansatz der Ästhetischen Bildung mit Wahrnehmung zu tun?
9. Warum lässt sich die Körperwahrnehmung anhand von Differenzerfahrungen reflektieren?
10. Was meinen Antje Klinge und Martin Giese, wenn sie von „Stolpersteinen" sprechen, die die Körperwahrnehmung fördern sollen?

Literatur

Alkemeyer, T., & Brümmer, K. (2018). Körper und informelles Lernen. In M. Harring, M. Witte, & T. Burger (Hrsg.), *Handbuch informelles Lernen – Interdisziplinäre und internationale Perspektiven* (2. Aufl., S. 614–630). Weinheim: Beltz Juventa.

Ayres, A. J. (2013). *Bausteine kindlicher Entwicklung – Sensorische Integration verstehen und anwenden* (5., überarbeitete Aufl.). Berlin: Springer.

Bannmüller, E. (2000). Der Zusammenhang von Wahrnehmung und Bewegung – Eine Grundlage für eine elementare Bewegungserziehung in der Grundschule. In G. Köppe & P. Elflein (Hrsg.), *Didaktische Perspektivenvielfalt bei Bewegung, Spiel und Sport in der Grundschule* (S. 15–22). Hamburg: Czwalina.

Beckers, E. (1991). Von der Krankheitsprophylaxe zum Lebenssinn – Zur Wiederentdeckung pädagogischen Denkens in der neueren Gesundheitsdiskussion. In D. Küpper & L. Kottmann (Hrsg.), *Sport und Gesundheit* (S. 35–49). Schorndorf: Hofmann.

Beckers, E. (1997). Über das Bildungspotential des Sportunterrichts. In E. Balz & P. Neumann (Hrsg.), *Wie pädagogisch soll der Schulsport sein?* (S. 15–32). Schorndorf: Hofmann.

Beckers, E., Holz, O., Jansen, U., & Mayer, M. (1992). *Gesundheitsorientierte Angebote in Sportvereinen (Materialien zum Sport in Nordrhein-Westfalen, 34)*. Frechen: Ritterbach.

Bernd, C. (1993). Theaterspielen in der Bewegungserziehung oder: Am Anfang steht der Anspruch... In R. Prohl (Hrsg.), *Facetten der Sportpädagogik – Beiträge zur pädagogischen Diskussion des Sports* (S. 65–73). Schorndorf: Hofmann.

Bindel, T. & Theis, C. (2020). Fitness als Trend des Jugendsports – Eine Wissenskultur. *Forum Kinder- und Jugendsport – Zeitschrift für Forschung, Transfer und Praxisdialog, 1*(1). https://doi.org/10.1007/s43594-020-00001-w.

Bindel, T., Ruin, S., & Theis, C. (2020). Körperästhetik – auch ein Thema für den Schulsport. *Sportunterricht, 69*, 65–70.

Fend, H. (2001). *Entwicklungspsychologie des Jugendalters – Ein Lehrbuch für pädagogische und psychologische Berufe* (2. Aufl.). Opladen: Leske + Budrich.

Funke-Wieneke, J. (1997). *Vermitteln zwischen Kind und Sache – Erläuterungen zur Sportpädagogik*. Seelze: Kallmeyer.

Funke-Wieneke, J. (2009). Körpererfahrung. In H. Haag & A. Hummel (Hrsg.), *Handbuch Sportpädagogik* (2., erweiterte Aufl., S. 314–322). Schorndorf: Hofmann.

Literatur

Giese, M. (Hrsg.). (2009). *Erfahrungsorientierter und bildender Sportunterricht – Ein theoriegeleitetes Praxishandbuch*. Aachen: Meyer & Meyer.

Giese, M. (2013). Erfahrungsorientierung. In P. Neumann & E. Balz (Hrsg.), *Sportdidaktik. Pragmatische Fachdidaktik für die Sekundarstufe I und II* (S. 74–82). Berlin: Cornelsen.

Gieß-Stüber, P. (1998). Unsicherheit macht Schule – Erlebnis, Abenteuer, Risiko im Sportunterricht. In H. Allmer & N. Schulz (Hrsg.), Erlebnissport – Erlebnis Sport (Brennpunkte der Sportwissenschaft, 9, S. 132–148). St. Augustin: Academia.

Gindler, E. (1926). Die Gymnastik des Berufsmenschen. *Gymnastik, 1*(1), 47–54.

Grupe, O. (1984). *Grundlagen der Sportpädagogik* (3. Aufl.). Schorndorf: Hofmann.

Grupe, O. (1995). Erfahrungen im Sport: Haben sie eine besondere pädagogische Bedeutung? In H. J. Schaller & D. Pache (Hrsg.), *Sport als Bildungschance und Lebensform* (S. 20–26). Schorndorf: Hofmann.

Jacobs, D. (1985). *Bewegungsbildung – Menschenbildung*. Wolfenbüttel: Kallmeyer.

Jacobs, D. (1990). *Die menschliche Bewegung*. Seelze: Kallmeyer.

Klinge, A. (2009). Körperwahrnehmung: Den Körper wahrnehmen, mit dem Körper wahrnehmen und verstehen. In R. Laging (Hrsg.), *Inhalte und Themen des Sportunterrichts* (S. 96–107). Hohengehren: Schneider.

Kolb, M. (1994). Methodische Prinzipien zur Entwicklung der Körperwahrnehmung. In M. Schierz, A. Hummel, & E. Balz (Hrsg.), *Sportpädagogik. Orientierungen, Leitideen, Konzepte* (Schriften der Deutschen Vereinigung für Sportwissenschaft, 58, S. 239–260). St. Augustin: Academia.

Korte, J., Möhwald, A., & Grimminger-Seidensticker, E. (2020). Körperbild, Bewegung und Sport in der Wahrnehmung von Grundschulkindern – Ergebnisse einer explorativen Interviewstudie. *Sportunterricht, 69*, 59–64.

Krüger, M. (2019). *Einführung in die Sportpädagogik* (4., neubearbeitete und aktualisierte Aufl.). Schorndorf: Hofmann.

Krüger, M. (2020). Leibes- und Körpererziehung als Kern des Schulsports – Plädoyer für ein „Relaunch" der Leibeserziehung/physical education. *Sportunterricht, 69*, 52–58.

Krüger, M. & Reinhart, K. (2018). Körper und Bewegung im Sport – Eine anthropologische Betrachtung. In A. Güllich & M. Krüger (Hrsg.), *Grundlagen von Sport und Sportwissenschaft*. https://doi.org/10.1007/978-3-662-53384-0_8-1.

Laging, R. (2006). Bewegung und leibliche Bildung – Bewegungspädagogische Überlegungen zum Bildungsbeitrag des Schulsports. In J. Bietz, R. Laging, & M. Roscher (Hrsg.), *Bildungstheoretische Grundlagen der Bewegungs- und Sportpädagogik* (Bewegungspädagogik, 2, S. 159–179). Hohengehren: Schneider.

Lange, H., & Sinning, S. (Hrsg.). (2010). *Handbuch Methoden im Sport – Lehren und Lernen in der Schule, im Verein und im Gesundheitssport*. Balingen: Spitta.

Moscovici, H. K. (2005). *Vor Freude tanzen, vor Jammer halb in Stücke gehen – Pionierinnen der Körpertherapie* (2., überarbeitete und ergänzte Aufl.). Schiedlberg: Bacopa.

MSW NRW (Ministerium für Schule und Weiterbildung des Landes Nordrhein-Westfalen). (2014). *Rahmenvorgaben für den Schulsport in Nordrhein-Westfalen*. Düsseldorf: MSW NRW.

Neuber, N. (2007). *Entwicklungsförderung im Jugendalter – Theoretische Grundlagen und empirische Befunde aus sportpädagogischer Perspektive*. Schorndorf: Hofmann.

Neuber, N. (2018). Spannung garantiert!? – Kreative Bewegungserziehung als Spiel mit der Körperspannung. In U. Pein-Schmidt & K. Bokemeyer (Red.), *Praxis Grundschule Extra: Bewegung in der Schule – Ideen und Anregungen für Unterricht und Schulalltag* (S. 47–49). Braunschweig: Westermann.

Neuber, N. (2020). *Fachdidaktische Konzepte Sport – Zielgruppen und Voraussetzungen* (Basiswissen Lernen im Sport, 2). Wiesbaden: Springer VS. https://doi.org/10.1007/978-3-658-28464-0.

Ruin, S. (2014). Fitter, gesünder, arbeitsfähiger – Die Verengung des Körperbildes in Sportlehrplänen im Zuge der Kompetenzorientierung. *Zeitschrift für sportpädagogische Forschung, 2*(2), 77–92.

Rumpf, H. (1983). Beherrscht und verwahrlost – Über den Sportkörper, den Schulkörper und die ästhetische Erziehung. *Zeitschrift für Pädagogik, 29*(3), 333–346.

Schönrade, S., Beins, H. J., & Lensing-Conrady, R. (Hrsg.). (2002). *Kindheit ans Netz? – Was Psychomotorik in einer Informationsgesellschaft leisten kann.* Dortmund: Borgmann.

Trebels, A. (1992). Das dialogische Bewegungskonzept – Eine pädagogische Auslegung von Bewegung. *Sportunterricht, 41,* 20–29.

Trebels, A. (2007). Sich-Bewegen lernen – Bezugspunkte für eine pädagogische Theorie des Sich-Bewegens. In R. Laging (Hrsg.), *Inhalte und Themen des Sportunterrichts* (S. 14–35). Hohengehren: Schneider.

Treutlein, G., Funke, J., & Sperle, N. (1986). *Körpererfahrung in traditionellen Sportarten.* Wuppertal: Putty.

Weizsäcker, V. v. (1950). *Der Gestaltkreis* (4. Aufl.). Stuttgart: Thieme.

Wiesche, D. (2020). Schambesetzte Momente von Körperlichkeit im Sportunterricht. *Sportunterricht, 69,* 71–75.

Wolters, P. (2016). Körpererfahrung. In C. Kröger & W.-D. Miethling (Hrsg.), *Sporttheorie in der gymnasialen Oberstufe* (2., überarbeitete und erweiterte Aufl., S. 227–241). Schorndorf: Hofmann.

Zimmer, R. (2019). *Handbuch Sinneswahrnehmung – Grundlagen einer ganzheitlichen Bildung und Erziehung* (23. Aufl.). Freiburg: Herder.

Kreative Bewegungserziehung 4

> **Zusammenfassung**
>
> In diesem Kapitel wird ein Überblick über Grundbegriffe und Theorien der Kreativen Bewegungserziehung gegeben. Ausgehend vom Kreativitätsbegriff werden Grundlagen von Improvisation und Gestaltung im Sportunterricht erläutert, bevor vier ausgewählte fachdidaktische Konzepte vorgestellt werden: Psychomotorik, Ästhetische Erziehung, Künstlerisch-pädagogischer Ansatz sowie Bewegungskünste. Ein Exkurs zur Kulturellen Bildung im Sport ergänzt das Kapitel.

4.1 Einführung

Die spielerischen, darstellerischen, gymnastischen und tänzerischen Bewegungsfelder werden oft als Gegenprogramm zum normierten Leistungssport verstanden. Während Leichtathletik, Turnen und Schwimmen als funktionale Sportarten bezeichnet werden, gelten Gymnastik, Tanz und Bewegungstheater als nicht-funktionale oder **ästhetische Bewegungsfelder** (siehe Kap. 3). Damit sind allerdings nicht „schöne" Bewegungen im Sinne einer „Formalästhetik" gemeint, sondern es geht um Wahrnehmung *(Aisthesis)* und Gestaltung *(Poesis)* im Feld von Bewegung, Spiel und Tanz (Fritsch 2007). Die zugrunde liegende Pädagogische Perspektive lautet **Sich körperlich ausdrücken, Bewegungen gestalten:** „Unter dieser Perspektive soll sich die Vielfalt des individuellen Bewegungsrepertoires über das instrumentell Zweckmäßige hinaus erweitern: mit der Bewegung spielen, sich über Bewegung ausdrücken, Bewegungskünste erproben, Bewegungsvorlagen nachgestalten und eigene Bewegungsideen ausformen" (MSW NRW 2014, S. 10). Tatsächlich ist der menschliche Körper, vor allem der Körper in Bewegung, ein Träger von Botschaften: „Gerade junge Menschen definieren sich über ihren Körper; ihr Körperkonzept ist ein wesentlicher Teil ihres Selbstkonzepts. [...] Der Sport bietet in der Schule mehr Anlässe als jedes andere Fach, die **Ausdrucksmöglichkeiten** des Körpers zu erproben und zu reflektieren" (MSW NRW 2014, S. 9–10).

Allerdings ist der körperliche Ausdruck oft sehr persönlich, weshalb viele Menschen Hemmungen haben, sich vor anderen zu zeigen. Daher sind Unterrichtsstunden zum Körperausdruck pädagogisch anspruchsvoll (Behrens 2014). Einfacher erscheint zunächst die Auseinandersetzung mit Bewegungsaufgaben im Sinne von **Improvisation und Gestaltung**. Dabei geht es weniger um Emotionen und Inhalte, als vielmehr um das Spiel mit Bewegung, das Experimentieren und Variieren, Ausprobieren und Wiederholen von Bewegungsmustern (Freytag und Klinge 2016). In der Praxis beschränkt sich das nicht auf gymnastische und tänzerische Inhalte, sondern das Feld wird um **Bewegungstrends,** wie Akrobatik, Jonglage, Einradfahren, Parkour, Cheerleading oder Slacklining, erweitert. Dabei steht die Auseinandersetzung mit Bewegungskunststücken im Vordergrund. Im vorliegenden Fall wird daher dem weiteren Begriff der **Kreativen Bewegungserziehung** – gegenüber den Begriffen Ausdruck und Gestaltung – der Vorzug gegeben. Damit wird ein Bereich erschlossen, der auf die Förderung individueller Bewegungs-, Spiel- und Ausdrucksmöglichkeiten in unterschiedlichen Bewegungsfeldern abzielt (vgl. Neuber 2009). Das Unterrichten in diesem Feld kann sehr bereichernd sein, es ist jedoch auch methodisch anspruchsvoll. Gleichwohl gibt es dafür ein gut aufbereitetes, didaktisch-methodisches „Handwerkszeug", auf das Sportlehrkräfte zurückgreifen können.

4.2 Grundbegriffe

Die Begriffe, die in diesem Zusammenhang gebraucht werden, sind ebenso vielfältig, wie das kreative Handlungsfeld. Der Begriff des **Ausdrucks** bezieht sich auf unmittelbare, authentische (Gefühls-)Äußerungen, die unwillkürlich auftreten. Er bezeichnet „an der Bewegung schlechthin die Züge, in denen eine Regung der Seele erscheint. Daher ist keine Bewegung eines lebendigen Leibes gänzlich ohne Ausdruck" (Klages 1921, zit. nach Gaulhofer und Streicher 1928, S. 71). Insofern ist der körperliche Ausdruck ein eher spontanes Phänomen, das kaum bewusst gesteuert werden kann. Die **Darstellung** ist dagegen ein mehr oder weniger bewusster Vorgang, in dem eine bestimmte Botschaft für ein Publikum dargeboten wird: „Während Ausdruck das ungewollte, unbewusste In-die-Erscheinung-Treten innerer Regungen bezeichnet, ist Darstellung eine

Bewusstseinstat" (Gaulhofer und Streicher 1928, S. 79). Etwas darzustellen bedeutet, eine Befindlichkeit, ein Thema, einen Sachverhalt so umzusetzen, dass andere es nachvollziehen können. Wird diese Darstellung gezielt in Szene gesetzt, so kann von **Theater** gesprochen werden. Im Sinne einer Minimaldefinition bedarf es dabei wenigstens „einer Person A, welche X verkörpert, während S zuschaut" (Fischer-Lichte 1983, S. 16). Sofern das wesentliche Gestaltungsmittel des Theaters die Bewegung ist – und nicht etwa Sprache, Licht oder Musik –, spricht man von **Bewegungstheater** (Tiedt 1995).

Die **Exploration** bezieht sich vornehmlich auf das Erkunden der gegenständlichen Umwelt und ist eng mit der frühkindlichen Entwicklung verknüpft (Freytag und Sinning 2010). Die Auseinandersetzung mit Materialien ist aber auch ein zentraler Zugang für die Improvisation. In der **Improvisation** steht das Ausprobieren, Erkunden und Entwickeln eigener Bewegungs-, Spiel- und Ausdrucksmöglichkeiten im Vordergrund. Als freier Umgang mit den gegebenen Möglichkeiten rückt dabei die gestalterische Absicht zunächst in den Hintergrund. Vielmehr zielt das Improvisieren vor allem auf das Erleben und Erfahren individueller Bewegungsweisen (vgl. Bäcker 2010). Für das Gestalten ist dagegen das bewusste Klären, Inszenieren und Festlegen von Bewegungsabläufen kennzeichnend.

▶ **Gestaltung** hat dementsprechend das Wiederholen und Präsentieren festgelegter Abläufe zum Ziel. Im Detail kann zwischen Neu-, Um- und Nachgestalten unterschieden werden, wobei die Grenzen oft fließend sind. Weitgehend synonym werden auch die Begriffe „Komposition" und „Choreografie" verwendet (Klinge und Schütte 2013).

Prinzipiell kann jede Bewegung gestaltet werden, üblicherweise bezieht sich der Begriff der Bewegungsgestaltung jedoch auf kompositorische Bewegungsfelder wie Gymnastik, Tanz, Turnen oder Trampolin. Am Ende einer Gestaltung steht oft die **Präsentation** der Ergebnisse vor einem Publikum (Freytag und Klinge 2016).

4.3 Grundlagen

Moderne Gesellschaften zeichnen sich durch einen geradezu übermächtigen Wunsch nach Innovation und Neuerung aus. Der **Kreativitätsbegriff** gehört daher in vielen Lebensbereichen zu den zentralen Heilsformeln. Das war nicht immer so: „Die mittelalterliche Produktion, die Organisation des Handwerkers in Zünften, basierte auf der strikten Vermeidung jeder produktionstechnischen Veränderung" (Fuchs 1989, S. 14). Insofern zielte die mittelalterliche Ständegesellschaft nicht auf eine permanente Weiterentwicklung. Heute lebt die Wirtschaft vom ständigen Drang nach Neuerungen. Leistung, Kreativität, Eigenverantwortung sind zentrale Schlagworte der Wirtschaftspolitik (Hentig 1998, S. 63). Wissenschaftliche und technische Innovationen sind ohne Kreativität nicht denkbar. Auch **gesellschaftliche Herausforderungen,** wie Migrationsbewegungen oder Klimawandel, brauchen kreative Impulse. Kreative Fähigkeiten werden damit als „hochbedeutend für die Bewältigung unserer gegenwärtigen und künftigen, nicht selten existentiellen Lebensprobleme angesehen" und gelten als Voraussetzung zur „Katastrophenvermeidung" (Serve 1992, S. 130). Inwieweit diese hochgesteckten Erwartungen tatsächlich zu sinnvollen Veränderungen führen, bleibt allerdings zweifelhaft. Mit dem allgegenwärtigen **Ruf nach Kreativität** entlockt man uns vor allem „die Bereitschaft, in den Mainstream der Entwicklungen – möglichst weit vorn – einzumünden" (Hentig 1998, S. 63).

Gleichwohl gilt die Kreativität auch im Aufwachsen von Kindern und Jugendlichen als wichtige Zielsetzung. Junge Menschen sollen flexibel und kreativ sein, um in der dynamischen und schnelllebigen Multioptionsgesellschaft bestehen zu können (Neuber 2020, S. 31–70). Diese Forderung wird maßgeblich durch die **Digitalisierung der Gesellschaft** vorangetrieben. „Nichts hat die Lebenswelten der Kinder und Jugendlichen in den beiden letzten Jahrzehnten [...] so grundlegend und nachhaltig verändert wie die Entwicklungen, die sich im Bereich der elektronischen Medien und den damit verbundenen Kommunikationsmöglichkeiten vollzogen haben" (BMFSFJ 2013, S. 55). Das bietet erhebliche **Potenziale für die Kreativitätsentwicklung,** etwa in musisch-kulturellen oder sportlichen Bereichen, in denen eigene Ideen und Produkte leicht entwickelt und mitgeteilt werden können. Digitale Medien können sich aber auch hemmend auf die Kreativität auswirken, etwa wenn „Erfahrungen aus erster Hand" zunehmend durch „Erfahrungen aus zweiter Hand" ersetzt werden, wenn junge Menschen also keine eigenen Erfahrungen mehr machen (siehe Kap. 3). Hinzu kommt eine starke **Konsumorientierung,** die nicht zum eigenständigen Erproben und Experimentieren anregt. So wurde der „Hauptkonsumartikel der Kinder, das Spielzeug, so ‚perfektioniert' verändert, dass es zum Spielen oft kaum mehr taugt, da es dem Kind das Spielen weitgehend abnimmt und es nur noch Möglichkeiten des Zuschauens oder des Reagierens" lässt (Serve 2000, S. 17).

Dabei zählt die kreative Entfaltung zu den **anthropologischen Grundtatsachen,** die Menschen über alle Kulturen hinweg verbindet. Kreativ-Sein „gehört zu den besonderen Gattungseigenschaften und Bedürfnissen des Menschen"

(Serve 1992, S. 131). Insbesondere im Spiel kann der Mensch „sich kreativ entfalten und seine Persönlichkeit einsetzen und nur in der **kreativen Entfaltung** kann das Individuum sich selbst entdecken" (Winnicott 1989, S. 66). Tatsächlich verbinden Kinder Spiel, Musik und Tanz, Sprache, Rhythmus und Bewegung ganz selbstverständlich miteinander. Ganz gleich, ob sie Pferd und Reiter, Auto und Autofahrer oder Mutter und Kind spielen – die meisten Kinder übernehmen mit Leichtigkeit mehrere Rollen gleichzeitig, versetzen sich in Menschen, Tiere oder Gegenstände hinein, begleiten sich selbst mit Sprache, Geräusch oder Gesang (vgl. Schmolke 1976). Im Verlauf ihrer Entwicklung verlieren viele Menschen zwar den direkten Zugang zu diesen grundlegenden **Bewegungs- und Ausdrucksfähigkeiten.** Dennoch kann das kreative Feld als elementarer Lebensbereich verstanden werden, in dem sich „der Mensch erleben kann, in dem er sich schöpferisch äußern kann, in dem er seine elementar angelegten Fähigkeiten und Fertigkeiten, sich auszudrücken, sich mitzuteilen erfahren, ausweiten und anwenden kann" (Tiedt 1991, S. 64).

Insofern verwundert es nicht, wenn die **Förderung der Kreativität** auch in der Schule über alle Unterrichtsfächer hinweg angemahnt wird. Offensichtlich haben wir es hier „mit einem ungewöhnlichen Konsens bei der normativen Bestimmung einer Komponente der gesunden, optimalen Persönlichkeitsentwicklung zu tun" (Krampen et al. 1996, S. 19). Kreativität kann produkt-, prozess- und personenorientiert verstanden werden. Letzteres schließt auch die Annahme ein, dass Kreativität weniger auf Eingebungen im Sinne eines „göttlichen Funkens" (Koestler 1966) beruht, sondern dass es sich um eine Fähigkeit handelt, die bei jedem Menschen gefördert werden kann. Dabei werden unterschiedliche **Kreativitätsfacetten,** wie Flüssigkeit, Flexibilität, Originalität, Sensitivität oder Elaboration, angesprochen (Pürgstaller 2020, S. 40–45). Ein gewisser Konsens zeichnet sich im Hinblick auf drei Facetten der Kreativität ab. Danach steht die „Produktivität" für die Fähigkeit, viele unkonventionelle Ideen zu entwickeln. „Problemlösungsfähigkeit" kennzeichnet den qualitativen Aspekt des Ideenreichtums in Bezug auf konkrete Fragestellungen. Und Originalität verweist auf die Entwicklung außergewöhnlicher, neuer Ideen im Sinne von Divergenz (Neuber 2000, S. 35–37). Kreative Prozesse zielen damit auf das **Durchbrechen gewohnter Muster,** wobei die Ergebnisse subjektiv und objektiv neu sein können (Beckers und Rüschstroer 1996).

Während sich die psychologische Forschung zumeist auf kognitive Anteile der Kreativität, z. B. im Sinne der Problemlösungsfähigkeit, konzentriert, werden in der pädagogischen Forschung auch emotionale und körperliche Anteile von Kreativität untersucht. So unterscheidet Serve (2000, S. 8) geistige, seelische und physische **Dimensionen der Kreativität** (vgl. Abb. 4.1). Die kreative

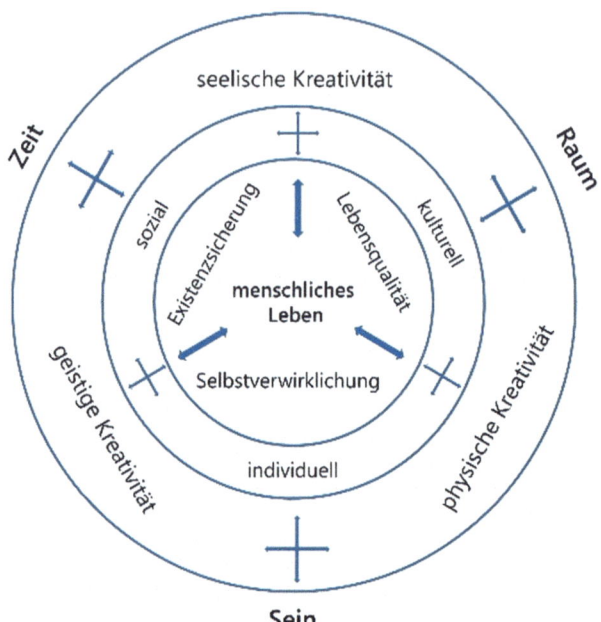

Abb. 4.1 Dimensionen der Kreativität. (Mod. nach Serve 2000, S. 8)

Auseinandersetzung kann sich also auf verschiedene Anforderungsbereiche beziehen. In einem sportpädagogischen Modell werden kognitive, emotionale, soziale und motorische Dimensionen der Kreativität unterschieden (Neuber 2000, S. 37–41). **Motorische Kreativität** kann dabei zum einen „als Fähigkeit verstanden werden, von der Norm abweichende, divergierende Bewegungen zu kreieren [...]. Andererseits wird sie definiert als Ausdruck einer Idee oder Emotion über den Körper" (Pürgstaller 2020, S. 43). Dieses Verständnis ist vor allem für bewegungsbezogene Anwendungsfelder bedeutsam. Während kognitive Problemlösungen oft über eine diskursive Auseinandersetzung entstehen, bedarf die motorische Kreativität in aller Regel der praktischen Auseinandersetzung. In einer **Bewegungsimprovisation** entstehen andere Bewegungsideen als am Schreibtisch (vgl. Bäcker, 2010). Auf dieser Grundlage kann der Kreativitätsbegriff definieren werden:

4.3 Grundlagen

▶ **Kreativität** ist eine umfassende – geistige, emotionale, soziale und körperliche – Fähigkeit des Menschen, durch die über den Prozess der individuellen Auseinandersetzung subjektiv und objektiv bedeutsame, originelle Produkte hervorgebracht werden (Neuber 2000, S. 35).

Vor dem Hintergrund dieser Definition lässt sich das **Verhältnis von Kreativität und Bewegung** näher bestimmen. Während der Blick zunächst auf die Bedeutung von Bewegungsangeboten für die Förderung kreativer Fähigkeiten gerichtet war, entwickelten sich in der Folge auch Ansätze, die die Bedeutung einer vielseitigen, kreativen Auseinandersetzung in Bezug auf spezifische Bewegungsparameter, z. B. koordinative Fähigkeiten, untersuchten (Neuber 2000, S. 35–41). Man kann also von einem wechselseitigen Verhältnis von Kreativität und Bewegung ausgehen. Auf dieser Grundlage erschließen sich zahlreiche Ansatzpunkte für eine **pädagogische Begründung** kreativer Bewegungsangebote (Neuber 2000, S. 13–30). Konzepte der Kulturellen Bildung argumentieren bspw. über das Schaffen vielfältiger Zugänge zur Kunst, mahnen zugleich aber auch die Bedeutung ästhetischer Erfahrungen an. Schulpädagogische Zugänge betonen den emanzipatorischen Gehalt kreativer Auseinandersetzungen und heben die Bedeutung für gesellschaftliche Weiterentwicklungen hervor. Sportpädagogische Ansätze betonen anthropologische und entwicklungstheoretische Deutungsmuster. Insgesamt ergeben sich mindestens sechs Ansatzpunkte für eine Auseinandersetzung mit Kreativität und Bewegung im pädagogischen Feld:

- **Anthropologische Begründungen** gehen davon aus, dass das Bedürfnis nach Kreativität und Bewegung, Ausdruck und Gestaltung Grundphänomene sind, die zum Wesen des Menschseins gehören. Entsprechend gilt es, sie im Sportunterricht anzusprechen, sodass alle Schülerinnen und Schüler einen Zugang dazu finden können.
- **Gesellschaftlich-kulturelle Begründungen** gehen davon aus, dass es kreativer Ideen bedarf, wenn sich eine Gesellschaft weiterentwickeln soll. Moderne Gesellschaften erfordern kreative Fähigkeiten, die als bedeutsam für gesellschaftliche Herausforderungen angesehen werden.
- **Individuelle Begründungen** betonen die Bedeutung von Kreativität und Bewegung für das Leben von Kindern und Jugendlichen. Um sich in komplexen, zugleich aber auch konformen Lebenswelten behaupten zu können, suchen Menschen immer wieder „kreative" Lösungen, um ihre Individualität sinnstiftend entfalten zu können.

- **Emanzipatorische Begründungen** heben die Fähigkeit zum „Ungehorsam gegenüber Regeln" hervor (Beckers und Rüschstroer 1996). Ein kreativer Unterricht soll dazu ermuntern, die Heranwachsenden „gezielt einzelne oder partielle Ordnungsstrukturen (...) infrage stellen zu lassen, um dafür z. B. Variationen oder Alternativen zu suchen" (Serve 1992, S. 142).
- **Entwicklungstheoretische Begründungen** verweisen auf die Notwendigkeit einer Kreativitäts- und Bewegungsförderung für die Entwicklung junger Menschen. So bedarf es etwa für die Gesundheits-, Sozial- oder Identitätsentwicklung kreativer Bewegungsanreize, um ihr Potenzial entfalten zu können.
- **Schulkulturelle Begründungen** zielen auf Kreativität und Bewegung als Element des Schulalltags. Gerade die Schule mit ihrer Tendenz zur Standardisierung bedarf kreativer und bewegter Anreize, um eine lebendige Schulkultur zu gestalten, in der die Schule zu einem Ort des Lernens und Lebens wird (Laging 2017).

Kulturelle Bildung im Sport
Der Begriff der Kulturellen Bildung umfasst ein weites Feld ästhetisch-künstlerischer Betätigung. Dazu gehören Bereiche wie Musik, Zeichnen, Malen, Tanzen, Theater, bildende Kunst, Architektur und Literatur. Die Kulturelle Bildung hat zum einen das Ziel, allen Menschen jeweils individuell angemessene **Zugänge zur Kunst** zu bieten. Dabei geht es auch um die Vermittlung spezifisch künstlerischer Fertigkeiten (Pürgstaller 2020, S. 9–38). Zugleich wird das Ziel verfolgt, den Teilnehmerinnen und Teilnehmern Gelegenheiten zur Auseinandersetzung mit „als ästhetisch qualifizierten Gegenständen" zu bieten (Liebau et al. 2009, S. 104). In diesem Sinne geht es um eine **Ästhetische Erziehung,** die es den Menschen erlaubt, ihre komplexen Welterfahrungen zu hinterfragen und zum Ausdruck zu bringen (Fritsch 2007). Prinzipien, wie Teilhabe oder Fehlerfreundlichkeit, gelten dabei als Leitlinien. Um jungen Menschen einen Zugang zur Welt der Kulturellen Bildung zu ermöglichen, sollen möglichst viele Angebote in den Fächerkanon der Schule aufgenommen werden. Dennoch ist ein Rückgang der künstlerischen Fächer zugunsten der Hauptfächer erkennbar (Winner et al. 2013, S. 29–30).

Ein Grund dafür ist, dass Kulturelle Bildung oft als nebensächlich angesehen wird. Ästhetische Fächer, wie Kunst, Musik und Sport, gelten als vergleichsweise belanglos neben Hauptfächern wie Mathematik und Deutsch. Während Musik und Kunst als Fach gelten, werden **Spiel, Tanz und Theater** in der Schule selten als eigenständiges Fach unterrichtet.

4.3 Grundlagen

Vielmehr werden sie in Arbeitsgemeinschaften oder Projekten angeboten oder anderen Fächern wie dem Sportunterricht zugeordnet (Neuber und Pürgstaller 2020). Dort hängt es dann von der Lehrkraft ab, ob Spiel, Tanz und Theater als relevant eingestuft und in den Unterricht integriert werden. In den letzten Jahren erlebt die Kulturelle Bildung allerdings eine Renaissance, nicht zuletzt an Schulen. Zahlreiche Praxis- und Forschungsprojekte wurden dazu in Auftrag gegeben (vgl. Pürgstaller et al. 2020). Auch im Bereich von Bewegung und Sport werden vermehrt Projekte durchgeführt. Sie schließen an das Konzept der **Ästhetischen Bewegungserziehung** an und nutzen das „Interesse an der Kulturellen Bildung, indem der Gegenstand, die Sache ‚Sport', breit ausgelegt und seine ästhetisch-expressive Dimension akzentuiert wird" (Klinge 2018, S. 354). Entsprechend gibt es Projekte zu Bewegungstheater, Tanz, Zirkuskünsten, Turnen, Einradfahren u. v. m. (vgl. Neuber 2015).

Die pädagogischen Begründungen zeigen, dass das Feld von Kreativität und Bewegung ein erhebliches pädagogisches **Potenzial für die Schule** bietet. Gleichwohl haben viele junge Menschen Schwierigkeiten, einen Zugang dazu zu finden. Nicht selten wird der juvenile Körper, „das richtige Outfit, die richtige Figur und das richtige Aussehen zum alles leitenden Maßstab, der schwer, wenn überhaupt zu erreichen ist" (Freytag und Klinge 2016, S. 199). Vielen Kindern und Jugendlichen fällt es daher schwer, sich mit bzw. über ihren Körper im Sportunterricht auszudrücken – zu groß ist die Angst sich zu blamieren. Tatsächlich führen **Scham, Peinlichkeit und Unsicherheit** oft zu ausgeklügelten Vermeidungsstrategien (Wiesche 2020). Auch viele Lehrkräfte scheuen vor einem gestaltungsorientierten Unterricht zurück, nicht zuletzt, weil sie sich methodisch unsicher fühlen (Frohn 2010). Stattdessen ziehen sie sich auf funktionale Bewegungen, wie Step-Aerobic, Rope Skipping oder Showtanz, zurück. Diese **sportbezogenen Bewegungsformen,** die eher auf eine Aktivierung des Herz-Kreislauf-Systems als auf eine Entwicklung eigener Bewegungsideen abzielen, folgen bekannten Bewegungsmustern und versprechen Handlungssicherheit für Lehrende und Lernende. Behrens (2014, S. 3) spricht in diesem Zusammenhang von einer Thematisierung des „Werkzeugleibs" anstelle des „Sinnenleibs" oder des „Symbolleibs" (siehe Kap. 3).

4 Kreative Bewegungserziehung

▶ **Literaturtipp** Behrens, C. (2014). Sich körperlich ausdrücken. *Sportpädagogik, 38*(3–4), 2–6. Claudia Behrens erläutert den Unterschied zwischen Fitnesstraining (Werkzeugleib) und Expressivem Bewegen (Sinnenleib) und zeigt, wie man Scham und Beschämung im Tanzunterricht über eine sensible methodische Inszenierung verhindern kann.

Im Gegensatz zu funktionalen Bewegungen, die zumeist deduktiv durch „Vormachen – Nachmachen" vermittelt werden, erfordert die kreative Auseinandersetzung differenzierte didaktisch-methodische Vorbereitungen. So gehen Improvisation und Gestaltung in der Regel von spezifischen **Ausgangspunkten** aus, die den Impuls für die kreative Auseinandersetzung geben (Freytag und Klinge 2016). Sie helfen bei der Aufbereitung eines Inhalts im Hinblick auf ein konkretes Stundenthema und geben – ähnlich wie Pädagogische Perspektiven – an, als was ein Inhalt verstanden werden soll (vgl. Abb. 4.2). Ein weiteres Hilfsmittel für Improvisation und Gestaltung ist die Verwendung von Gestaltungskriterien. Sie bieten konkrete Maßstäbe, nach denen Bewegungshandlungen strukturiert werden können. Insgesamt werden vier **Gestaltungskriterien** unterschieden: Das Kriterium „Raum" bezieht sich auf die räumliche Variation von Bewegungen, z. B. auf Bewegungsrichtungen und -ebenen oder auf Raum- und Gruppierungsformen. Das Kriterium „Zeit" betrifft die zeitliche Gliederung

Abb. 4.2 Ausgangspunkte für Improvisation und Gestaltung. (Mod. nach Neuber 2009, S. 66)

der Bewegung, z. B. das Tempo, die Betonung oder den Rhythmus. Unter „Dynamik" wird die Intensität bzw. Spannung einer Bewegung verstanden, z. B. der Spannungsgrad, der Bewegungsfluss oder der Krafteinsatz. Das Kriterium „Form" bezieht sich auf funktionell-anatomische Abwandlungsmöglichkeiten der Bewegung, z. B. das Ein- und Ausrollen der Füße, eine aufrechte oder gebeugte Körperhaltung oder unterschiedliche Varianten des Armeinsatzes (Neuber 2009, S. 67).

4.4 Fachdidaktische Konzepte

Das Feld von Gymnastik und Tanz kann auf eine lange Tradition zurückblicken. Bereits in der Theorie der Leibeserziehung waren ästhetische Zugänge maßgeblich. Ausgehend von Wahrnehmungs- und Gestaltungsprozessen hat die **Ästhetische Erziehung** bis heute eine zentrale Bedeutung für den Sportunterricht (Haselbach 1995; Fritsch 2007; Klinge 2018). Allerdings gab es schon immer unterschiedliche Auslegungen des ästhetischen Konzepts, etwa in leiblicher, rhythmischer, musischer, tänzerischer oder darstellerischer Hinsicht (vgl. Bannmüller und Röthig 1990). Darüber hinaus wurde mehrfach versucht, das **Unterrichtsfach** „Ästhetische Erziehung" in der Schule zu etablieren und dabei die Fächer Kunst, Musik und Sport zusammenzulegen (Matthies et al. 1994). Inhaltlich spricht einiges für einen solchen integrativen Zugang, allerdings wäre das mit einer faktischen Reduktion des Stundendeputats der einzelnen Fächer verbunden – was inhaltlich und standespolitisch brisant wäre. In den 1990er Jahren kamen mit der sogenannten **Neuen Sportkultur** Inhalte und Themen in den Schulsport, die über klassische ästhetische Zugänge hinausgehen (Pawelke 1995). Auch Ansätze aus der Körperkulturbewegung der 1920er Jahre erhielten wieder vermehrt Aufmerksamkeit (vgl. Neuber 2002). Insgesamt weist das Feld damit über eine rein ästhetische Betrachtung hinaus, weshalb hier mit der **Kreativen Bewegungserziehung** ein integrativer Zugang gewählt wird, für den drei bzw. vier Ansätze maßgeblich sind (Neuber 2000).

Anknüpfend an kindliche Lebenswelten kommt der Bewegung in der **Psychomotorik** eine individuelle Bedeutung zu (Zimmer 2020). Das Ziel des psychomotorischen Unterrichts ist die Entwicklung einer harmonischen Persönlichkeit auf der Basis kindlicher Handlungsfähigkeit. Bewegungshandeln wird dabei explizit als Entwicklungshandeln verstanden (Fischer 1996). In der psychomotorischen Bewegungserziehung geht es weniger darum, bestimmte motorische Fertigkeiten zu erlernen, als vielmehr darum, die „Selbsttätigkeit der Kinder in Auseinandersetzung mit einem gemeinsam vorgefundenen Bewegungsproblem oder Spielarrangement" zu fördern (Zimmer 2007, S. 176). Für die Kreative Bewegungserziehung sind besonders das Zusammenspiel von **Wahrnehmung und Bewegung,** der ausdrückliche Bezug auf kindliche Lebenswelten sowie das Verständnis von Bewegung als Bedeutungsphänomen interessant (Zimmer 1997). Zudem eröffnet die psychomotorische Arbeitsweise mit dem Anregen selbstbestimmter Spielhandlungen sowie dem differenzierten Geräte- und Materialeinsatz **methodische Möglichkeiten,** die sich durch einen hohen Grad an Offenheit auszeichnen (vgl. Beins und Cox 2001).

Die **Ästhetische Erziehung** geht von subjektiven Erfahrungen im komplexen Weltgeschehen aus (Fritsch 2007). Das Ziel einer ästhetischen Bewegungserziehung ist das Vergegenwärtigen der Welt, das „Übersetzen" von Wahrnehmungen und Erfahrungen in eigene Gestaltungen. Der Mensch kann das, „was er erlebt hat, was ihm widerfahren ist, was er empfindet und fühlt durch z. B. Bilder, Klänge, Bewegungen, poetische Sprache zum Ausdruck bringen; er kann es sich und anderen symbolisch präsent machen" (Fritsch 1989, S. 11). Im Gegensatz zur diskursiven, begrifflichen Auseinandersetzung bietet ästhetischsymbolisches Handeln die Möglichkeit, „Unsagbares" zu artikulieren. Dabei stehen die Begriffe **Wahrnehmung und Gestaltung** im Mittelpunkt (Bannmüller 2000). Für die Kreative Bewegungserziehung ist vor allem die differenzierte Begründung individueller Auseinandersetzungen bedeutsam. Die Förderung sinnlicher Wahrnehmungsqualitäten sowie das Anregen subjektiv bedeutsamer Gestaltungsprozesse sind gerade vor dem Hintergrund sich wandelnder Lebenswelten Heranwachsender wichtig. **Methoden** des „Widerständigmachens" und „Verfremdens", die „Stolpersteine" für bekannte Wahrnehmungs- und Bewegungsmuster auslegen, können hier hilfreich sein (siehe Kap. 3).

▶ **Literaturtipp** Fritsch, U. (2007). Ästhetische Erziehung. In R. Laging (Hrsg.), *Neues Taschenbuch des Sportunterrichts. Kompaktausgabe* (3., veränderte und korrigierte Aufl., S. 36–46). Hohengehren: Schneider.
Ausgehend von „Aisthesis" (Wahrnehmung) und „Poesis" (Gestaltung) erläutert Ursula Fritsch das Konzept der Ästhetischen (Bewegungs-) Erziehung, das auf der Vergegenwärtigung individueller Erfahrungen im Gestaltungsprozess beruht.

Der **künstlerisch-pädagogische Ansatz** der Bewegungserziehung geht von der elementaren Einheit von Spiel, Musik, Tanz, Sprache, Rhythmus und Bewegung aus. Über die Auseinandersetzung mit Bewegung „als gestaltbarem Material" sollen die individuellen Bewegungs-, Spiel- und Ausdrucksfähigkeiten der

4.4 Fachdidaktische Konzepte

Schülerinnen und Schüler gefördert werden (Tiedt 1995). Die zentrale Methode ist die Improvisation, die als freier Umgang mit den jeweils gegebenen Möglichkeiten sowohl prozess- als auch produktorientierte Anteile beinhaltet. Charakteristisch ist ein dynamisches **Wechselspiel imitativer und kreativer Momente** und damit das Einräumen eines jeweils angemessenen Freiheitsgrads. Die Kunst besteht darin, „bei der Wanderung auf dem schmalen Grat zwischen Offenheit und Lenkung weder in Beliebigkeit noch in Dirigismus zu stürzen" (Stoßberg 1984, S. 336). Dabei sind die Begriffe **Bewegung und Gestaltung** zentral. Für die Kreative Bewegungserziehung ist die Orientierung an den alltäglichen Bewegungsmöglichkeiten von Kindern und Jugendlichen interessant, d. h. der Ansatz „übersetzt" auch komplexe Themenstellungen zunächst immer in Bewegungsaufgaben. Dazu wird eine differenzierte Unterrichtsmethodik entwickelt, die graduell abzustufende, situative Anpassungen erlaubt (vgl. Neuber 2002).

Das Konzept der **Kreativen Bewegungserziehung** verbindet den psychomotorischen, den ästhetischen und den künstlerisch-pädagogischen Ansatz zu einem Gesamtkonzept. Den Ausgangspunkt bilden die Begriffe „Wahrnehmung", „Bewegung" und „Gestaltung", die sich wechselseitig ergänzen (Abb. 4.3). Das übergreifende Ziel der Kreativen Bewegungserziehung ist die Entwicklung

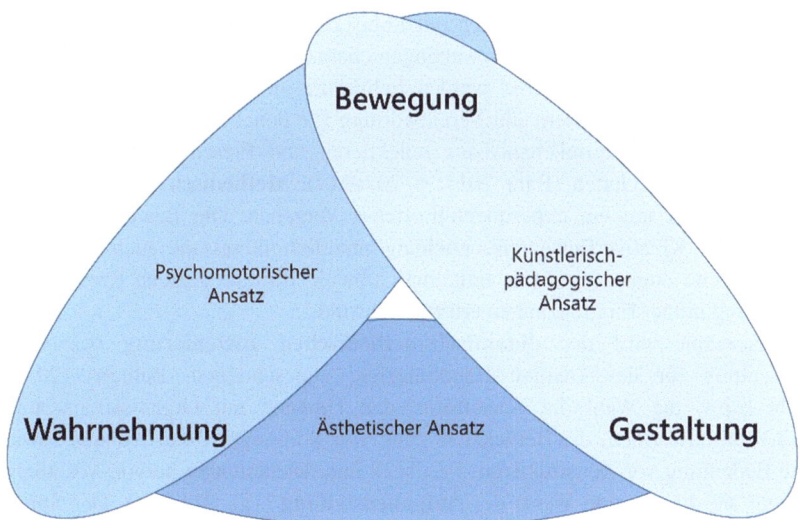

Abb. 4.3 Verschränkung psychomotorischer, ästhetischer und künstlerisch-pädagogischer Ansätze im Konzept der Kreativen Bewegungserziehung. (Neuber 2009, S. 32)

individueller Bewegungs-, Spiel- und Ausdrucksfähigkeiten. Damit wird zugleich eine umfassende Entwicklungsförderung angestrebt, die sich in den Dimensionen Selbstkompetenz, Sozialkompetenz und Sachkompetenz beschreiben lässt. Im Zentrum der **Unterrichtsziele** liegen der motorische und kreative Bereich, die um sensorische, emotionale, kognitive und soziale Ziele ergänzt werden (Neuber 2009, S. 47–49). Inhaltlich greift das Konzept der Kreativen Bewegungserziehung auf alltägliche, sportliche, darstellerische, tänzerische und musikalische Bewegungs-, Spiel- und Ausdrucksformen zurück (vgl. Tab. 4.1). Methodisch bezieht es sich auf ein komplexes **methodisches Instrumentarium**, das sowohl den Grad der Offenheit von Aufgabenstellungen als auch ihre inhaltliche Komplexität variiert, und in dessen Zentrum die Bewegungsaufgabe liegt (vgl. Neuber 2010). Das pädagogische Potenzial der Kreativen Bewegungserziehung konnte im mehreren Studien auch empirisch belegt werden (Neuber 2000; Behrens 2012; Stern et al. 2017).

Neben diesen drei klassischen Konzepten drängen in jüngerer Zeit zahlreiche **Bewegungskünste** auf den Markt. Neben zirzensischen Künsten, wie Akrobatik, Trapezturnen, Einradfahren und Jonglieren, halten auch neuere Bewegungskünste, wie Cheerleading, Breakdance, Slacklining und Parkour, sowie Klassiker, wie Rhönrad und Trampolin, Einzug in Schule und Freizeit (Pawelke 1995; Gebken und Meyer 2007; Bähr 2017). Dabei handelt es sich um neue bzw. wiederentdeckte Inhalte, die den Schulsport bereichern. Sie bieten ein **pädagogisches Potenzial,** das sich mit Bähr (2017, S. 202–205) als schwierige, prinzipiell offene und schöne Bewegungen charakterisieren lässt. Auf der Suche nach den „Regeln der Kunst" werden Lehrkräfte zu Lernbegleitern, die ihren Schülerinnen und Schülern die Verantwortung für den Lernprozess übertragen, angemessene Schwierigkeitsniveaus reflektieren und Präsentationen behutsam initiieren und begleiten (Bähr 2017, S. 207–214). **Methodisch** handelt es sich dabei zumeist um ein experimentell-offenes Vorgehen. Die Bewegungskünste sind für die Kreative Bewegungserziehung inhaltlich interessant; auch der offene methodische Zugang erscheint zeitgemäß, obwohl für eine gezielte Kreativitätsförderung immer Eingrenzungen erforderlich sind.

Insgesamt wird der **didaktisch-methodischen Inszenierung** besondere Bedeutung für das kreative Handlungsfeld zugeschrieben. Behrens (2014) hebt bspw. die Wahl der Sozialform, den Umgang mit Organisations- und Präsentationsformen, die Berücksichtigung von Stimmigkeit und Können sowie die Bedeutung von konstruktivem Feedback und Anerkennung hervor. Vor allem betont sie die Art und Weise der **Aufgabenstellung** (vgl. Abb. 4.4). Der Spielraum einer Aufgabe variiert zwischen den Extremen „Vormachen – Nachmachen" und „Probiert mal aus". Dazu werden in der Kreativen Bewegungserziehung

4.4 Fachdidaktische Konzepte

Tab. 4.1 Inhaltliche Bezugsfelder Kreativer Bewegungserziehung. (Mod. nach Neuber 2009, S. 50)

Alltägliche Bewegungs-, Spiel- und Ausdrucksformen	Sportliche Bewegungs-, Spiel- und Ausdrucksformen	Darstellerische Bewegungs-, Spiel- und Ausdrucksformen	Tänzerische Bewegungs-, Spiel- und Ausdrucksformen	Musikalische Bewegungs-, Spiel- und Ausdrucksformen
– Gestik, Mimik – Gebärden, Körperhaltung – Alltagsbewegungen und -handlungen – Bewegungsgrundformen und -tätigkeiten – Spiel mit Alltagsmaterialien und Objekten	– Bewegungsfertigkeiten, z. B. aus Leicht-athletik, Turnen oder Gymnastik – Funktionelle Bewegungsanalysen – Spielideen aus der Welt des Sports	– Zirzensische Bewegungskünste, wie z. B. Akrobatik, Jonglage, Clownerie – Pantomime – Licht- und Schattentheater – Atem, Stimme, Texte – Maske und Kostüm	– Tanzstile, wie z. B. Jazz, Modern, Hip-Hop – Kindertänze – Freie Tanzformen – Formale Variationen und inhaltliche Assoziationen	– Sprech-, Sing- und Klatschspiele – Bewegungslieder – Geräusch- und Klangspiele – Musikalische Improvisationen mit einfachen Instrumenten

methodische Maßnahmen mit unterschiedlichen Freiheitsgraden unterschieden (Neuber 2009, S. 72–73). Am häufigsten wird die **Bewegungsaufgabe** verwendet. Als Aufforderung an die Schülerinnen und Schüler, ein bestimmtes Bewegungsproblem selbstständig zu lösen, gibt sie einen konkreten Handlungsspielraum vor, der grundsätzlich mehrere Aufgabenlösungen zulässt. Die Vielfalt an Bewegungsmöglichkeiten ist ausdrücklich erwünscht. Jede Lösung gilt als „richtig", sofern die in der Aufgabe formulierten Mindestanforderungen erfüllt werden. Der Schritt von der Bewegung zum Darstellenden Spiel oder zum Tanz wird mit der **Spiel- oder Tanzaufgabe** getan. Sie ist weiter gefasst als die Bewegungsaufgabe und schließt ein Rollen-, Situations- oder Handlungsdenken ein (Tiedt 1991, S. 73). Spielen heißt also in diesem Fall darstellendes Spielen, Tanzen meint Tanzen mit bestimmten bildhaften Vorstellungen.

Das klassische Gegenstück zur Bewegungsaufgabe ist die **Bewegungsanweisung** oder -vorgabe. Die Lehrkraft gibt dabei genau vor, wie eine Bewegung ausgeführt werden soll und in welchen Schritten sie gelernt wird. Es gibt nur eine „richtige" Bewegungslösung. Die Schülerinnen und Schüler versuchen, diese klar definierte Bewegungshandlung möglichst fehlerfrei nachzuvollziehen. Eine **Spiel- oder Tanzanweisung** ist dementsprechend die klare Vorgabe einer darstellerischen oder tänzerischen Handlung, die allerdings fast nur beim Erlernen von Tanzschritten sinnvoll eingesetzt wird. Auf der anderen Seite des Spektrums liegt die **Bewegungsanregung**. Darunter wird ein Impuls mit weitgehendem Handlungsspielraum verstanden. Bewegungsanregungen gehen oft von Materialien und Geräten aus, z. B. von Alltagsmaterialien oder Bewegungs-

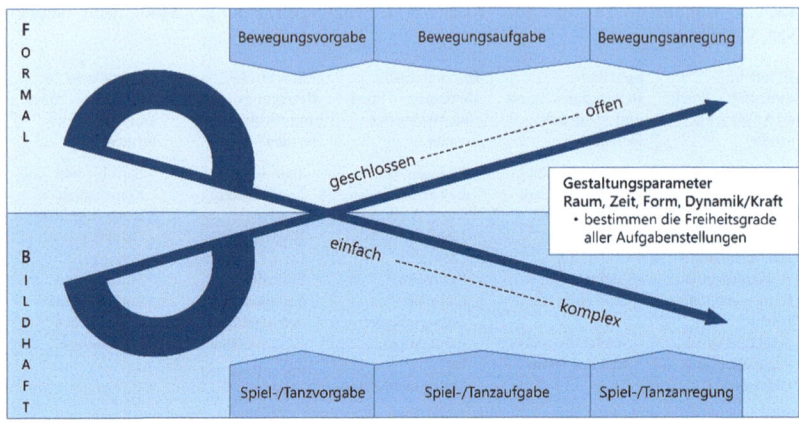

Abb. 4.4 Aufgabenschere. (Behrens 2012, S. 196; adaptiert nach Neuber 2000, S. 120)

landschaften (vgl. Zimmer 2020). Die Grenze zur **Spiel- oder Tanzanregung** ist fließend. So verfremden Kinder z. B. gerne Kleingeräte, wie Reifen, Seile oder Keulen, und nutzen sie im Sinne des Darstellenden Spiels. Die methodischen Maßnahmen umfassen damit das Spektrum von geschlossen (Anweisung) bis offen (Anregung) sowie von einfach (formal) bis komplex (bildhaft).

4.5 Konzepte im Überblick

Die vier fachdidaktischen Konzepte im kreativen Handlungsfeld ergänzen sich (vgl. Tab. 4.2). Der **psychomotorische Ansatz** zielt auf eine Entwicklungsförderung durch Wahrnehmung und Bewegung und bezieht sich inhaltlich auf Bewegungs- und Spielformen, die offen-induktiv angeleitet werden. Das Konzept richtet sich im Wesentlichen an Kinder im Vor- und Grundschulalter und zeichnet sich durch eine vergleichsweise hohe Offenheit aus (Zimmer 2020). Der **ästhetische Ansatz** zielt auf die Vergegenwärtigung von Welterfahrung durch Wahrnehmung und Gestaltung und greift inhaltlich auf Bewegungs-, Spiel- und Tanzformen zurück, die teiloffen-induktiv angeleitet werden. Charakteristisch ist das „Auslegen von Stolpersteinen", die Widerständigkeit und Fremdheit provozieren und dadurch zu ungewöhnlichen Bewegungslösungen führen können (Fritsch 2007). Der **künstlerisch-pädagogische Ansatz** zielt auf das Wieder-

4.5 Konzepte im Überblick

Tab. 4.2 Fachdidaktische Konzepte Kreativer Bewegungserziehung im Überblick

	Psychomotorik	Ästhetische Erziehung	Künstlerisch-pädagogischer Ansatz	Bewegungskünste
Vertreter	Renate Zimmer Klaus Fischer	Eva Bannmüller Ursula Fritsch	Claudia Steinberg Nils Neuber	Ingrid Bähr Ulf Gebken
Leitidee	Entwicklungsförderung durch Wahrnehmung und Bewegung	Vergegenwärtigung von Welterfahrung durch Wahrnehmung und Gestaltung	Individuelle Bewegungs-, Spiel- und Ausdrucksfähigkeit durch Bewegung und Gestaltung	Finden eines individuellen Zugangs zur Vielfalt der Bewegungskünste
Sachbezug	Bewegung und Spiel	Bewegung, Spiel und Tanz	Spiel, Musik, Tanz, Bewegungstheater	Bewegungskünste
Vermittlungsbezug	Offen-induktiv, Hilfe zur Selbsthilfe	Teiloffen-induktiv, Widerständigkeit und Fremdheit als Prinzipien	Wechselspiel imitativer und kreativer Methoden	Experimentelle Suche nach den ‚Regeln der Kunst'

entdecken, Bewahren und Entwickeln individueller Bewegungs-, Spiel- und Ausdrucksfähigkeiten durch Bewegung und Gestaltung und bezieht sich auf ein breites Spektrum an alltäglichen, sportlichen, darstellerischen, tänzerischen und musikalischen Inhalten. Methodisch nutzt der Ansatz das Kontinuum imitativer und kreativer Methoden (Neuber 2002).

Gemeinsam bilden die drei Ansätze das Konzept der Kreativen Bewegungserziehung (Neuber 2009). Ergänzend kommen die **Bewegungskünste** hinzu. Der Ansatz zielt auf das Finden eines individuellen Zugangs zu den Bewegungskünsten, der als experimentelle Suche nach den „Regeln der Kunst" verstanden wird. Insofern ist auch dieses Konzept methodisch vergleichsweise offen angelegt (Bähr 2017). Insgesamt zielt das Feld der **Kreativen Bewegungserziehung** auf die Förderung individueller Bewegungs-, Spiel- und Ausdrucksmöglichkeiten in unterschiedlichen Bewegungsfeldern. Der Unterricht ist nicht auf gymnastische und tänzerische Bewegungsfelder im engeren Sinne beschränkt, sondern bezieht weitere, z. B. darstellerische, zirzensische oder sportliche Inhalte, ein. Das verspricht einerseits einen leichteren Zugang und eine größere Akzeptanz bei Kindern und Jugendlichen, zumal stärker interessengeleitet gearbeitet werden kann. Andererseits erweitert das integrative Vorgehen das **Methodenspektrum,** was nicht zuletzt für eine zielgruppengerechte Inszenierung der Kreativen Bewegungserziehung erfolgversprechend erscheint (vgl. Neuber 2009).

Reflexionsfragen

1. Was ist der Unterschied zwischen Ausdruck und Gestaltung?
2. Worin liegt der Vorteil des Kreativitätsbegriffs gegenüber dem Ausdrucksbegriff?
3. Fördern oder hemmen moderne Gesellschaften die Kreativitätsentwicklung von Kindern und Jugendlichen? Inwiefern?
4. Wie hängen Bewegung und Kreativität zusammen?
5. Warum ist Kreativitätsförderung in der Schule kein Selbstläufer?
6. Was gibt es häufiger im Sportunterricht: Fitnessorientiertes oder expressives Tanzen? Warum?
7. Was kann man tun, um Situationen der Beschämung von Schülerinnen und Schülern im Gymnastik-/Tanzunterricht zu vermeiden?
8. Worin liegen die Unterschiede zwischen dem psychomotorischen und dem künstlerisch-pädagogischen Ansatz?
9. Wodurch unterscheiden sich der ästhetische und der künstlerisch-pädagogische Ansatz?
10. Warum ist die Bewegungsaufgabe zentral für das Konzept der Kreativen Bewegungserziehung?

Literatur

Bäcker, M. (2010). Improvisieren – Magie des Augenblicks. In H. Lange & S. Sinnig (Hrsg.), *Handbuch Methoden im Sport. Lehren und Lernen in der Schule, im Verein und im Gesundheitssport* (S. 431–442). Balingen: Spitta.

Bähr, I. (2017). Bewegung (an und mit) Geräten gestalten – Bewegungskünste. In V. Scheid & R. Prohl (Hrsg.), *Sportdidaktik – Grundlagen, Vermittlungsformen, Bewegungsfelder* (2. Aufl., S. 202–217). Wiebelsheim: Limpert.

Bannmüller, E. (2000). Der Zusammenhang von Wahrnehmung und Bewegung – Eine Grundlage für eine elementare Bewegungserziehung in der Grundschule. In G. Köppe & P. Elflein (Hrsg.), *Didaktische Perspektivenvielfalt bei Bewegung, Spiel und Sport in der Grundschule* (S. 15–22). Hamburg: Czwalina.

Bannmüller, E., & Röthig, P. (Hrsg.). (1990). *Grundlagen und Perspektiven ästhetischer und rhythmischer Bewegungserziehung.* Stuttgart: Klett.

Beckers, E., & Rüschstroer, B. (1996). Bewegung – Theater – Kreativität Anmerkungen zu einer widersprüchlichen Beziehung. *Sportunterricht, 45*(7), 277–287.

Behrens, C. (2012). *Gestalten, Tanzen und Darstellen aus Schülerperspektive – Eine empirische Studie aus handlungstheoretischer Sicht.* Oberhausen: Athena.

Behrens, C. (2014). Sich körperlich ausdrücken. *Sportpädagogik, 38*(3–4), 2–6.

Beins, H. J., & Cox, S. (2001). *Die spielen ja nur!?* Dortmund: Borgmann.

BMFSFJ (Bundesministerium für Familie, Senioren, Frauen und Jugend). (Hrsg.). (2013). *14. Kinder- und Jugendbericht – Bericht über die Lebenssituation junger Menschen und die Leistungen der Kinder- und Jugendhilfe in Deutschland*. Berlin: BMFSFJ.

Fischer, K. (1996). Psychomotorik: Bewegungshandeln als Entwicklungshandeln. *Sportpädagogik, 20*(5), 26–36.

Fischer-Lichte, E. (1983). *Semiotik des Theaters – Das System der theatralischen Zeichen.* Tübingen: Gunter Narr Verlag.

Freytag, V., & Sinnig, S. (2010). Explorieren und Erfinden. In H. Lange & S. Sinning (Hrsg.), *Handbuch Methoden im Sport – Lehren und Lernen in der Schule, im Verein und im Gesundheitssport* (S. 416–430). Balingen: Spitta.

Freytag, V., & Klinge, A. (2016). Gestaltung – Sich körperlich ausdrücken und Bewegungen gestalten. In C. Kröger & W.-D. Miethling (Hrsg.), *Sporttheorie in der gymnasialen Oberstufe* (2., überarbeitete und erweiterte Aufl., S. 227–241). Schorndorf: Hofmann.

Fritsch, U. (1989). Ästhetische Erziehung: Der Körper als Ausdrucksorgan. *Sportpädagogik, 14*(5), 11–16.

Fritsch, U. (2007). Ästhetische Erziehung. In R. Laging (Hrsg.), *Neues Taschenbuch des Sportunterrichts. Kompaktausgabe* (3., veränderte und korrigierte Aufl., S. 36–46). Hohengehren: Schneider.

Frohn, J. (2010). Tanzen für „Nichttänzer". *Sportpädagogik, 34*(1), 2–6.

Fuchs, M. (1989). Kreativität. Ein brauchbares Konzept für die kulturelle Jugendbildung? In A. Remscheid (Hrsg.), *Konzept Kreativität in der Kulturpädagogik* (S. 13–19). Remscheid: Selbstverlag.

Gaulhofer, K., & Streicher, M. (1928). *Grundzüge des österreichischen Schulturnens* (3. Aufl.). Wien: Deutscher Verlag für Jugend und Volk.

Gebken, U., & Meyer, A. (2007). Die Talentshow – Ein Projekt auch für Sportmuffel. *Sportpädagogik, 29*(2), 13–15.

Haselbach, B. (1995). Ästhetische Erziehung am Beispiel der Integration von Tanz und Bildender Kunst. In R. Pawelke (Hrsg.), *Neue Sportkultur. Neue Wege in Sport, Spiel, Tanz und Theater Von der Alternativen Bewegungskultur zur Neuen Sportkultur* (S. 298–304). Lichtenau: AOL.

Henting, Hv. (1998). *Kreativität – Hohe Erwartungen an einen schwachen Begriff.* München: Hanser.

Klinge, A. (2018). Kulturelle Bildung im Bildungsdiskurs – Die ästhetische Dimension der Weltaneignung. In R. Laging & P. Kuhn (Hrsg.), *Bildungstheorie und Sportdidaktik – Ein Diskurs zwischen kategorialer und transformatorischer Bildung* (S. 343–360). Wiesbaden: Springer VS.

Klinge, A., & Schütte, M. (2013). Gestalten und Gestaltung. In A. Güllich & M. Krüger (Hrsg.), *Sport – Das Lehrbuch für das Sportstudium* (S. 597–621). Heidelberg: Springer.

Koestler, A. (1966). *Der göttliche Funke – Der schöpferische Akt in Kunst und Wissenschaft.* Bern: Scherz.

Krampen, G., Freilinger, J., Wilmes, L., Medernach, J., & Krack, P. (1996). *Kreativitätsförderung in der Primarschule.* Universität Trier/Bundesrepublik Deutschland und I.S.E.R.P. Walferdange: Selbstverlag.

Laging, R. (2017). *Bewegung in Schule und Unterricht – Anregungen für eine bewegungsorientierte Schulentwicklung*. Stuttgart: Kohlhammer.
Liebau, E., Klepacki, L., & Zirfas, J. (2009). *Theatrale Bildung. Theaterpädagogische Grundlagen und kulturpädagogische Perspektiven für die Schule*. Weinheim: Juventa.
Matthies, K., Polzin, M., & Schmitt, R. (Hrsg.). (1994). *Ästhetische Erziehung in der Grundschule – Integration der Fächer Kunst/Musik/Sport* (3. Aufl.). Frankfurt/M.: AK Grundschule.
MSW NRW (Ministerium für Schule und Weiterbildung des Landes Nordrhein-Westfalen). (2014). *Rahmenvorgaben für den Schulsport in Nordrhein-Westfalen*. Düsseldorf: MSW NRW.
Neuber, N. (2000). *Kreativität und Bewegung – Grundlagen kreativer Bewegungserziehung und empirische Befunde* (Schriften der Deutschen Sporthochschule, 45). St. Augustin: Academia.
Neuber, N. (2002). Bewegung als gestaltbares Material – Der künstlerisch-pädagogische Ansatz der Bewegungserziehung. *Sportunterricht, 51*(12), 363–369.
Neuber, N. (2009). *Kreative Bewegungserziehung – Bewegungstheater* (3. Aufl.). Aachen: Meyer & Meyer.
Neuber, N. (2010). Darstellen, Vorführen, Aufführen – Vom Bewegungsspiel zum Bewegungstheater. In H. Lange & S. Sinning (Hrsg.), *Handbuch Methoden im Sport – Lehren und Lernen in der Schule, im Verein und im Gesundheitssport* (S. 458–476). Balingen: Spitta.
Neuber, N. (2015). *Sport.ART. – Kinder- und Jugendsportshow – Im Rahmen des Programms Sport: Bündnisse! Bewegung – Bildung – Teilhabe* (hrsg. von der Deutschen Sportjugend). Frankfurt/M.: DSJ.
Neuber, N. (2020). *Fachdidaktische Konzepte Sport – Zielgruppen und Voraussetzungen* (Basiswissen Lernen im Sport, 2). Wiesbaden: Springer VS. https://doi.org/10.1007/978-3-658-28464-0
Neuber, N., & Pürgstaller, E. (2020). Spiel, Musik, Tanz, Bewegungstheater – Kulturelle Bildungsangebote im Grundschulsport. In P. Neumann & E. Balz (Hrsg.), *Grundschulsport – Empirische Einblicke und pädagogische Empfehlungen* (S. 312–322). Aachen: Meyer & Meyer.
Pawelke, R. (1995). Die Sporttheater-Idee der Traumfabrik. In R. Pawelke (Hrsg.), *Neue Sportkultur. Neue Wege in Sport, Spiel, Tanz und Theater. Von der Alternativen Bewegungskultur zur Neuen Sportkultur* (S. 224–239). Lichtenau: AOL-Verlag.
Pürgstaller, E. (2020). *Kulturelle Bildung im Tanz – Grundlagen und Befunde zur Kreativitätsentwicklung im Grundschulalter (Bildung und Sport, 23)*. Wiesbaden: Springer VS.
Pürgstaller, E., Konietzko, S., & Neuber, N. (Hrsg.). (2020). *Kulturelle Bildungsforschung – Aktuelle Befunde, Diskurse und Praxisfelder (Bildung und Sport, 24)*. Wiesbaden: Springer VS.
Schmolke, A. (1976). *Das Bewegungstheater: Hilfen und Anregungen für das Spielen mit Kindern und Erwachsenen*. Wolfenbüttel: Möseler.
Serve, H. J. (1992). Das Unterrichtsprinzip der Kreativitätsförderung. In N. Seibert & H. J. Serve (Hrsg.), *Prinzipien guten Unterrichts – Kriterien einer zeitgemäßen Unterrichtsgestaltung* (S. 127–166). München: PimS.

Literatur

Serve, H. J. (2000). Kreativität in der Diskussion – Grundlegende Betrachtungen zu einem – auch in der (Grund-)Schulpädagogik – allgegenwärtigen Begriff. In H. J. Serve (Hrsg.), *Kreativitätsförderung* (Basiswissen Grundschule, 3, S. 1–9). Hohengehren: Schneider.

Stern, M., Konowalczyk, S., Pürgstaller, E., Harth, Y., Neuber, N., & Steinberg, C. (2017). Tanz und Bewegungstheater – Ein künstlerisch-pädagogisches Projekt zur kulturellen Bildung in der Ganztagsgrundschule. In K. Bildung (Hrsg.), *Wenn. Dann. Befunde zu den Wirkungen kultureller Bildung* (S. 76–83). Essen: Rat für Kulturelle Bildung.

Stoßberg, B. (1984). Offene Bewegungsaufgaben. Möglichkeitsräume für Bewegungshandeln und Probleme ihrer Nutzung. *Sportunterricht, 9,* 335–342.

Tiedt, W. (1991). Bewegungstheater. In Kulturministerium NRW (Hrsg.), *Sporttheater im Verein (Materialien zum Sport in Nordrhein-Westfalen, 32)* (S. 64–74). Frechen: Ritterbach.

Tiedt, W. (1995). Bewegungstheater, Bewegung als Theater Theater mit Bewegung . *Sportpädagogik, 19*(2), 15–24.

Winner, E., Goldstein, T. R., & Vincent-Lancrin, S. (2013). *Art for Art's Sake? The Impact of Arts Education.* Educational Research and Innovation: OECD Publishing.

Winnicott, D. W. (1989). *Vom Spiel zur Kreativität* (5. Aufl.). Stuttgart: Klett-Cotta.

Wiesche, D. (2020). Schambesetzte Momente von Körperlichkeit im Sportunterricht. *Sportunterricht, 69,* 71-75.

Zimmer, R. (1997). "Dracula macht keine Fehler" - Zum Symbolgehalt kindlicher Bewegungsspiele. In H. J. Beins, R. Lensing-Conrady, G. Pütz & S. Schönrade (Hrsg.), *Wenn Kinder durchdrehen... Vom Wert des "Fehlers" in der Psychomotorik* (S. 283-297). Dortmund: Borgmann.

Zimmer, R. (2007). *Hanbuch der Bewegungserziehung - Didaktisch-methodische Grundlagen und Ideen für die Praxis.* Freiburg: Herder.

Zimmer, R. (2020). *Handbuch Bewegungserziehung – Grundlagen für Ausbildung und pädagogische Praxis* (26., überarbeitete Aufl.). Freiburg: Herder.

Erlebnis- und Abenteuersport 5

> **Zusammenfassung**
>
> In diesem Kapitel wird ein Überblick über Grundbegriffe und Theorien des Erlebnis- und Abenteuersports gegeben. Ausgehend von Überlegungen zur Risiko- und Erlebnisgesellschaft werden Grundlagen der Erlebnispädagogik und der Wagniserziehung im Sport erläutert, bevor vier ausgewählte fachdidaktische Konzepte vorgestellt werden: Sicherheitserziehung im Schulsport, Wagniserziehung im Schulsport, Umgang mit Unsicherheit im Sportunterricht sowie Abenteuer- und Erlebnissport. Ein Exkurs zur Outward Bound-Bewegung ergänzt das Kapitel.

5.1 Einführung

Der **Erlebnis- und Abenteuersport** zählt zu den neuen Feldern des Sports. Dabei werden Erlebnissportarten in der Natur, wie Mountainbiking, Rafting oder Klettern, durch Angebote aus dem Bereich der Gruppenpädagogik, wie Wahrnehmungs-, Vertrauens- oder Kooperationsspiele, ergänzt. Kommerzielle Angebote richten sich bspw. als „Incentives" an Firmenkunden, die ihre Teamentwicklung fördern wollen. Gemeinnützige Angebote richten sich bspw. an Sportvereinsmitglieder im Rahmen von Familienfreizeiten oder Übungsleiterausbildungen (Bieligk 2013). Nicht zuletzt erfreuen sich **erlebnispädagogische Angebote** auch bei Schülerinnen und Schülern großer Beliebtheit, obwohl sie im Rahmen des Schulsports bislang noch vergleichsweise selten angeboten werden (Reuker 2017). Im Gegensatz zu kommerziellen Inszenierungen geht es im pädagogischen Feld immer um die Auseinandersetzung mit individuellen oder sozialen Herausforderungen, die aus eigener Kraft gelöst werden. Im Kern zielt der Erlebnis- und

Abenteuersport auf die **Bewältigung von Wagnissituationen,** die motorischer, psychischer und sozialer Art sein können. Die dazugehörige Pädagogische Perspektive lautet „Etwas wagen und verantworten" (MSW NRW 2014). Zur Bewältigung eines Wagnisses gehört die Übernahme von **Verantwortung für sich und andere:** „Wer etwas wagt, sucht aus eigener Entscheidung eine herausfordernde Situation mit unsicherem Ausgang auf und bemüht sich, diese im Wesentlichen mit den eigenen Fähigkeiten zu bewältigen. […] Jedes Wagnis enthält Proben für die Selbsteinschätzung und Anreize, das eigene Können weiterzuentwickeln" (MSW NRW 2014, S. 14). In pädagogischer Sicht geht es also nicht um einen kurzfristigen „Kick", sondern darum, mittels eigener **Fähigkeiten und Anstrengungen** eine unsichere Situation zu bewältigen, um langfristig daraus zu lernen. „Das Wagnis verbindet sich auch mit Herausforderungen, der Unsicherheit und Angst zu begegnen. Im Sport lässt sich unter dieser Perspektive lernen, einerseits Angst zu überwinden, andererseits aber auch zu seiner Angst zu stehen" (MSW NRW 2014, S. 15). Der **Umgang mit Angst** soll demnach explizit thematisiert werden, wobei es mitunter das größere Wagnis sein kann, zu seiner Angst zu stehen und sich einer Herausforderung *nicht* zu stellen. Insgesamt bietet der Erlebnis- und Abenteuersport zahlreiche pädagogische Potenziale, erfordert aber auch ein spezifisches Knowhow von Lehrkräften – nicht zuletzt die Fähigkeit, eigene Unsicherheiten im Unterrichten aushalten zu können.

5.2 Grundbegriffe

Im Feld des Erlebnis- und Abenteuersports gibt es – wie in anderen Feldern auch – zahlreiche Begriffe, die mitunter unterschiedlich gebraucht werden. Unter einem **Erlebnis** wird ein unwillkürliches, emotional besetztes, subjektives Ereignis verstanden, das einen gewissen Neuigkeitswert für das Individuum hat (Gieß-Stüber 1998, S. 134). Erlebnisse können negativ besetzt sein, zumeist wird aber von positiven Erlebnissen ausgegangen, weshalb man sie wiederholen will. Dabei zeigt sich, dass „das Neue in dieser Spirale der Steigerung des Erlebens [schnell] zum Gewohnten wird" (Koch 1994, S. 26). Der Wunsch nach einer permanenten Steigerung der „Erlebnisdosen" wird als **Erlebnisspirale** bezeichnet. Letztlich kann es dadurch zu einer Überreizung des Erlebnisses und damit auch zu einem gefährlichen Verhalten kommen. Ein Erlebnis wird zur **Erfahrung,** wenn es reflektiert und bewusst gemacht wird. Erfahrungen sind über die einzelne Situation hinaus bedeutsam und können in ähnlichen Situationen „abgerufen" werden (Gieß-Stüber 1998, S. 144–146). Ein großer Teil erlebnispädagogischer Interventionen beruht auf der Reflexion von Erlebnissen, weil die daraus

gewonnen Erfahrungen in den Alltag der Teilnehmerinnen und Teilnehmer transferiert werden sollen (siehe Abschn. 5.3).
Mit dem Begriff des **Risikos** wird die objektive Seite einer unsicheren Handlung beschrieben. Als eher technisch-naturwissenschaftlicher Begriff kann Risiko als „das Produkt von Eintrittswahrscheinlichkeit und Schadenshöhe" berechnet werden (Krieger und Roschmann 2016, S. 243). Es ist unstrittig, dass das objektive Risiko einer Verletzung von Schülerinnen und Schülern in pädagogischen Kontexten so gering wie möglich gehalten werden muss.

▶ **Wagnis** Als Wagnis wird dagegen die subjektive Seite einer unsicheren Handlung bezeichnet. Es ist durch das selbstständige Aufsuchen einer unsicheren Situation gekennzeichnet, die der Einzelne mittels eigener Fähigkeiten und Anstrengungen bewältigen kann (vgl. Neumann 2013).

Das individuelle Erleben eines Wagnisses kann dabei ganz unterschiedlich ausfallen – während der Sprung vom 3-m-Brett für den einen eine angstbesetzte Herausforderung ist, meistert ihn die andere mit Leichtigkeit und findet ihn langweilig. Unter einem **Abenteuer** wird eine länger andauernde, größere Unternehmung mit unsicherem Ausgang verstanden, die mit zahlreichen „abenteuerlichen" Attributen verknüpft ist (Krieger und Roschmann 2016, S. 243). Üblicherweise knüpfen Abenteuer an die Biografie ihrer Teilnehmer an und können darum besonders wirkungsvoll sein.

5.3 Grundlagen

Moderne Gesellschaften zeichnen sich durch eine ambivalente Ausgangslage aus: Einerseits werden sie immer sicherer, von der Vorsorgeuntersuchung bis zum Airbag. Andererseits werden sie immer unsicherer, von der sozialen Beziehung bis zum Arbeitsplatz. Gerade junge Menschen sind in dieser paradoxen Situation permanent gefordert, als **Gestalter ihrer eigenen Biografie** tätig zu werden (Krieger und Roschmann 2016, S. 244–246). Ulrich Beck (1986) hat diesen Zwang zur Individualisierung bereits in den 1980er Jahren mit dem Begriff der **Risikogesellschaft** umschrieben. Im Gegensatz zu früheren Zeiten, z. B. der mittelalterlichen Ständegesellschaft, ist das Individuum heute dazu „verdammt", sein eigenes Leben zu gestalten – und kann dabei auch scheitern. Als Reaktion auf diesen Individualisierungszwang richtet sich die Aufmerksamkeit der Menschen vermehrt nach innen. Soziologen nennen das den „Wandel von der Außen- zur Innenorientierung" (Schulze 2005). Das moderne Individuum konzentriert sich auf die Befriedigung seiner Bedürfnisse im Hier und Jetzt, weil der Alltag in Schule und Beruf oft eintönig und ohne besondere Herausforderungen verläuft. Gerhard Schulze (2005) spricht in diesem Zusammenhang von einer Erlebnissuche des Individuums in der **Erlebnisgesellschaft.** Die Erlebnisorientierung kann „als Antwort auf Unsicherheits- und Aufschubtendenzen moderner Gesellschaften" verstanden werden (Neumann 1997, S. 160). Allerdings ist sie mit zwei Problemen verbunden: Entscheidungsunsicherheit vor dem Hintergrund der Angebotsvielfalt und Enttäuschungsrisiko, weil ein Erlebnis auch misslingen kann.

In dieser Situation bieten moderne Gesellschaften zahlreiche Freizeitaktivitäten, die dem Bedürfnis der Menschen nach Erlebnissen nachkommen. Dazu gehören insbesondere Bewegungsaktivitäten. Zunächst gibt es ein großes Angebot an **Erlebnis- und Risikosportarten,** die zumeist in der Natur betrieben werden: Skaten, Mountainbiken, Skifahren, Snowboarden, Klettern, Rafting u.v.m. Pädagogische Intentionen sind damit zunächst nicht verbunden, es bedarf aber bestimmter Fähigkeiten und Anstrengungen, um sie erfolgreich auszuüben (vgl. Allmer 1998). Diese sind im Bereich der **Erlebnisindustrie** nicht unbedingt erforderlich. Beim Bungee-Jumping oder House Running kommt der „Kick" sozusagen von alleine, sofern man dafür bezahlt. Allerdings halten sich die positiven Begleitmotionen dabei in Grenzen, weil das Erlebnis nicht „erarbeitet" wurde. Das trifft auch auf das ständig wachsende Angebot an Vergnügungsparks zu. Immerhin befinden sich diese Angebote im Bereich des gesetzlich Erlaubten, was auch damit verbunden ist, dass die Angebote strengen Sicherheitsstandards unterliegen. Das persönliche Gefährdungsrisiko ist also minimal. Im Bereich der **Erlebniskriminalität** ist das anders. Autorennen, Airbagging oder S-Bahn-Surfen liegen außerhalb des gesetzlich Erlaubten und gefährden nicht nur diejenigen, die es ausüben, sondern oft auch Unbeteiligte (Neumann 1997, S. 160–161).

Von diesen Bewegungsfeldern abzugrenzen sind Angebote der **Erlebnispädagogik.** Dabei geht es um das bewusste Initiieren von Erlebnissen mit der Absicht, Erziehungs- und Bildungsprozesse anzuregen. Dazu werden individuell oder sozial herausfordernde (Bewegungs-)Situationen inszeniert, die von den Teilnehmerinnen und Teilnehmern auf der Grundlage eigener Fähigkeiten und Anstrengungen gelöst werden können. Die Förderung motorischer Kompetenzen im Sinne einer Erziehung zum Sport steht dabei allerdings weniger im Vordergrund. Vielmehr geht es um **Persönlichkeitsentwicklung,** aber auch um die Förderung von Selbstverantwortung und Gemeinschaftsgefühl. Voraussetzung dafür ist, dass die Teilnehmerinnen und Teilnehmer ihr Handeln als selbstverursacht und selbstbestimmt erleben (vgl. Reuker 2017). Dazu greift die

5.3 Grundlagen

Erlebnispädagogik – wie andere pädagogische Felder auch – auf einen Dreischritt aus Erlebnis, Reflexion und Transfer in den Alltag zurück (siehe z. B. Kap. 3 und 8). Der Erlebnispädagoge Harald Michl (2020) verdeutlicht diese Idee mit dem Bild der **Waage der Erlebnispädagogik,** die Erlebnis und Reflexion, Eindruck und Ausdruck in eine gewisse Balance bringen muss, sodass das erlebnispädagogische Ereignis Wirkungen auf die Persönlichkeit und damit auf das Alltagsleben von Teilnehmerinnen und Teilnehmern hat (vgl. Abb. 5.1). Auf dieser Grundlage lässt sich der Begriff genauer bestimmen.

▶ **Erlebnispädagogik** ist eine handlungsorientierte Methode, die „durch exemplarische Lernprozesse, in denen jungen Menschen vor physische, psychische und soziale Herausforderungen gestellt werden, diese in ihrer Persönlichkeitsentwicklung fördern und dazu befähigen [will], ihre Lebensumwelt verantwortlich zu gestalten" (Heckmeier und Michl 2012, S. 115).

Die Idee der Erlebnispädagogik ist nicht neu. Wurde das **Wagnis** bereits im 19. Jahrhundert pädagogisch genutzt, etwa bei GutsMuths in seiner „Gymnastik für die Jugend" (Koch 1994, S. 27), gelangte das **Erlebnis** mit Beginn des 20. Jahrhunderts über „die Reformpädagogik, den Wandervogel und die bündische

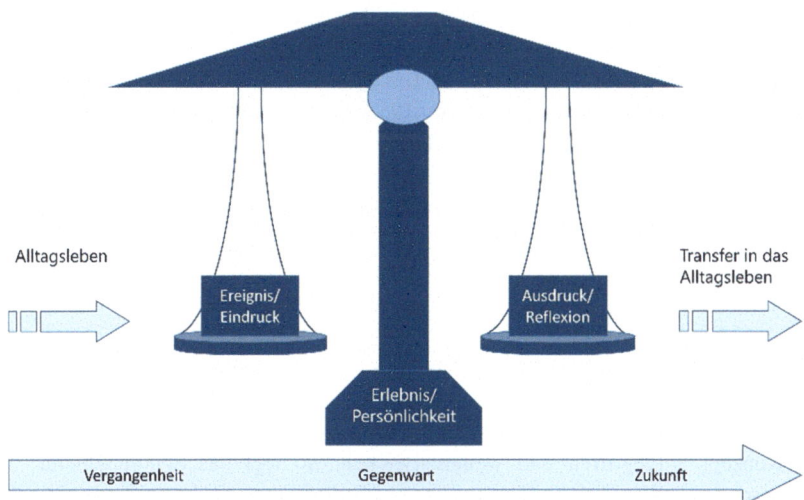

Abb. 5.1 Wage der Erlebnispädagogik. (Mod. nach Michl 2020, S. 10)

Jugend [...] in das Feld schulischer und außerschulischer Pädagogik" (Schirp 2018, S. 17). Allerdings erwies sich das Konzept mit seiner körper- und naturbetonten Ausrichtung als anfällig für die nationalsozialistische Ideologie. Es brauchte daher bis in die 1980er Jahre, dass die **Erlebnispädagogik** als „Eisbrecher in einer erstarrten Lernlandschaft" (Thiersch 2004, S. 430) wieder an Attraktivität gewann und mit „ihrer Vielfalt an offenen, erfahrungsgesättigten, leib-sinnlichen und ganzheitlichen Lernarrangements an einer Erfolgsgeschichte" schrieb (Schirp 2018, S. 17). Im Fokus stand allerdings zunächst nicht die Schule, sondern die außerschulische **Kinder- und Jugendarbeit** mit ihrer Ausrichtung auf Freiwilligkeit und Partizipation (vgl. Böhnke 2000). Als Ansatz mit großer Reichweite gilt die „Outward Bound"-Bewegung, die auf Kurt Hahn zurückgeht.

Outward Bound
Der Pädagoge Kurt Hahn gründete 1919 das reformpädagogische Internat Schloss Salem. Sein ganzheitliches Bildungskonzept beruhte u. a. auf Naturerlebnissen sowie der Übernahme von Verantwortung für die Gemeinschaft. 1933 emigrierte Hahn nach Schottland, wo er sein Konzept zur **Outward Bound-Idee** weiterentwickelte. Das Konzept gilt als Vorläufer vieler erlebnispädagogischer Ansätze (Michl 2020, S. 29–33). Es richtet sich gegen die körperdisziplinierende Fortschrittsideologie seiner Zeit und setzt auf das **Abenteuer als pädagogische Kategorie** (vgl. Koch 1994): „Ohne die Lust nach Abenteuer muss jede Zivilisation, mag sie noch so fortgeschritten sein, muss jeder Staat, mag er noch so wohl geordnet sein, dahinschwinden und welken" (Hahn 1958, S. 59). In den **Outward Bound Kurzschulen** wird die Idee der Bewährung einer Gruppe in der Natur, z. B. in den Bergen oder auf dem Meer, bis heute umgesetzt. In zunächst vierwöchigen, heute oft auch kürzeren Angeboten sollen Heranwachsende „in der Bewältigung einer fremden, meist naturbezogenen Bewährungssituation die Fähigkeit erlangen, Furcht zu überwinden und auf ihre zuvor noch unbekannten mentalen, sozialen und v. a. körperlichen Fähigkeiten zu vertrauen" (Krieger und Roschmann 2016, S. 248).

Zahlreiche Einrichtungen, wie das „Erlebnispädagogische Schullandheim Barkhausen" bei Osnabrück oder die „Jugendbildungsstätte des Niedersächsischen Turnerbundes" auf der Insel Baltrum, haben dieses Konzept aufgegriffen und weiterentwickelt. So legt das Schullandheim besonderen Wert auf die Verantwortung für die Natur, die Jugendbildungsstätte betont die soziale Verantwortung in der Gruppe. Pädagogisch

5.3 Grundlagen

> interessant sind auch die Outward Bound **Langzeitmaßnahmen.** Sie setzen auf eine längere Zeit in der Fremde, z. B. auf einem Segelschiff, die die Teilnehmer unter den Anforderungen der Natur in der Gemeinschaft bewältigen müssen. Reformpädagogische Internatsschulen, wie die „Hermann Lietz-Schule" auf der Insel Spiekeroog, aber auch Einrichtungen der Jugendhilfe, die mit delinquenten Jugendlichen arbeiten, setzen in dieser Weise auf die **Kraft des Abenteuers.** Von diesen Angeboten hat das Konzept auch seinen Namen: „Outward Bound beschreibt in der Seemannssprache ein Schiff, das nach vielen Vorbereitungen im Hafen für eine lange Seereise gerüstet ist. In der Übertragung ist mit dieser Metapher gemeint, Menschen für die ‚Fahrt ins Leben' vorzubereiten und zu befähigen" (Krieger und Roschmann 2016, S. 248).

Trotz ihrer langen Tradition ist die Erlebnispädagogik bis heute nicht unstrittig. So gilt das Erlebnis als problematische Kategorie in der Pädagogik: „Es ereignet sich zufällig – häufig in Verbindung mit individueller Grenzüberschreitung. Selbst wenn das Erlebnis mit Anstrengung verbunden ist, bleibt es unkalkulierbar" (Gieß-Stüber 1998, S. 134). Der Pädagoge Jürgen Oelkers (1992) ist daher skeptisch in Bezug auf die **Pädagogisierbarkeit von Erlebnissen.** Allerdings besteht in der Pädagogik immer ein sogenanntes „Technologiedefizit", d. h. es kann nie linear von einer pädagogischen Intervention auf ihre Wirkung geschlossen werden. Insofern räumt auch Oelkers (1992) ein, dass die **Wirkungswahrscheinlichkeit von Erlebnissen** größer sei als die einer normalen Unterrichtsstunde. Gleichwohl schlägt Becker (2001) einen „Paradigmenwechsel vom Erlebnis zum Abenteuer" vor. Auf der Grundlage entwicklungspsychologischer Überlegungen entwickelt er sein **Modell des Abenteuers** „als einer Kulturform, einer entlasteten, spielerischen und sozialen Praxis des Umgangs mit Neugier, mit Wissensdrang und mit Erfahrungsbildung" (Schirp 2018, S. 19). In Analogie zu den **Bewältigungsaufgaben des Jugendalters** sieht er im Abenteuer eine Auseinandersetzung mit fremden Situationen, in der sich das Individuum beweisen kann. Im Gegensatz zur Kurzfristigkeit von Erlebnissen kann sich das längerfristige Abenteuer mit der Biografie der Heranwachsenden verbinden und dadurch eine größere Wirkung entfalten (vgl. Becker 2001).

▶ **Literaturtipp** Michl, W. & Seidel, H. (Hrsg.). (2018). *Handbuch Erlebnispädagogik*. München: Reinhardt.
Die Erlebnispädagogen Werner Michl und Holger Seidel tragen zusammen, was in der Erlebnispädagogik Rang und Namen hat – und damit auch den aktuellen Kenntnisstand über Grundlagen und historische Wurzeln, Arbeits- und Handlungsfelder, Zielgruppen und Forschungsfelder u.v.m.

Unabhängig von der jeweiligen Begrifflichkeit ist die pädagogische Bedeutung von Wagnissituationen vielfältig (vgl. Abb. 5.2). So kann die Auseinandersetzung mit den eigenen Grenzen zur **Persönlichkeitsentwicklung** beitragen. Realistische Selbsteinschätzung, selbstwertdienliche Ursachenzuschreibung und nicht zuletzt der Stolz auf eine gelungene Problembewältigung können zu einem positiven Selbstbild beitragen (vgl. Reuker 2017). Hinzu kommt die **Erprobung neuer Verhaltensweisen** in Situationen mit unsicherem Ausgang, in der Schülerinnen und Schüler für sie ungewohnte Rollen übernehmen können. Letztlich kann das auch zu einem kompetenten **Umgang mit Unsicherheit** beitragen, der als Schlüsselkompetenz für moderne Gesellschaften gilt (Gieß-Stüber 1998). Ebenso wird der Umgang mit unsicheren *Bewegungs*situationen geübt. Im Sinne einer wohlverstandenen **Sicherheitsförderung** kann die Auseinandersetzung mit

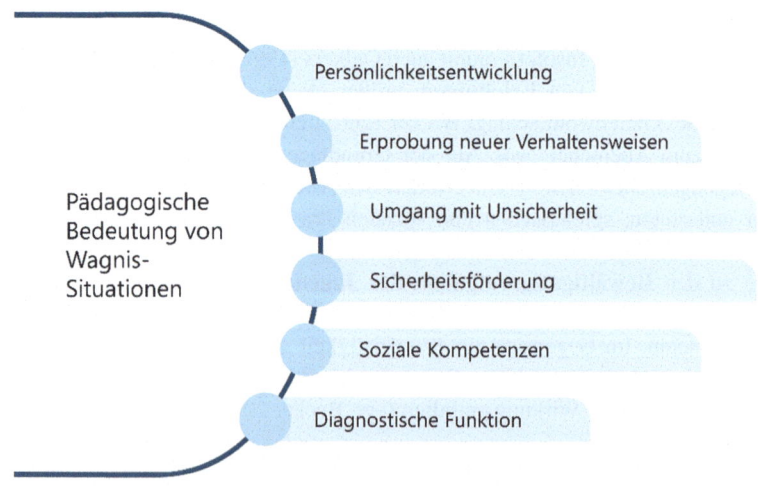

Abb. 5.2 Pädagogische Bedeutung von Wagnissituationen. (Eigene Darstellung)

Wagnissituationen zu mehr Bewegungssicherheit führen und Unfälle vermeiden helfen (Hübner 2000). Ein weiterer Schwerpunkt liegt im **Erwerb sozialer Kompetenzen** in Gruppensituationen. Nicht zuletzt in der Schule dürfte der Fokus oft auf dem Bewältigen von Teamaufgaben liegen, die zur Entwicklung der Klassengemeinschaft beitragen können (Reuker 2017, S. 6). Schließlich haben erlebnispädagogische Situationen für Lehrkräfte eine besondere **diagnostische Funktion**. Als „Lernbegleiter" können sie ihre Schüler selbstständig handeln sehen und dabei die Verhaltenstendenzen Einzelner oder die Rollen in ihrer Klasse beobachten (Gieß-Stüber 1998, S. 141).

Neben den individuellen Entwicklungsmöglichkeiten bieten Wagnissituationen ein besonderes Potenzial für die **Entwicklung von Gruppenprozessen.** Kommunikations-, Kooperations-, Vertrauens- und Problemlösungsaufgaben im Team zielen dabei nicht nur auf die Entwicklung sozialer Kompetenzen einzelner Schülerinnen und Schüler, sondern immer auch auf die Entwicklung von Interaktionsprozessen in der Gruppe (vgl. Reiners 2019). Gerade Schulklassen gelten als **sozialer Lernraum** mit komplexen Ausgangsbedingungen. Auf der einen Seite steht die Schule mit ihren institutionellen Anforderungen des Lernens und Integrierens in die Klasse. Auf der anderen Seite steht das Kind oder der Jugendliche als Mitglied einer Klassengemeinschaft mit impliziten Gruppennormen und -strukturen, Anführern und Außenseitern, Eingrenzungs- und Ausgrenzungsprozessen (Petillon 2017, S. 41–51). Hier bieten erlebnispädagogische Angebote gute Ausgangsbedingungen, um Gruppenprozesse zu beobachten, die eigene Rolle in der Gruppe zu finden oder den **Umgang mit Störungen** zu üben (Langmaack und Braune-Krickau 2019). Unter Rückgriff auf sozialpädagogische Methoden, wie die Themenzentrierte Interaktion, gelten für die Erlebnispädagogik daher auch entsprechende Regeln – wie „Störungen haben Vorrang" oder die „Stopp-Regel" –, die für schulische Kontexte ungewöhnlich, aber darum nicht minder hilfreich sind (vgl. Böhnke 2000).

Für das **erlebnisorientierte Lehren und Lernen** hat Scholz (2010) vier Lehr-Lern-Modelle entwickelt, die beschreiben, wie erlebnispädagogische Angebote inszeniert werden können. Das **Lernen durch Aktivität** ist das einfachste Modell. Es geht davon aus, dass sich Lernprozesse sozusagen „von selbst" ergeben, wenn Teilnehmerinnen und Teilnehmer eine Wagnissituation, z. B. eine Bergbesteigung, erfolgreich gemeistert haben („The moutains speak for themselves"). Beim **Lernen durch reflektierte Aktivität** wird die Wagnissituation um eine gezielte Reflexion durch die Lehrkraft erweitert, die dazu beiträgt, die Erlebnisse zu strukturieren („Learning by telling"). Das Vorgehen wird auch als „Outward Bound Plus"-Modell beschrieben (Schad 1993, S. 50). Das **Lernen durch gestaltete Aktivität** greift die Bedeutung der Reflexion auf, bahnt sie aber bereits vor und während der Aktivität durch eine gezielte Rahmensetzung an, wodurch der Transfer für die Gruppe leichter wird („Framing the experience"). Beim **Lernen durch Herausforderung** werden die bisher genannten Ansätze zusammengeführt und in ein Lernzonenmodell integriert (vgl. Abb. 5.3). Mit Blick auf den intendierten Transfer in den Lebensalltag wird das Individuum aus seiner Komfortzone herausgelockt, ohne dabei in die Panikzone zu geraten, in der kein zielgerichtetes Handeln mehr möglich ist. In der Motivationstheorie wird dies als „Prinzip der optimalen Passung von Aufgaben" bezeichnet, das für viele Sportbereiche hilfreich ist (siehe Kap. 6).

Mit der Pädagogischen Perspektive „Etwas wagen und verantworten" steht der Umsetzung erlebnispädagogischer Angebote in der Schule zunächst nichts im Weg. Allerdings können erlebnispädagogische Prinzipien, wie Autonomie und Freiwilligkeit, mit schulischen Prinzipien der Qualifikation und Selektion kollidieren. Vor diesem Hintergrund beschreibt Gilsdorf (2004, S. 22) ein gewisses **„Unbehagen an der Schule",** die er mit einem „klassischen Lernparadigma" in Verbindung bringt, welches durch Verkopfung, Fragmentierung, Fremdbestimmung und Fremdkontrolle bestimmt sei. Erlebnisorientiertes Lernen grenze sich davon durch **Ganzheitlichkeit, Sinnhaftigkeit** und **Selbstbestimmung** ab. Auch wenn diese schulkritische Sichtweise sicher etwas überzeichnet ist, bietet die Erlebnispädagogik mit dem Eröffnen von Spielräumen für das Selbsterproben, mit Angeboten des sozialen Lernens und mit erfahrungsorientieren Lernarrangements wertvolle Impulse für die Schule. Nicht zuletzt scheint in der **Betonung des Abenteuers** eine besondere Chance zu liegen. Die

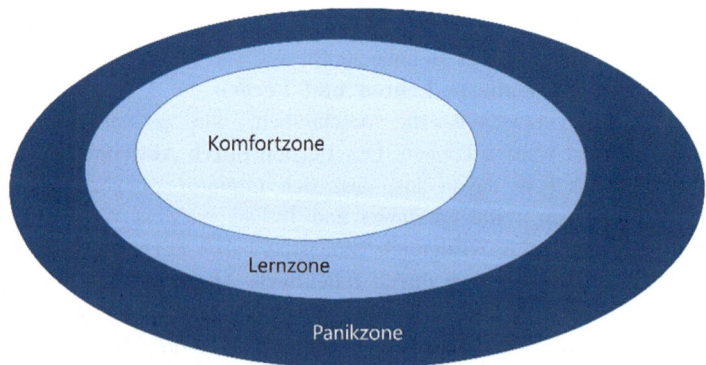

Abb. 5.3 Verhältnis von Komfort-, Lern- und Panikzone. (Mod. nach Scholz 2010)

5.3 Grundlagen

vielleicht „entscheidendste Grundlage sinnhaften Lernens dürfte nämlich ein inneres Berührtsein vom Gegenstand des Lernens sein" (Gilsdorf 2004, S. 23).

Vor diesem Hintergrund können erlebnispädagogische Aktivitäten sowohl im unterrichtlichen als auch im außerunterrichtlichen Schulsport angeboten werden. Elemente des Erlebnis- und Abenteuersports können als **Teil von Sportstunden,** z. B. in Einstimmungsphasen, aber auch in eigenständigen **Unterrichtsvorhaben** eingesetzt werden (Böhnke 2000, S. 67–71). Entscheidend für die unterrichtliche Inszenierung im „Regelbetrieb" dürfte eine entsprechende didaktisch-methodische Aufbereitung für den Indoor-Bereich sein (vgl. Bieligk 2006). Angebote im außerunterrichtlichen Schulsport haben dagegen den Charme, dass sie losgelöst von üblichen organisatorischen Zwängen sowie vom Notendruck stattfinden. So liegt etwa der Vorteil erlebnispädagogischer **Klassenfahrten** darin, „dass die Gruppen aus dem Alltag und den damit verbundenen Rollenstrukturen herausgelöst sind, beispielsweise aus festgefahrenen Klassenstrukturen" (Reuker 2017, S. 5). Ähnliche Wirkungen können auch durch **Projekttage** erzielt werden. Besonders erfolgversprechend ist die Kombination von außerunterrichtlichen Fahrten und Projekten mit dem unterrichtlichen Alltag, wie sie durch erlebnisorientierte **Schulprofile** gewährleistet werden kann (vgl. Scheffel 2003).

Das **Qualifikationsprofil von Erlebnispädagogen** umfasst neben *fachlichen* Kompetenzen, etwa zum Sichern beim Klettern, *erlebnispädagogisch-psychologische* Kompetenzen (Bieligk 2006, S. 8–9). So ist die Rolle des Beraters und Beobachters für viele Lehrkräfte „zunächst ungewohnt und verlangt Überwindung, sich auf die damit verbundene Ungewissheit einzulassen" (Reuker 2017, S. 8). Das **Aushalten der Unsicherheit** ist jedoch Voraussetzung dafür, dass die erlebnispädagogische Inszenierung gelingt. Das betrifft nicht nur individuelle Problemlösungsaufgaben, die mitunter Zeit brauchen, sondern auch **Gruppenprozesse,** die vermeintlich einfach zu lösen sind, aber von der Gruppe selbst erarbeitet werden müssen. Kenntnisse über interaktive Prozesse sind dafür ebenso erforderlich wie eigene kommunikative und kooperative Fähigkeiten (Bieligk 2006, S. 9). Letztlich handelt es sich dabei um eine anspruchsvolle, aber oft auch ungemein befriedigende **Art des Unterrichtens:** „So sind die ablaufenden Prozesse nie gleich, die Initiierung von Erlebnissen nicht vollständig planbar und ihre pädagogische Wirksamkeit grundsätzlich offen. Diese Ungewissheit als spannend und bereichernd zu empfinden, ist eine wesentliche Voraussetzung für die Durchführung erlebnispädagogischer Maßnahmen" (Reuker 2017, S. 7).

5.4 Fachdidaktische Konzepte

Für den **Erlebnis- und Abenteuersport** gibt es zahlreiche Konzepte. Die Bandbreite reicht von den europäischen Ursprüngen bei Kurt Hahn (1958), aber auch den angelsächsischen Vorläufern, wie z. B. bei „Cowtails and Cobras" im Project Adventure (Rohnke 1989), über sozial- und erlebnispädagogische Ansätze für die außerschulische Jugendarbeit (Heckmeier und Michl 2012; Schmölzer 2014; Schirp 2018) bis hin interaktionspädagogischen Konzepten (Reiners 2019). **Fachdidaktische Konzepte für den Schulsport** beziehen die außerschulische Pädagogik durchaus mit ein, orientieren sich aber stärker an den Rahmenbedingungen der Schule. Nachdem außerschulische Anbieter die erlebnispädagogische Idee schon länger aufgegriffen hatten (Sportjugend NRW 1989), entwickelten sich sportdidaktische Konzepte für den Sportunterricht ab Mitte der 1990er Jahre. Im Mittelpunkt stand dabei der **Wagnisbegriff.** Die pädagogische Aufgabe des Ansatzes „im Schulsport kann man darin sehen, die Schüler zu einem vernünftigen Umgang mit Bewegungswagnissen zu erziehen" (Neumann 2013, S. 83). Dieser Zugang findet sich in der Pädagogischen Perspektive „Etwas wagen und verantworten" wieder. Damit geht allerdings auch eine gewisse Begrenzung sportdidaktischen Denkens einher, weshalb die Auswahl der folgenden Konzepte im Sinne eines vielfältigen Handlungsspektrums weiter gefasst wurde.

Das Konzept der **Sicherheitserziehung im Schulsport** (Hübner 2000) setzt bei der Vermeidung von Unfallrisiken im Sportunterricht an. Dabei hat ein Paradigmenwechsel von der Unfallverhütung zur Sicherheitserziehung stattgefunden, d. h. es geht nicht darum, die Schülerinnen und Schüler „in Watte zu packen", sondern sie sollen über die Auseinandersetzung mit alltäglichen und sportlichen Handlungssituationen (mehr) Bewegungssicherheit gewinnen. Die zentrale Zielsetzung des Konzepts ist der verantwortliche **Umgang mit riskanten Bewegungssituationen,** wofür es spezifischer Kenntnisse, Einstellungen, Fähigkeiten und Fertigkeiten bedarf (Hübner 2000, S. 141). Inhaltlich werden Wagnissituationen ergänzt um Routinehandlungen, (unerwartete) Vorfälle sowie Prozesse des Bewegungslernens (vgl. Abb. 5.4). Methodisch bleibt der Ansatz unkonkret, es kann aber von einem „learning by doing" ausgegangen werden, wobei die Lehrkraft als „Sicherheitsbeauftragte" für die Unversehrtheit ihrer Schülerinnen und Schüler Sorge trägt. Tatsächlich ist die Sicherheitserziehung ein „wichtiger Bestandteil eines mehrdimensional gedachten Konzepts der Sicherheitsförderung" (Hübner 2000, S. 141). Im schulischen Kontext findet sich das im sogenannten **Sicherheitserlass** wieder, in dem neben pädagogischen Auftrag

5.4 Fachdidaktische Konzepte

Abb. 5.4 Sicherheitserziehung im Schulsport. (Mod. nach Hübner 2000, S. 140)

der Sicherheitsförderung auch alle fachlichen und organisatorischen Fragen zur Sicherheit im Schulsport geregelt sind (z. B. MSW NRW 2015).

Als Konzept mit einer vergleichsweise großen Reichweite ist die **Wagniserziehung im Schulsport** (Neumann 1997; 2008; 2013) umfassend erlebnissoziologisch und motivationstheoretisch begründet. Mit Verweis auf Rheinberg (1996) werden bspw. Kompetenzerleben, erregende Bedrohungswahrnehmung und ungewöhnliche Bewegungszustände als **Anreizkomponenten für sportliche Wagnisse** genannt. Insgesamt wird die Wagnissuche als anthropologische Grundtatsache verstanden, die schon im Spiel von Kleinkindern zu beobachten ist (vgl. Hecker 1989). Die zentrale Zieldimension des Konzepts ist die **Bewältigung subjektiv bedeutsamer Wagnisse** mittels eigener Fähigkeiten und Fertigkeiten. Inhaltlich bezieht sich das Konzept auf den gesamten Inhaltskanon des Schulsports, wobei eine gewissen Tendenz zum Natursport auffällig ist (vgl. Neumann 1997). Methodisch propagiert Neumann (2013) einen Dreischritt von **Aufsuchen, Aushalten und Auflösen** eines Wagnisses. Damit ist zunächst die bewusste Auswahl natürlicher oder künstlicher Umgebungen gemeint, wobei auch an Lehrkräfte appelliert wird, den Wagnischarakter bei der Auswahl mit zu bedenken (Neumann 1997, S. 163). Mit Aushalten ist gemeint, sich nicht vorschnell aus herausfordernden Situationen zurückzuziehen, sondern sie als Erprobungssituation zu nutzen. Das Auflösen zielt auf die Nachbereitung und Reflexion von Wagniserlebnissen.

Das Konzept **Umgang mit Unsicherheit im Sportunterricht** (Gieß-Stüber 1998) geht von der Unsicherheit in modernen Gesellschaften aus. Der Umgang mit Unsicherheit wird umfassend motivationstheoretisch hergeleitet. Dazu wird das „Modell der Motivgenese" von Erdmann (1983) genutzt. Die Motivausprägung „Hoffnung auf Erfolg" wird dabei mit der Fähigkeit, Unsicherheit in Kauf nehmen zu können, in Verbindung gebracht, und „Furcht vor Misserfolg" mit dem Vermeiden von unsicheren Situationen (Gieß-Stüber 1998, S. 137–140). Die zentrale Zielsetzung des Konzepts ist dementsprechend der **Umgang mit Unsicherheit** als Kernkompetenz in modernen Gesellschaften: „Die Fähigkeit, Unsicherheit in Kauf zu nehmen und konstruktiv als Lerngelegenheit zu nutzen, erscheint gerade vor dem Hintergrund aktueller Gesellschaftsanalysen pädagogisch bedeutsam" (Gieß-Stüber 1998, S. 146). Inhaltlich orientiert sich der Ansatz vor allem an Erlebnissportarten, z. B. dem Klettern. Methodisch greift das Konzept auf die **motivationstheoretischen Grundlagen** zurück, die über das Setzen eines realistischen Anspruchsniveaus, einer angemessenen Kausalattribuierung sowie einer flexiblen Bezugsnormorientierung jeweils zu individuell passenden Aufgaben führen (siehe Kap. 6). Dazu werden differenzierte Anwendungshinweise sowie Überlegungen zur Bedeutung von Reflexionsprozessen gegeben (Gieß-Stüber 1998, S. 141–146).

Der **Abenteuer- und Erlebnissport** (Böhnke 2000) hat seinen praktischen Hintergrund in der Abenteuersport-Konzeption der Sportjugend NRW (1989). Gleichwohl wird das Konzept neben dem Sportverein und der Jugendsozialarbeit auch auf den Schulsport bezogen. Die zentrale Zielsetzung des Ansatzes ist mit **Persönlichkeits- und Teamentwicklung** klassisch erlebnispädagogisch ausgerichtet. Inhaltlich orientiert sich das Konzept am Inhaltskanon des Schulsports, der allerdings häufig „abenteuerlich" inszeniert wird („Lernen durch gestaltete Aktivität"). Die Methodik „ist eine ‚**offene Methodik**', d. h. sie ist immer auf die Interaktion zwischen Teilnehmern/Teilnehmerinnen und Leitern/ Leiterinnen angewiesen (prozessorientiert)" (Böhnke 2000, S. 30). So werden Freiwilligkeit und Offenheit als Grundprinzipien genannt und mit der Stopp-Regel konkretisiert, die besagt, dass jeder Teilnehmer eine Aufgabe jederzeit ohne Begründung abbrechen kann, wenn sie ihm zu viel wird. Auch die Bedeutung der Reflexion wird betont. Weiterhin wird ein **Vier-Phasen-Schema** zur Umsetzung erlebnispädagogischer Angebote entworfen (Böhnke 2000, S. 31–37), das vom sensiblen Einstieg über das Lösen vorgegebener und das Lösen selbstentworfener Abenteuer bis zu längerfristigen Projekten außerhalb der Schule reicht (vgl. Tab. 5.1).

5.4 Fachdidaktische Konzepte

Tab. 5.1 Phasen des Abenteuer- und Erlebnissports. (Mod. nach Böhnke 2000, S. 30–37)

Phase 1	Bereitschaft, Akzeptanz, Vorbereitung	Einstieg ins Thema, Sensibilisierung der Sinne, Vertrauen schaffen, motorische Vorbereitung, Grundregeln vermitteln
Phase 2	Vorgegebene Situationen lösen, Strategien entwickeln	Vertiefung von Phase 1, individuelle Wagnisse und Selbsteinschätzung, Problemlösung im Team
Phase 3	Das eigene Abenteuer	Kreative Herausforderungen suchen, eigene Szenarien entwickeln, Situationen selber gestalten und auswerten
Phase 4	Projekte	Planung und Umsetzung größerer Projekte, z. B. einer Bergbesteigung oder Flussüberquerung

Insgesamt zeigt sich trotz der unterschiedlichen Zugänge in **didaktisch-methodischer Hinsicht** weitgehende Übereinstimmung. Grundsätzlich kann festgehalten werden, „dass Erlebnisse nicht im Sinn einer deterministischen Einflussnahme planbar sind. Sie können lediglich über die Gestaltung von Rahmenbedingungen angestoßen werden" (Reuker 2017, S. 4). Dazu bedarf es geeigneter **Aufgabenstellungen,** die im Idealfall jeder Teilnehmerin und jedem Teilnehmer eine individuell angepasste Herausforderung bieten. Zugleich müssen ausreichende **Handlungsspielräume** geschaffen werden, sodass Schülerinnen und Schüler ihr Handeln als selbstverursacht erleben. Neben Erlebnissportarten, wie Kanufahren und Klettern, können auch klassische Inhalte des Schulsports, wie Turnen oder Schwimmen, abenteuerlich inszeniert werden (z. B. Neuber und Neuber 2004). Die Rolle der Lehrkräfte besteht in der Vorbereitung und Begleitung der „Abenteuer", wobei die „Gladiatorenkomponente", also das Zurschaustellen einzelner, möglichst auszuschalten ist (Neumann 2013, S. 89). Alle Konzepte messen der **Reflexion von Erlebnissen** zentrale Bedeutung bei, wobei sie nur dann sinnvoll ist, „wenn ihre Durchführung ebenfalls gut vorbereitet ist. So sind die Ziele des Reflexionsgesprächs festzulegen und passende Methoden im Vorfeld begründet auszuwählen" (Reuker 2017, S. 7). Schließlich ist es wichtig, **misslungene Wagnisse** aufzufangen und gemeinsam mit den Schülerinnen und Schülern einzuordnen, zumal das Scheitern zum erlebnispädagogischen Prozess dazugehört (Neumann 2013, S. 86–90).

5.5 Konzepte im Überblick

In der Zusammenschau zeigen sich vier unterschiedliche Konzepte zum Erlebnis- und Abenteuersport in der Schule. Trotz ihrer didaktisch-methodischen Nähe haben sie verschiedene Ausgangspunkte (vgl. Tab. 5.2). So setzt das Konzept der **Sicherheitserziehung im Schulsport** beim Unfallgeschehen im Sportunterricht an und zielt auf einen verantwortlichen Umgang mit Bewegungsrisiken. Im Mittelpunkt steht also der eher technische **Risikobegriff,** der nicht nur in erlebnispädagogischen Wagnissituationen, sondern auch in Routinehandlungen des Sportunterrichts, z. B. in Teamspielen, in Bezug auf besondere Vorfälle, z. B. die Attacke eines Gegners, sowie in unsicheren Situationen des Bewegungslernens, z. B. beim Handstand, thematisiert wird. Methodisch wird eher offen gearbeitet, wobei die Lehrkraft als Sicherheitsbeauftragte fungiert. Im Gegensatz dazu bezieht sich das Konzept der **Wagniserziehung im Schulsport** explizit auf den subjektiv besetzten **Wagnisbegriff.** Zentrale Zielsetzung ist die Bewältigung subjektiv bedeutsamer Wagnissituationen mithilfe eigener Fähigkeiten. Inhaltlich ist dieser Ansatz weitgefasst, wobei viele Beispiele aus dem Natursport stammen. In methodischer Hinsicht ist der Dreischritt von Aufsuchen, Aushalten und Auflösen charakteristisch.

Das Konzept des **Umgangs mit Unsicherheit im Sportunterricht** zielt auf einen kompetenten Umgang mit Unsicherheit in modernen Gesellschaften. Hier ist also der **Unsicherheitsbegriff** leitend. In Bezug auf die Inhalte bezieht sich der Ansatz auf Erlebnissportarten, z. B. das Klettern. Prinzipiell ist das motivationstheoretisch begründete Methodenkonzept mit realistischer Anspruchsniveausetzung, angemessener Kausalattribuierung und flexibler Bezugsnormorientierung auf viele Bewegungsfelder übertragbar (vgl. Erdmann 2009). Das Konzept des **Abenteuer- und Erlebnissports** zielt als klassisches erlebnispädagogisches Konzept auf die Persönlichkeits- und Teamentwicklung, also auf personale und soziale Kompetenzen. Zentral dafür ist der **Erlebnisbegriff.** Hier steht die gesamte Breite des schulischen Inhaltskanons zur Verfügung, wobei Wert auf „abenteuerliche" Inszenierungen gelegt wird. Die Methodik ist prozessorientiert und bietet ein Vier-Phasen-Schema zur Gestaltung von Unterrichtsvorhaben. Insgesamt bietet sich für den Erlebnis- und Abenteuersport in der Schule damit ein breites Spektrum an Möglichkeiten, das über das individuelle Wagnis hinaus auch Facetten der Sicherheitsförderung, der Persönlichkeitsentwicklung, der Teambildung und des Projektunterrichts umfasst.

5.5 Konzepte im Überblick

Tab. 5.2 Fachdidaktische Konzepte zum Erlebnis- und Abenteuersport im Überblick

	Sicherheitserziehung im Schulsport	Wagniserziehung im Schulsport	Umgang mit Unsicherheit im Sportunterricht	Abenteuer- und Erlebnissport
Vertreter	Horst Hübner	Peter Neumann	Petra Gieß-Stüber	Jörg Böhnke
Leitidee	Verantwortlicher Umgang mit riskanten Bewegungssituationen	Bewältigung subjektiv bedeutsamer Wagnissituationen mit eigenen Fähigkeiten	Umgang mit Unsicherheit als Kernkompetenz in modernen Gesellschaften	Persönlichkeits- und Teamentwicklung durch Abenteuer und Erlebnis
Sachbezug	Wagnisse, Routinehandlungen, Vorfälle und Bewegungslernen	Bewegung, Spiel und Sport; Natursport	Erlebnissportarten	Bewegung, Spiel und Sport; Abenteuerliche Inszenierungen
Vermittlungsbezug	„Learning by doing" Lehrkraft als Sicherheitsbeauftragte	Didaktischer Dreischritt: Aufsuchen, Aushalten, Auflösen	Anspruchsniveau, Kausalattribuierung, Bezugsnormorientierung; Reflexion	Prozessorientierte Methodik: Stopp-Regel und Reflexion; 4-Phasen-Schema

▶ **Literaturtipp** Hofmann, A. R., Rolland, C. G., Rafoss, K. & Zoglowek, H. (2015). *Friluftsliv – ein norwegisches Phänomen. Eine Lebensphilosophie in Theorie und Praxis.* Münster: Waxmann.
Friluftsliv kann mit „Leben im Freien" übersetzt werden. Es kennzeichnet ein norwegisches Phänomen, das Elemente aus Erlebnispädagogik und Outdoor Education verbindet, was typisch für das Leben in skandinavischen Ländern ist. In Norwegen gibt es sogar ein gleichnamiges Schulfach.

Reflexionsfragen

1. Worin liegen Unterschiede und Gemeinsamkeiten der Begriffe „Abenteuer", „Wagnis" und „Risiko"?
2. Was versteht man unter „Erlebnisspirale"?
3. Wodurch unterscheidet sich die Erlebnispädagogik von kommerziellen Angeboten des Erlebnis- und Risikosports?
4. Weshalb gilt das Erlebnis als problematische Kategorie der Pädagogik?
5. Warum kann die Erlebnispädagogik kein Gegenmodell zum Sportunterricht sein?
6. Inwiefern bieten Wagnissituationen besondere diagnostische Möglichkeiten?
7. Warum ist das Lernzonenmodell sportdidaktisch besonders interessant?
8. Inwiefern sind Reflexionen für die Erlebnispädagogik wichtig?

9. Warum ist die Sicherheitserziehung ein Thema für die Wagniserziehung im Schulsport?
10. Worin liegt die Bedeutung motivationstheoretischer Ansätze für die Erlebnispädagogik?

Literatur

Allmer, H. (1998). „No risk – no fun" – Zur psychologischen Erklärung von Extrem- und Risikosport. In H. Allmer & N. Schulz (Hrsg.), *Erlebnissport – Erlebnis Sport* (Brennpunkte der Sportwissenschaft, 17, S. 60–90). Sankt Augustin: Academia.
Beck, U. (1986). *Risikogesellschaft. Auf dem Weg in eine andere Moderne*. Frankfurt a. M.: Suhrkamp.
Becker, P. (2001). Vom Erlebnis zum Abenteuer – Anmerkungen zur Erlebnispädagogik. *Sportwissenschaft, 31*, 3–16.
Bieligk, M. (2006). Erlebnispädagogische Indoor-Maßnahmen im Sportunterricht. *Zeitschrift für Erlebnispädagogik, 26*(2/3), 4–14.
Bieligk, M. (Hrsg.). (2013). *Das große Limpert-Buch des Erlebnissports – Spannende Spiel- und Bewegungsideen für drinnen und draußen*. Wiebelsheim: Limpert.
Böhnke, J. (2000). *Abenteuer- und Erlebnissport – Ein Handbuch für Schule, Verein und Jugendsozialarbeit*. Münster: Lit.
Erdmann, R. (1983). *Motive und Einstellungen im Sport: Ein Erklärungsansatz für die Praxis*. Schorndorf: Hofmann.
Erdmann, R. (2009). Leistungen fördern, beurteilen und beraten. In H. Lange & S. Sinning (Hrsg.), *Handbuch Sportdidaktik* (S. 154–171). Balingen: Spitta.
Gieß-Stüber, P. (1998). Unsicherheit macht Schule – Erlebnis, Abenteuer, Risiko im Sportunterricht. In H. Allmer & N. Schulz (Hrsg.), *Erlebnissport – Erlebnis Sport* (Brennpunkte der Sportwissenschaft, 17, S. 132–148). St. Augustin: Academia.
Gilsdorf, R. (2004). Abenteuer Schule? In R. Gilsdorf & K. Volkert (Hrsg.), *Abenteuer Schule* (2., überarbeitete Aufl., S. 12–23). Augsburg: ZIEL.
Hahn, K. (1958). *Erziehung zur Verantwortung*. Stuttgart: Klett.
Hecker, G. (1989). Abenteuer und Wagnis im Sport – Sinn oder Unsinn? *Deutsche Zeitschrift für Sportmedizin, 40*, 328–331.
Heckmeier, B., & Michl, W. (2012). *Erleben und Lernen. Einführung in die Erlebnispädagogik* (7. Aufl.). München: Reinhardt.
Hofmann, A. R., Rolland, C. G., Rafoss, K., & Zoglowek, H. (2015). *Friluftsliv – Ein norwegisches Phänomen. Eine Lebensphilosophie in Theorie und Praxis*. Münster: Waxmann.
Hübner, H. (2000). Wagnis – Risiko – Sicherheit. Zeitgemäße pädagogische Kategorien für den Schulsport. In Landesinstitut für Schule und Weiterbildung NRW (Hrsg.), *Erziehender Schulsport. Pädagogische Grundlagen der Curriculumrevision in Nordrhein-Westfalen* (S. 126–148). Bönen: Schule und Weiterbildung.
Koch, J. (1994). Abenteuer und Risiko als pädagogische Kategorien. *Sportpädagogik, 18*(5), 23–37.

Literatur

Krieger, C., & Roschmann, A. (2016). Wagnis und Risiko im Sport(unterricht). In C. Kröger & W.-D. Miethling (Hrsg.), *Sporttheorie in der gymnasialen Oberstufe* (2., überarbeitete und erweiterte Aufl., S. 242–255). Schorndorf: Hofmann.

Langmaack, B., & Braune-Krickau, M. (2019). *Wie die Gruppe laufen lernt – Anregungen zum Planen und Leiten von Gruppen* (8., vollständig überarbeitete Aufl.). Weinheim: Beltz.

Michl, W. (2020). *Erlebnispädagogik* (4. Aufl.). München: Reinhardt.

Michl, W., & Seidel, H. (Hrsg.). (2018). *Handbuch Erlebnispädagogik*. München: Reinhardt.

MSW NRW (Ministerium für Schule und Weiterbildung des Landes Nordrhein-Westfalen). (2014). *Rahmenvorgaben für den Schulsport in Nordrhein-Westfalen*. Düsseldorf: MSW NRW.

MSW NRW (Ministerium für Schule und Weiterbildung des Landes Nordrhein-Westfalen). (2015). *Sicherheitsförderung im Schulsport*. Düsseldorf: MSW NRW.

Neuber, I., & Neuber, N. (2004). Abenteuer Schwimmhalle – Erlebnispädagogische Angebote im Wasser. *Sportpraxis, 45*(4), 20–24.

Neumann, P. (1997). Vom sportlichen Wagnis zur Wagniserziehung im Sport. In E. Balz & P. Neumann (Hrsg.), *Wie pädagogisch soll der Schulsport sein?* (S. 155–168). Schorndorf: Hofmann.

Neumann, P. (2008). Wagniserziehung im Schulsport - eine kritisch-konstruktive Betrachtung. In H. Lange & S. Sinning (Hrsg.), Handbuch Sportdidaktik (S. 194–205). Balingen: Spitta.

Neumann, P. (2013). Didaktische Erläuterungen und Empfehlungen zur Perspektive „Wagnis". In P. Neumann (Hrsg.), *Sportdidaktik – Pragmatische Fachdidaktik für die Sekundarstufe I und II* (S. 83–90). Berlin: Cornelsen Scriptor.

Oelkers, J. (1992). Kann „Erleben" erziehen? *Zeitschrift für Erlebnispädagogik, 12*, 3–13.

Petillon, H. (2017). *Soziales Lernen in der Grundschule – Das Praxisbuch*. Weinheim: Beltz.

Reiners, A. (2019). *Praktische Erlebnispädagogik – Bewährte Sammlung motivierender Interaktionsspiele, 1* (10., überarbeitete Aufl.). Augsburg: ZIEL.

Reuker, S. (2017). Erlebnispädagogik – Möglichkeiten erlebnispädagogischer Bewegungsaktivitäten im Schulsport. *Sportpädagogik, 40*(1), 2–7.

Rheinberg, F. (1996). Flow-Erleben, Freude an riskantem Sport und andere „unvernünftige" Motivationen. In H. Heckhausen & J. Kuhl (Hrsg.), *Motivation, Volition und Handlung* (Enzyklopädie der Psychologie, 4, S. 101–118). Göttingen: Hogrefe.

Rohnke, K. (1989). *Cowtails and Cobras II – A Guide to Games, Initiatives, Ropes Courses & Adventure Curriculum* (Project Adventure). Dubuque: Kendal & Hunt.

Schad, N. (1993). Erleben und miteinander reden – Reflexionsmodelle in der Erlebnispädagogik. *Erleben und Lernen, 1*(2), 49–52.

Scheffel, H. (2003). Schulprofil: Erleben und Lernen – Erlebnispädagogik in der Schule entwickeln. *Sportpädagogik, 27*(1), 34–37.

Schirp, J. (2018). Abenteuer- und Erlebnispädagogik. In H.-U. Otto, H. Thiersch, R. Treptow, & H. Ziegler (Hrsg.), *Handbuch Soziale Arbeit* (S. 17–24). München: Reinhardt.

Schmölzer, W. (2014). *Erlebnispädagogik in der Sozialen Arbeit mit Jugendlichen: Möglichkeiten und Grenzen des Kontext Erlebnis*. o.O.: Akademikerverlag.

Scholz, M. (2010). Erlebnisorientiertes Lehren und Lernen. In H. Lange & S. Sinning (Hrsg.), *Handbuch Methoden im Sport – Lehren und Lernen in der Schule, im Verein und im Gesundheitssport* (S. 494–504). Balingen: Spitta.

Schulze, G. (2005). *Die Erlebnisgesellschaft – Kultursoziologie der Gegenwart* (2. Aufl.). Frankfurt: Campus.

Sportjugend NRW. (Hrsg.). (1989). *Abenteuersport – Sportabenteuer* (Materialien der Sportjugend NRW). Duisburg: SJ NRW.

Thiersch, H. (2004). Erlebnispädagogik zwischen Teilhabe am Erlebnismarkt und Lebensbewältigung. In J. Schirp & I. Thiel (Hrsg.), *Abenteuer – Ein Weg zur Jugend? Entwicklungsanforderungen und Zukunftsperspektiven der Erlebnispädagogik* (S. 429–439). Butzbach-Griedel: Afra.

Leisten, Leistung und Erfolg im Sport 6

Zusammenfassung

In diesem Kapitel wird ein Überblick über Grundbegriffe und Theorien des Umgangs mit Leisten, Leistung und Erfolg im Sport gegeben. Ausgehend von der kulturellen Abhängigkeit des Leistungsbegriffs werden Grundlagen des Leistens und Wettkämpfens im Sport erläutert, bevor vier ausgewählte fachdidaktische Konzepte vorgestellt werden: Leisten und Leistung im Bewegungsunterricht, Leisten und Leistung im Sportunterricht, Leistung im Erziehenden Sportunterricht sowie Olympische Erziehung. Ein Exkurs zur Förderung der Leistungsmotivation im Sport ergänzt das Kapitel.

6.1 Einführung

Bewegungs-, Spiel- und Sportaktivitäten sind eng mit dem **Leistungsthema** verknüpft. Ganz gleich, ob es sich um Breiten- oder Leistungssport, Vereins- oder Schulsport, informellen oder kommerziellen Sport handelt – Leistung spielt dabei immer eine Rolle. „Handlungen im Sport legen es nahe, als Leistungen bewertet und als ich-bedeutsam ausgelegt zu werden. Die Kriterien und Regeln, unter denen das geschieht, sind vergleichsweise leicht verständlich. Die typischerweise unmittelbare Rückmeldung über das Ergebnis macht im Sport die Erfahrung der eigenen Leistungsentwicklung, aber auch ihrer sozialen Bewertung besonders anschaulich" (MSW NRW 2014, S. 11). Mit diesem Zitat aus den Rahmenvorgaben für den Schulsport in NRW werden bereits wesentliche **Aspekte des Umgangs mit Leistung** benannt: Bewegungs- und Sportaktivitäten sind über die Erfahrung des eigenen Könnens oder Nicht-Könnens fast immer leistungsthematisch ausgerichtet, sie sind eng mit dem Selbstbild der Person verbunden, die sie ausübt, sie finden in einem sozialen Rahmen statt, der die Gütemaßstäbe und Regeln dafür vorgibt, was eine Leistung ist, und diese Regeln sind vergleichsweise einfach über **Selbstwirksamkeitserfahrungen,** d. h. über „Erfahrungen am eigenen Leibe", zugänglich.

Insgesamt bietet die Leistungsthematik damit gute Ansatzpunkte für eine pädagogische Inszenierung. Gleichwohl ist der Umgang mit Leistung gerade in der Sportpädagogik nicht unumstritten. Während Befürworter die **Förderung der Leistungsbereitschaft** sowie das Erlernen von Prinzipien der Leistungsgesellschaft loben, kritisieren Gegner den **Leistungsdruck in der Schule** und die Ungleichbehandlung von Schülerinnen und Schülern mit heterogenen Voraussetzungen (vgl. Meier und Ruin 2018). Pädagogische Zugänge zum Leistungsthema setzen darum nicht einseitig auf Leistungsverbesserungen „um jeden Preis", sondern auf einen reflektierten Umgang mit der Leistung. Entsprechend lautet die zugehörige Pädagogische Perspektive **Das Leisten erfahren, verstehen und einschätzen** (MSW NRW 2014, S. 11). Zudem betonen schulsportliche Angebote weniger den Leistungsvergleich untereinander, als vielmehr die Leistungsverbesserung des Einzelnen: „Zunächst geht es darum, dass alle Schülerinnen und Schüler immer wieder vielfältige, individuell angemessene Herausforderungen erhalten […]. Dabei hat die Erfahrung des individuellen Leistungsfortschritts pädagogisch Vorrang vor dem Vergleich mit anderen" (MSW NRW 2014, S. 12). Um Sportangebote in diesem Sinn gestalten zu können, ist die **Reflexion des eigenen Leistungsverständnisses** für Lehrkräfte von zentraler Bedeutung.

6.2 Grundbegriffe

Die Leistungsthematik ist – je nach theoretischem Zugang – mit einer ganzen Reihe an Grundbegriffen verbunden. Mit **Leisten** wird das Bemühen um die Bewältigung einer Aufgabe und damit ein Handlungs*prozess* verstanden, durch den der augenblickliche Zustand verändert werden soll. Das schließt sportliche Aktivitäten, wie Lernen, Üben und Trainieren, ein (Erdmann 2008, S. 155).

▶ **Leistung** Demgegenüber wird mit dem Begriff der Leistung die Bewältigung einer Aufgabe und damit das *Ergebnis* eines Handlungsprozesses bezeichnet, das absichtsvoll und durch individuelle Fähigkeiten und Anstrengungen erreicht wird. Eine Leistung wird zudem anhand eines Kriteriums beurteilt (Erdmann 2008, S. 154).

Die Kriterien der Leistungsbeurteilung können individuell oder gesellschaftlich bestimmt sein, d. h. die damit verbundenen Normen können auf sich selbst bezogen (z. B. besser als beim letzten Mal) oder auf andere bezogen sein (z. B. besser als die anderen). In diesem Zusammenhang spricht man von **individueller** und **sozialer Bezugsnorm.** Damit verbunden ist der Begriff des **Erfolgs,** der als Anerkennung einer Leistung durch das soziale Umfeld bzw. die mit einer Leistung verbundenen Belohnung verstanden wird, also z. B. der Applaus oder die Urkunde. Erst wenn ein Handlungsergebnis vom Umfeld gewürdigt wird, „gewinnt die Leistung Bedeutung im Sinne eines Erfolgs" (Erdmann 2008, S. 165). Ob eine Leistung als Erfolg anerkannt wird, liegt damit nicht in der Hand des Individuums.

▶ **Wettkampf** Ein Wettkampf ist eine spezifische Form des Leistens. Er ist durch ein freiwilliges Sich-Messen und Vergleichen nach zuvor vereinbarten Regeln gekennzeichnet.

Entscheidend an dieser Definition ist, dass die Regeln an die jeweilige Situation angepasst werden können, sodass ein fairer Wettkampf – auch zwischen Personen mit unterschiedlichen Voraussetzungen – möglich ist. Davon zu unterscheiden ist die **Konkurrenz,** deren alleiniges Ziel im Überbieten der Konkurrenten liegt und die darum im Wesentlichen das Resultat fokussiert (Erdmann 2008, S. 165–168). Schlimmstenfalls werden dabei auch allgemeingültige Regeln gebrochen, indem unfair gespielt oder manipuliert wird, z. B. durch Foulspiel oder die Einnahme von Dopingmitteln. Vor diesem Hintergrund stellt sich die Frage, ob in Bezug auf westliche Gesellschaften noch von einer **Leistungsgesellschaft** ausgegangen werden kann, in der der Einzelne nach seinen Fähigkeiten und Anstrengungen beurteilt wird, oder ob inzwischen nicht eher von einer „Erfolgsgesellschaft" gesprochen werden muss, in der der Sieg das alleinige Kriterium für einen Erfolg ist (vgl. Johnen 2016).

6.3 Grundlagen

Der Leistungsbegriff ist von den gesellschaftlichen Rahmenbedingungen abhängig, unter denen er gebraucht wird. Um zu entscheiden, ob und in welchem Maß eine Leistung erbracht wurde, bedarf es spezifischer Kriterien oder Maßstäbe. Dabei kommen gesellschaftliche **Wertvorstellungen und Normen** ins Spiel, anhand derer ein Handlungsergebnis bewertet werden kann. „Solche ‚Gütemaßstäbe' bestehen in allen Gesellschaften, aber da jede Gesellschaft ihre eigenen Wertstrukturen besitzt, unterscheiden sich ihre Gütemaßstäbe – und damit auch das, was als wertvolle Leistung anerkannt wird" (Beckers 1993, S. 20). Historisch betrachtet sind die **Gütemaßstäbe** westlicher Industrie- und Leistungsgesellschaften im Zuge der Aufklärung sowie der nachfolgenden Industrialisierung entstanden. Bis dahin war das Leben der Menschen weitgehend durch den Stand bestimmt, in den sie hineingeboren wurden. Mit Beginn der Aufklärung erlangte das vernünftig denkende und handelnde Individuum zunehmend Einfluss auf das eigene Schicksal, indem es seine Position in der Gesellschaft durch eigene Leistung verbessern konnte. Prinzipien, wie die der **Objektivierung, Ökonomisierung und Maximierung,** bestimmten fortan das Handeln der Menschen (vgl. Eichberg 1979, S. 109–112).

Das rationale, auf Wachstum angelegte Denken führte einerseits zu einem rasanten technologischen und wirtschaftlichen Fortschritt und förderte die Entstehung von **Chancengleichheit und Demokratie** auf der Grundlage eines weitgehend geregelten Wettbewerbs zwischen Individuen und Institutionen. Andererseits begünstigte es aber auch die **Ausbeutung und Entfremdung von Menschen** sowie den übersteigerten Glauben an stetigen Fortschritt und unbegrenztes Wachstum (Beckers 1993, S. 23–24). Die Folgen dieser ambivalenten Entwicklung – Horkheimer und Adorno (2000) sprechen von der **Dialektik der Aufklärung** – sind bis heute in vielen Bereichen der Gesellschaft wirksam. Im Medizinsystem bspw. können immer schwierigere Krankheitsbilder erfolgreich behandelt werden, zugleich werden die Menschen immer abhängiger von Medikamenten und Apparaten. In der Wirtschaft expandieren zahlreiche Unternehmen weltweit, nicht selten führt eine übersteigerte Wachstumsidee aber auch zu einer konjunkturellen „Überhitzung" und damit letztlich zur Insolvenz von Unternehmen.

Der **Grundsatz der Messbarkeit** oder Objektivierung, der diesen Entwicklungen wesentlich zugrunde liegt, durchdringt alle Bereiche der Gesellschaft von Medizin und Wirtschaft über Medien und Wissenschaft bis hinein ins Bildungssystem. Dahinter steht der **Mythos der Leistungsgesellschaft,** der besagt, „dass ausgehend von gleichen Chancen eine soziale Differenzierung und damit die Herstellung sozialer Ordnung auf Grundlage individuell erbrachter Leistung stattfinde. Der eigene Platz in der Gesellschaft gilt entsprechend als verdient und die hergestellte soziale Ordnung wird als gesellschaftlich funktional angesehen" (Meier und Ruin 2018, S. 199). Selbst das Alltagsleben vieler Menschen wird von der Idee der **Quantifizierung von Leistung** bestimmt, wie bspw. aktuelle Trends des Self-Trackings zeigen (vgl. Rode 2019). Inwieweit ein solches Leistungsverständnis allerdings wirklich gerecht ist, kann diskutiert werden. Immerhin haben in einer von Vielfalt geprägten Gesellschaft nicht alle

6.3 Grundlagen

Menschen dieselben Ausgangsbedingungen. Zudem führt die **Zuspitzung des Fortschrittsgedankens** nicht selten dazu, dass der gesellschaftlich anerkannte Erfolg wichtiger als die zugrunde liegende Leistung wird (vgl. Erdmann 2000). Individuelle oder sachbezogene Maßstäbe treten in den Hintergrund; es dominiert der soziale Vergleich.

Diese Tendenzen gibt es auch im Sport, der als historisch gewachsener, zeitabhängiger **Bestandteil einer Kultur** durch die jeweils geltenden Werte und Normen einer Gesellschaft bestimmt wird. Insofern finden sich Objektivierung, Ökonomisierung und Maximierung als zentrale Prinzipien der Leistungsgesellschaft auch und gerade im Sport wieder: „Sowohl die Regeln als auch das Ziel dieses Sports stimmen mit den in unserer Gesellschaft gültigen Werten überein, Sport ist ein Abbild, damit auch ein **Spiegel der Gesellschaft**" (Beckers 1993, S. 13–14). Oder mit anderen Worten: „Das Leisten im Sport bildet das Leisten und die Gütemaßstäbe der Gesamtgesellschaft ab" (Eichberg 1986, S. 31). Dementsprechend wird das sportliche Bewegungshandeln „nach rationalen Gesichtspunkten organisiert und optimiert, die Leistungsbedingungen standardisiert (durch Sportregeln und -plätze), um allen Sportlern die gleichen Bedingungen zu verschaffen, und die erbrachten Leistungen werden durch Messung objektiviert, sodass sie mit anderen Leistungen, die zu anderer Zeit an einem anderen Ort erbracht wurden, verglichen und in Rekordlisten veröffentlicht werden können" (Beckers 1993, S. 23). Mit möglichst wenig Aufwand möglichst viel Ertrag zu erzielen, kann dementsprechend als **Grundprinzip leistungssportlichen Handelns** verstanden werden (vgl. Abb. 6.1).

Lange Zeit galt der Sport damit als ideale **Verkörperung des Leistungsprinzips** – junge Menschen konnten Prinzipien der Leistungsgesellschaft im Sport erfahren und bspw. den Umgang mit Sieg und Niederlage lernen. Gerade im Aufwachsen von Jungen spielt ein reflektierter Umgang mit dem Leistungsthema eine besondere Rolle (vgl. Neuber 2003). Mit zunehmender Bedeutung der Leistung nicht zuletzt im kommerziellen Sport stieg jedoch der Zwang zum Erfolg. Analog zur Entwicklung der Leistungsgesellschaft zu einer Erfolgsgesellschaft kann darum mittlerweile eher von **Erfolgssport** als von Leistungssport gesprochen werden (Erdmann 2008). Auch die Medien tun sich zunehmend schwer, die tatsächliche Leistung von Athletinnen und Athleten zu würdigen – wichtiger wird immer mehr ihre Platzierung. Insofern rückt auch hier der soziale Vergleich im Sinne einer Überbietung der anderen an die erste Stelle. Vor diesem Hintergrund ist der Sport für Kinder und Jugendliche ein **ambivalentes Erfahrungsfeld,** in dem über die Anerkennung sportlicher Leistungen einerseits Erfolg und Bestätigung erlebt werden können. Andererseits können über das Erleben von Misserfolg und Ausgrenzung massive Missachtungserfahrungen gemacht werden,

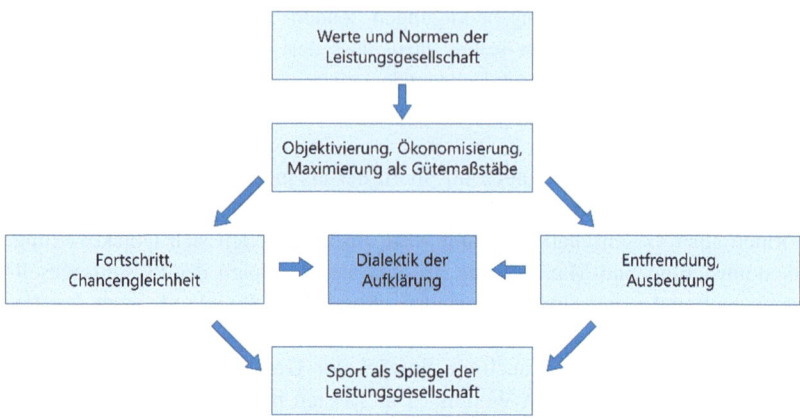

Abb. 6.1 Einfluss von Werten und Normen der Leistungsgesellschaft auf den Sport. (Eigene Darstellung)

die umso prägender sind, als sie unmittelbar „am eigenen Leib" gemacht werden (Gebken und Neuber 2009).

Der sensible **Umgang mit heterogenen Zielgruppen** in leistungsbezogenen Situationen ist deshalb im Sport besonders relevant. Da der Sportunterricht zu den voraussetzungsreichen Fächern gehört, kann davon ausgegangen werden, dass Schülerinnen und Schüler mit sehr unterschiedlichen Fähigkeiten und Fertigkeiten in den Unterricht kommen. Lehrkräfte stehen vor der Herausforderung, diese Vielfalt anzuerkennen und die Heranwachsenden *zugleich* möglichst gleich zu behandeln. Insofern ist das Spannungsverhältnis von **Gleichheit und Differenz** im Sport besonders brisant (Neuber 2020, S. 100–104). Meier und Ruin (2018) schlagen daher für den Schulsport ein weites Leistungsverständnis vor. Ein enges Leistungsverständnis, das sich stark am normierten Wettkampfsport orientiert, führe tendenziell zu Defizitorientierung und Stigmatisierung und sei daher eher unbrauchbar. Besser geeignet sei ein **weites Leistungsverständnis,** das sich tendenziell an kritisch-emanzipatorischen Strömungen der Sportdidaktik orientiere (siehe Kap. 2) und über sportmotorische Auslegungen hinaus weitere Formen der Leistungserbringung erlaube (Meier und Ruin 2018, S. 200–202). Die beiden Pole des Leistungsverständnis können in einem Koordinatensystem mit den Bezugsachsen „Sport", „Gesellschaft" und „Schule" verortet werden (vgl. Abb. 6.2).

Auch die Debatte um eine neue Lernkultur in der Schule greift den Umgang mit Leistung im Unterricht auf. Die Debatte ist in der Folge des PISA-Schocks

6.3 Grundlagen

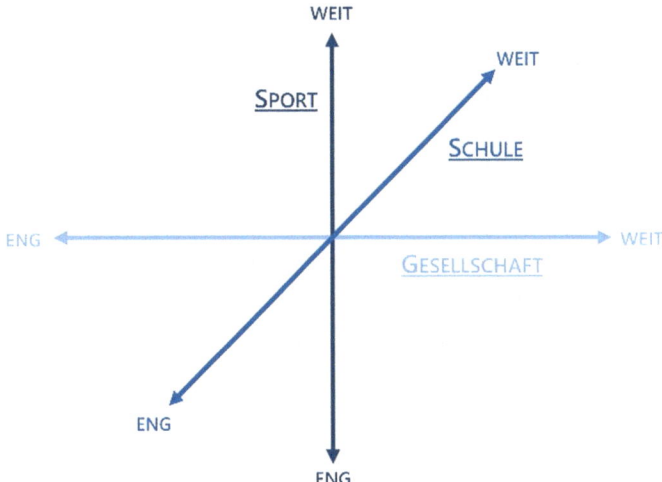

Abb. 6.2 Bezugsrahmen zur Differenzierung von Leistungsverständnissen im Sportunterricht. (Mod. nach Meier und Ruin 2018, S. 201)

zu Beginn der 2000er Jahre angestoßen worden und betrifft mittlerweile große Teile der Qualitätsdiskussion im Bildungssystem. Als **Merkmale einer neuen Lernkultur** werden u. a. eine höhere Selbstständigkeit und Eigenverantwortung der Lernenden, eine stärkere Orientierung am Lernprozess anstelle der Fixierung auf Lernergebnisse, eine Hinwendung zu komplexen, alltagsnahen Aufgaben, die stärker handlungs- als wissensbasiert sind, sowie eine stärkere Demokratisierung des Unterrichts und Partizipation der Lernenden gefordert (vgl. Winter 2016, S. 4–34). Damit einher geht die Diskussion neuer **Formen der Leistungsbeurteilung,** die stärker formativ und prozessbegleitend sind als die herkömmliche Ziffernnote. Die führe dazu, dass die Beurteilung, die eigentlich ein Mittel des Lernens sein soll, zum Ziel werde: „Man lernt vor allem, um gute Noten zu erhalten" (Winter 2017, S. 14). Als Alternativen zur Ziffernnote werden u. a. Lernkontrakte, Selbstbewertungen, Lerntagebücher, Lernpräsentationen oder strukturierte Lern- und Entwicklungsgespräche vorgeschlagen. Dahinter steht ein gewandeltes, **erweitertes Leistungsverständnis,** das den Prozess des Leistens in den Mittelpunkt rückt und die pädagogische Verantwortung der Lehrkräfte für den Umgang mit Schülerleistungen betont (Winter 2016, S. 148–164).

▶ **Literaturtipp** Winter, F. (2016). *Leistungsbewertung – Eine neue Lernkultur braucht einen anderen Umgang mit den Schülerleistungen* (7. Aufl.). Baltmannsweiler: Schneider.
Der Klassiker von Felix Winter, der mittlerweile in der siebten Auflage vorliegt, befasst sich ausgehend von einer Skizze der „Neuen Lernkultur" mit Möglichkeiten einer Reform der Leistungsbewertung in der Schule.

In der Fachdidaktik wurden Fragen der **Lernkultur im Sport** bereits deutlich vor dem PISA-Schock diskutiert. So entstand in Abgrenzung zu einem engen, sportartbezogenen Leistungsverständnis der Ansatz der Körpererfahrung im Sportunterricht, der stärker subjekt- und prozessorientiert mit Leistung umgeht (Funke-Wieneke 2009). Daraus entwickelten sich im Laufe der 1990er Jahre zahlreiche Varianten einer kritisch-emanzipatorischen Sportdidaktik, die im Rahmen des Erziehenden Sportunterrichts zu Beginn der 2000er Jahre in die neue Lehrplangeneration integriert wurden (siehe Kap. 2). Gerade weil das Leistungsthema im Sport omnipräsent ist, wird der Umgang mit Leistung häufig thematisiert. Das betrifft bspw. die **Leistungsbeurteilung im Sportunterricht** (Miethling 2007). Vor dem Hintergrund der Unzulänglichkeit quantitativer Beurteilungen wird auch in diesem Feld das Für und Wider von **Ziffernnoten** intensiv diskutiert (vgl. Tab. 6.1). Dabei spielt insbesondere die Frage der Gleichwertigkeit des Unterrichtsfaches Sport im Kanon der anderen Unterrichtsfächer eine zentrale Rolle. Zudem gibt es zahlreiche **Hinweise zum Umgang mit Leistungsbeurteilungen** im Sportunterricht, die schüler- und prozessorientiert sind. Dazu gehören bspw. die Förderung von Selbstbewertungen, der Einbezug von Schülern in den Bewertungsprozess, das Aushandeln von Gütemaßstäben für die Beurteilung oder das Relativieren von Benotungen (Miethling 2007, S. 160–163).

Tab. 6.1 Pro- und Kontra-Argumente zur Ziffernnote im Sport

Pro	Kontra
Erfolgskontrolle	Erziehung durch Belohnung und Bestrafung
Motivationshilfe	Disziplinierungsmittel
Begabtenförderung	Entmutigung
Rückmeldefunktion	Scheingenauigkeit
Gleichstellung des Sportunterrichts	Instrumentalisierung des Sportunterrichts

Eine anderer „Dauerbrenner" des Leistungsthemas ist der Umgang mit **Wettkämpfen im Sportunterricht.** Gerade Kinder lassen sich oft gerne für Wettkämpfe begeistern, weshalb davon ausgegangen wird, dass es sich beim Wetteifern um eine anthropologische Grundtatsache handelt, die dem Menschen zu eigen ist (Krüger 2019, S. 342–365). Als freiwilliges Sich-Messen nach vereinbarten Regeln liegt der zentrale **Reiz eines Wettkampfs** im ungewissen Ausgang einer Handlung. Als gelungen wird ein Wettkampf empfunden, „wenn die beteiligten Parteien vergleichbare Siegchancen haben" (Erdmann 2008, S. 166). Gerade das ist jedoch im Sportunterricht oft nicht der Fall, weil die Schülerinnen und Schüler mit ungleichen Ausgangsbedingungen an den Start gehen. Daraus ergeben sich einige **Probleme des Wettkämpfens** in der Schule, etwa das Wettkämpfen mit vorab feststehendem Ergebnis, das Wettkämpfen als bloße Beteiligungsstrategie oder das „Eskalierende Wettkämpfen", bei dem am Ende „der Stärkere" gewinnt. **„Gutes" Wettkämpfen** in der Schule ist dagegen ergebnisoffen, gleicht Differenzen in den Ausgangsbedingungen aus (Pro- und Handicap-Regeln), respektiert den Gegner als Partner, ohne den kein Wettkampf möglich wäre, und betont den Prozess des Wettkämpfens anstelle des Ergebnisses (vgl. Wolters 2008).

6.4 Fachdidaktische Konzepte

Die Leistungsidee ist im Sport geradezu allgegenwärtig. Jede sportliche Aktivität beruht auf motorischen Fähigkeiten und Fertigkeiten sowie der Bereitschaft, sich in der Bewegung anzustrengen. Manche Autoren sprechen der sportlichen Leistung daher sogar einen „Sinn an sich" zu: „Wir möchten etwas gut oder besser können und fragen nicht weiter nach dem Warum" (Kuhlmann und Kurz 2013, S. 64). Insofern verwundert es nicht, wenn das **Gegenstandsverständnis sportdidaktischer Konzepte** mit großer Reichweite immer auch mit einem spezifischen Leistungsverständnis verbunden ist, wobei Ansätze der pragmatisch-qualifikatorischen Strömung eher einem engen und Ansätze der kritisch-emanzipatorischen Strömung eher einem weiten Leistungsbegriff folgen (siehe Kap. 2). Tatsächlich nimmt die Leistung „im Ensemble der pädagogischen Perspektiven eine besondere Stellung ein, und es ist ein großes Missverständnis, dass es in einem mehrperspektivischen Sportunterricht nur dann ums Leisten gehe, wenn gerade diese Perspektive von der Lehrkraft akzentuiert wird" (Kuhlmann und Kurz 2013, S. 64). Gleichwohl kann und sollte das **Leistungsthema** auch bewusst inszeniert und reflektiert werden – gerade, weil es den Sport so selbstverständlich durchdringt. Dafür gibt es in der Sportdidaktik spezifische Konzepte, von denen im Folgenden exemplarisch vier Ansätze vorgestellt werden. Das Konzept **Leisten und Leistung im Bewegungsunterricht** geht auf Jürgen Funke-Wieneke (2003) zurück. Ausgehend von einem bewegungspädagogischen Grundverständnis wird Leisten darin als Bewegungshandeln verstanden, „das im Rahmen der individuellen und situativen Voraussetzungen die Grenzen der Handlungsmöglichkeiten erkundet und ggf. überschreitet" (Funke-Wieneke 2003, S. 6). Das bedeutet, dass nach diesem Verständnis nicht jedes Bemühen um eine Aufgabenbewältigung als Leisten aufgefasst wird. Vielmehr wird das Leisten als **Emanzipation und Vergesellschaftung** verstanden. Im ersten Fall erweitern Kinder und Jugendliche ihre Perspektive und gewinnen an Bewegungsfreiheit, wenn sie Grenzen überschreiten. Im zweiten Fall „begegnet der junge Mensch nicht nur sich selbst, sondern auch den anderen. Er wird des Anspruches der Gesellschaft gewahr, etwas aus sich zu machen, um seinen Beitrag zur Übernahme der gemeinsamen Pflichten und Lasten in individuell bestmöglicher Weise einzubringen" (Funke-Wienke 2003, S. 6). In methodischer Hinsicht müssen **leistungsrelevante Themen** gefunden werden, die die Heranwachsenden mit der Lösung eines Bewegungsproblems fordern. Das kann u. a. über **Differenzierte Erfahrungssituationen** erfolgen, die verschiedene Schwierigkeitsgrade beinhalten und die Schülerinnen und Schüler zum Erproben anregen.

Das zweite Konzept **Leisten und Leistung im Sportunterricht** ist motivationstheoretisch begründet (Hecker 2001; Erdmann 2000; 2008). Das Leisten wird hier als Handlungsprozess, die Leistung als Ergebnis dieses Prozesses verstanden, das anhand eines Kriteriums beurteilt wird. Als **Determinanten leistungsthematischer Situationen** gelten Fähigkeit und Anstrengung aufseiten des Individuums sowie Aufforderungsgehalt einer Aufgabe und Aufgabenschwierigkeit in Bezug auf die unterrichtliche Inszenierung. Menschen gehen erfolgszuversichtlich (Hoffnung auf Erfolg) oder misserfolgsängstlich (Furcht vor Misserfolg) an leistungsthematische Situationen heran (vgl. Erdmann 2008). In spielerischen und sportlichen Handlungssituationen kann das individuelle **Leistungsmotiv** von Kindern und Jugendlichen insbesondere durch drei Stellschrauben gefördert werden: Realistisches Anspruchsniveau, angemessene Kausalattribuierung sowie flexible Bezugsnormorientierung. Daraus lassen sich konkrete **methodische Prinzipien** ableiten, wie z. B. Selbsttätigkeit anregen, Selbstwirksamkeitserfahrungen ermöglichen, Gruppenvergleiche fördern, Wahlmöglichkeiten bieten, individuellen Leistungsfortschritt verdeutlichen, soziale Erfolgszuschreibungen hinterfragen oder Aufgabenstellungen individualisieren (Carduck und Klupsch-Sahlmann 1993; Erdmann 2000, 2008).

Förderung der Leistungsmotivation im Sport

Die Motivationspsychologie beschäftigt sich mit menschlichen Aktivitäten, „die das Verfolgen eines angestrebten Zieles erkennen lassen und unter diesem Gesichtspunkt eine Einheit bilden" (Heckhausen 1989, S. 1). Die motivationspsychologische Ausgangsfrage lautet dementsprechend: Wozu tut oder unterlässt jemand eine bestimmte Handlung? Die Annahme von Motiven soll helfen, diese Frage zu beantworten. Mit dem Begriff **Motiv** werden erlernte, „relativ stabile, auf allgemeine Zielvorstellungen (z. B. Gesellung, Macht, Leistung) ausgerichtete Verhaltensdispositionen umschrieben" (Erdmann 1987, S. 35). Das Leistungsmotiv ist das theoretisch am meisten bearbeitete Motiv (Heckhausen und Heckhausen 2018). Es kann als „erlernte Disposition verstanden werden, deren Anregung durch solche thematischen Bereiche erfolgt, in denen ein Gütemaßstab für persönlich verbindlich gehalten wird" (Erdmann 1987, S. 20). Die **Entwicklung des Leistungsmotivs** wird neben dem Verhalten von Bezugspersonen, wie z. B. Lob und Tadel, vor allem durch den Aufforderungsgehalt einer der Situation sowie wiederholte Erfolgs- bzw. Misserfolgserlebnisse beeinflusst. Langfristig kann daraus eine **Misserfolgsängstlichkeit** (Furcht vor Misserfolg) oder eine **Erfolgszuversichtlichkeit** (Hoffnung auf Erfolg) entstehen, die oft mit positiven Begleitemotionen und einem positiven Selbstkonzept verbunden ist (vgl. Erdmann 2008).

Die Theorie der Leistungsmotivation lässt sich sehr gut auf die Sportpraxis übertragen, weshalb sie auch als eine vergleichsweise „praktische Theorie" gilt. Als Grundlage dient ein einfaches **Modellschema des Motivationsprozesses** nach Heckhausen (1977, zit. nach Erdmann 1983) (vgl. Abb. 6.3). Vor dem Hintergrund des Aufforderungsgehalts einer Situation wird danach zunächst eine **Setzung des Anspruchsniveaus** vorgenommen, d. h. das Individuum trifft eine individuelle Schwierigkeitsauswahl. Im übertragenen Sinn könnte man sagen, es definiert die Höhe der Hochsprunglatte, über die es springen will. Je nach Ausrichtung des Leistungsmotivs neigen Menschen zur Unter- oder Überschätzung oder eben zu einem realistischen Anspruchsniveau. Nach dem Abschluss der Handlung – dem Sprung über die Latte – wird das Ergebnis festgestellt und eine Ursachenzuschreibung (**Kausalattribution**) vorgenommen. Eine Person „erklärt" damit das Handlungsergebnis. Ursachen können internal (in der Person begründet) oder external (durch äußere Umstände), stabil

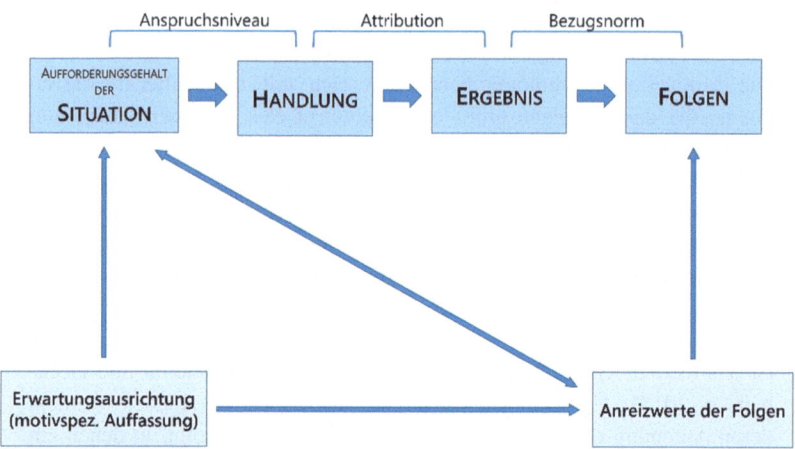

Abb. 6.3 Vereinfachtes Modellschema des Motivationsprozesses (mod. nach Heckhausen 1977, zit. nach Erdmann 1983, S. 18)

(dauerhaft) oder variabel (von Mal zu Mal unterschiedlich) bestimmt werden. Erfolgszuversichtliche Personen attribuieren Erfolg tendenziell internal stabil und Misserfolg eher variabel. Bei Misserfolgsängstlichen ist es eher umgekehrt.

Schließlich werden das Handlungsergebnis und seine Ursachenerklärung im Sinne einer Folgenabschätzung bewertet. Dazu können individuelle, soziale oder sachliche **Bezugsnormen als Gütemaßstab** herangezogen werden. Als pädagogischer Königsweg gilt die individuelle Bezugsnorm, d. h. die Bewertung der eigenen Leistungsverbesserung ohne direkten Vergleich mit anderen (Hecker 2001). In der Konsequenz folgt daraus das **Prinzip der Individuellen Förderung** im Unterricht (siehe Kap. 2). Nachdem der Motivationsprozess vollständig durchlaufen ist, kann sich die Motivausrichtung mit Blick auf folgende Handlungen neu justieren. Hier setzt die pädagogische Intervention an: Durch die Förderung realistischer Anspruchsniveaus, angemessener Kausalattribuierungen sowie flexibler Bezugsnormorientierungen kann sich die Leistungsmotivausrichtung mittelfristig in Richtung „Hoffnung auf Erfolg" entwickeln. Als hilfreich erweist sich dabei das **Prinzip der optimalen Passung von Aufgaben,** deren Anforderung so hoch ist, dass der Lernende sich anstrengen muss, dass die Aufgabe auch misslingen kann, dass der Lernende eine

6.4 Fachdidaktische Konzepte

erfolgreiche Aufgabenbewältigung aber auf sich selbst zurückführen kann (vgl. Erdmann 1987). Bewegungssituationen eigenen sich in besonderer Weise dafür, weil Kinder und Jugendliche die Ergebnisse ihrer Handlungen im Sinne von **Selbstwirksamkeitserfahrungen** am eigenen Leibe erfahren, sodass Erfolge und Misserfolge unmittelbar erlebt werden.

Ein weiteres fachdidaktisches Konzept befasst sich mit **Leistung im Erziehenden Sportunterricht** (Kuhlmann und Kurz 2013). Ausgangspunkt ist die Feststellung, dass der Sport ein Feld ist, in „dem unterschiedlichste Aufgaben mit körperlichen Mitteln zu lösen sind und diese Lösungen als Leistungen gedeutet werden können. So verstanden, ist Leistung der zentrale *Sinn* **des Sports**" (Kuhlmann und Kurz 2013, S. 63). Der Leistungsbegriff wird ebenfalls motivationstheoretisch begründet, im Gegensatz zum vorigen Konzept aber stärker an das Ergebnis einer leistungsthematischen Handlung gebunden. Die Umsetzung bezieht sich explizit auf den mehrperspektivischen **Erziehenden Sportunterricht** und zielt auf die Förderung der allgemeinen „Lern- und Leistungsbereitschaft der Schülerinnen und Schüler" (Kuhlmann und Kurz 2013, S. 70). Dazu setzt der Unterricht auf drei Ebenen an: Verbesserung motorischer Leistungen und Stärkung des Willens („doing what"), Verbesserung des Wissens über die Leistung („know how") sowie Reflexion der eigenen Leistung („know why"). Daraus lassen sich **methodische Merksätze** ableiten, wie z. B. „Leistungen im Sport sind verbesserbar – individuelle Fortschritte würdigen!" oder „Leistungen im Sport sind ambivalent – Verliererkarrieren vorbeugen!" (Kuhlmann und Kurz 2013). Dieser Umgang mit Leistung im Erziehenden Sportunterricht lässt sich auch auf andere Pädagogische Perspektiven übertragen (vgl. Landesinstitut für Schule NRW 2004).

Das vierte Konzept, die **Olympische Erziehung im Sport,** kann auf eine vergleichsweise lange Geschichte zurückblicken (Geßmann 2004; Naul 2007; Krüger 2018). Ausgehend von den Olympischen Spielen der Neuzeit und unter Rückgriff auf ihren Begründer Pierre de Coubertin wird die Olympische Idee explizit als **Erziehungsidee** verstanden (Grupe 2013). Sie greift die olympischen (Leistungs-) Sportarten auf und fußt auf den Elementen „Arbeit an sich selbst", „Geist des Übens" sowie „Soziales Training" (Krüger 2018, S. 6–8). Daraus lassen sich mit der Verbesserung motorischer Leistungen, dem Einhalten von Fairness sowie der gegenseitigen Achtung drei Grundprinzipien ableiten (Geßmann 2004), die zu konkreten **Lernzielen Olympischer Erziehung** führen (vgl. Abb. 6.4). Die Sportdidaktik diskutiert das Konzept der Olympischen Erziehung bis heute kontrovers. Während Kritiker die einseitige Orientierung am

Abb. 6.4 Lernziele für die Olympische Erziehung im Sportunterricht (mod. nach Geßmann 2004, S. 146)

olympischen Sport mit seiner starken Leistungsorientierung bemängeln, heben Befürworter die Bedeutung von Anstrengungsbereitschaft, Werteerziehung und Völkerverständigung hervor (vgl. Krüger 2018). Als fachdidaktisches Konzept bietet die Olympische Erziehung zweifellos Ansatzpunkte für eine **Leistungserziehung** im Sinne der Förderung sportlichen Handelns, sozialen Handelns, moralischen Verhaltens und olympischen Wissens. Methodische Fragen werden dabei allerdings nur am Rand thematisiert (vgl. Naul 2007).

Die vier vorgestellten fachdidaktische Konzepte haben zum Teil unterschiedliche Leistungsverständnisse und legen daher unterschiedliche Schwerpunkte. Als gemeinsamer Nenner kann die **pädagogische Verantwortung** für den Umgang mit Leisten und Leistung im Sportunterricht festgehalten werden. Erdmann (1997, S. 90) weist in diesem Zusammenhang auf „die Bedeutung von sensiblen am Einzelnen orientierten und selbstgesetzten Standards" hin. Damit geht die Betonung des Handlungsprozesses einher: „Der Unterricht darf nicht allein vom Erfolgsprinzip bestimmt werden" (Hecker 2001, S. 329). Auf dieser Grundlage lassen sich einige übergreifende methodische **Hinweise zum Umgang mit Leistung im Schulsport** zusammenfassen. Dazu gehören u. a. das Vereinbaren von Leistungszielen, das Anregen von Selbsttätigkeit und Selbstverantwortung, das Fördern von Gruppenvergleichen, das Einräumen von Wahlmöglichkeiten, das Betonen des individuellen Leistungsfortschritts, das Hinterfragen sozialer Erfolgszuschreibungen sowie das transparenten Umgehen mit Leistungsbewertungen (Landesinstitut für Schule NRW 2004; Erdmann 2008; Kuhlmann und Kurz 2013). Insgesamt kommt damit individualisierten Aufgabenstellungen eine besondere Bedeutung zu.

> **Literaturtipp** Erdmann, R. (1997). Leisten und pädagogische Verantwortung. In E. Balz & P. Neumann (Hrsg.), *Wie pädagogisch soll der Schulsport sein?* (S. 79–92). Schorndorf: Hofmann.
> Der Sportdidaktiker Ralf Erdmann setzt sich mit der pädagogischen Verantwortung von Sportlehrkräften auseinander, die im Sport sensibel mit den Anforderungen an ihre Schülerinnen und Schüler umgehen müssen, damit sie in ihrer Entwicklung gefördert werden.

6.5 Konzepte im Überblick

Das Leistungsthema durchdringt alle Bereiche des Sports. Insofern beruhen auch sportdidaktische Konzepte mit großer Reichweite auf einem mehr oder weniger immanenten Leistungsbegriff. *Spezifische* Konzepte zum Umgang mit Leisten, Leistung und Erfolg im Sportunterricht basieren explizit auf unterschiedlichen Leistungsverständnissen, die mit unterschiedlichen Zielen, Inhalten und Methoden korrespondieren (vgl. Tab. 6.2). Ein vergleichsweise offener Ansatz ist das Konzept **Leisten und Leistung im Bewegungsunterricht** (Funke-Wieneke 2003). Leistung wird hier als „Grenzüberschreitung" verstanden und zielt auf die Emanzipation und Vergesellschaftung der Schülerinnen und Schüler. Vor dem Hintergrund eines offenen Gegenstandsverständnisses sollen dabei leistungsrelevante Themen identifiziert und über „Differenzierte Erfahrungssituationen" mit unterschiedlichen Schwierigkeitsgraden inszeniert werden. Auch das Konzept **Leisten und Leistung im Sportunterricht** (Erdmann 2008) ist offen für unterschiedliche Bewegungsformen, bezieht den normierten Sport aber ausdrücklich mit ein. Grundlegend ist die Unterscheidung von Leisten als Prozess und Leistung als Ergebnis eines sportlichen Handlungsprozesses, wobei die Betonung auf dem Prozess liegt (Hecker 2001). Mit Bezug auf motivationstheoretische Überlegungen sollen Schülerinnen und Schüler dabei in ihrer Entwicklung individuell gefördert werden, indem sie eine erfolgszuversichtliche Haltung entwickeln.

Auch das Konzept **Leistung im Erziehenden Sportunterricht** (Kuhlmann und Kurz 2013) bezieht motivationspsychologische Grundlagen ein, betont aber stärker die individuelle Leistungsverbesserung im Hinblick auf das sportliche Können. Leistung wird dabei als „zentraler Sinn des Sports" verstanden, der alle Bereiche eines Erziehenden Sportunterrichts durchzieht. Neben der Verbesserung motorischer Leistungen zielt das Konzept auch auf eine Förderung der allgemeinen Lern- und Leistungsbereitschaft sowie das Wissen und die Reflexion darüber, wofür methodische Merksätze formuliert werden. Auch das Konzept der **Olympischen Erziehung im Sport** zielt explizit auf eine Verbesserung motorischer Leistungen. Daneben betont es eine olympische Werterziehung im Sinne der Einhaltung von Fairness und Achtung des Gegners (Geßmann 2004). Ausgangspunkt dafür sind die olympischen (Wettkampf-)Sportarten in einer vergleichsweise engen Ausprägung. Sie dienen als Erfahrungs- und Reflexionsfeld für eine Leistungserziehung, die motorische, soziale, moralische und kognitive Facetten umfasst (vgl. Naul 2007). Insgesamt ergibt sich damit ein Spektrum an Konzepten, das von eher offenen Gegenstands- und Leistungsverständnissen bis zu eher geschlossenen Zugängen reicht. Je nach pädagogischer Zielsetzung unterscheiden sich die Konzepte auch methodisch z. T. erheblich.

Reflexionsfragen

1. Worin unterscheiden sich die Begriffe Erfolg, Wettkampf und Konkurrenz?
2. Inwiefern ist Sport ein „Spiegel der Leistungsgesellschaft"?
3. Warum sagen manchen Autoren, dass man besser von einer „Erfolgsgesellschaft" anstatt von einer „Leistungsgesellschaft" sprechen sollte?
4. Unter welchen Voraussetzungen ist Wettkämpfen im Sportunterricht pädagogisch sinnvoll?
5. Inwiefern trägt das Leisten im Sport zu Emanzipation und Vergesellschaftung bei?
6. Was können motivationstheoretische Überlegungen zur Gestaltung leistungsthematischer Situationen im Sportunterricht beitragen?
7. Was meinen Sie: Ist Leistung der „zentrale Sinn des Sports"? Warum bzw. warum nicht?
8. Warum ist eine olympische Werteerziehung wünschenswert und bedenklich zugleich?
9. Inwiefern bietet sich der Sport besonders für eine Leistungserziehung an?
10. Warum sind Gruppenvergleiche im Sportunterricht oft hilfreicher als Einzelvergleiche?

6.5 Konzepte im Überblick

Tab. 6.2 Fachdidaktische Konzepte zu Leisten, Leistung und Erfolg im Überblick

	Leisten und Leistung im Bewegungsunterricht	Leisten und Leistung im Sportunterricht	Leistung im Erziehenden Sportunterricht	Olympische Erziehung im Sport
Vertreter	Jürgen Funke-Wieneke	Ralf Erdmann Gerhard Hecker	Dietrich Kurz Detlef Kuhlmann	Rolf Geßmann Roland Naul
Leitidee	Emanzipation und Vergesellschaftung im Bewegungshandeln	Individuelle Förderung in leistungsthematischen Situationen	Leistung als Sinn des Sports verbessern, verstehen, meistern	Leistung, Fairness, gegenseitige Achtung als olympische Werte
Sachbezug	Bewegung und Spiel	Spiel und Sport	Sport	Olympischer Sport
Vermittlungsbezug	• Leistungsrelevante Themen • Differenzierte Leistungsaufgaben	• Realistisches Anspruchsniveau • Angemessene Kausalattribuierung • Flexible Bezugsnormorientierung	• Leistungen verbessern: doing what • Wissen über Leistung verbessern: know how • Leistung reflektiven: know why	• Sportliches Können • Soziales Handeln • Moralisches Verhalten • Olympisches Wissen

Literatur

Beckers, E. (1993). Bewegungskultur – Kultur und Bewegung. In E. Beckers & H. G. Schulz (Hrsg.), *Sport – Bewegung – Kultur* (S. 10–38). Bielefeld: Huchler.

Carduck, I., & Klupsch-Sahlmann, R. (1993). Wer kann am schnellsten? *Sportpädagogik, 17*(3), 37–39.

Eichberg, H. (1979). *Der Weg des Sports in die industrielle Zivilisation* (2. Aufl.). Baden-Baden: Nomos.

Eichberg, H. (1986). Zur historisch-kulturellen Relativität des Leistens in Sport und Spiel. In H. Eichberg (Hrsg.), *Die Veränderung des Sports ist gesellschaftlich: Die historische Verhaltensforschung in der Diskussion* (S. 9–34). Münster: Lit.

Erdmann, R. (1983). Motivation und Einstellung im Sport – Theoretische Betrachtung zweier Konstrukte. In R. Erdmann (Hrsg.), *Motive und Einstellungen im Sport. Ein Erklärungsansatz für die Sportpraxis* (S. 13–34). Schorndorf: Hofmann.

Erdmann, R. (1987). *Relativierte Macht. Das Machtmotiv und seine sportpädagogische Bedeutung*. Sankt Augustin: Richarz.

Erdmann, R. (1997). Leisten und pädagogische Verantwortung. In E. Balz & P. Neumann (Hrsg.), *Wie pädagogisch soll der Schulsport sein? Auf der Suche nach fachdidaktischen Antworten* (S. 79–92). Schorndorf: Hofmann.

Erdmann, R. (2000). Das Leisten erfahren, verstehen und einschätzen. In E. Beckers, J. Hercher, & N. Neuber (Hrsg.), *Schulsport auf neuen Wegen – Herausforderungen für die Sportlehrerausbildung* (S. 186–199). Butzbach-Griedel: Afra.

Erdmann, R. (2008). Leistungen fördern, beurteilen und beraten. In H. Lange & S. Sinning (Hrsg.), *Handbuch Sportdidaktik* (S. 154–171). Balingen: Spitta.

Funke-Wieneke, J. (2003). „Alle Zöglinge sind gemessen, die Aufgaben sind damit in gehöriges Verhältniß gebracht" – Leisten und Leistung im Bewegungsunterricht. *Sportpädagogik, 27*(5), 4–9.

Funke-Wieneke, J. (2009). Körpererfahrung. In H. Haag & A. Hummel (Hrsg.), *Handbuch Sportpädagogik* (2., erweiterte Aufl., S. 314–322). Schorndorf: Hofmann.
Gebken, U., & Neuber, N. (Hrsg.). (2009). *Anerkennung als sportpädagogischer Begriff* (Jahrbuch Bewegungs- und Sportpädagogik in Theorie und Forschung, 8). Hohengehren: Schneider.
Geßmann, R. (2004). *Olympische Erziehung – Eine Herausforderung an Sportpädagogik und Schulsport*. Sankt Augustin: Academia.
Grupe, O. (2013). Die Olympische Idee ist eine „Erziehungsidee". In M. Krüger & A. Hofmann (Hrsg.), *Olympia als Bildungsidee – Beiträge zur olympischen Geschichte und Pädagogik* (S. 9–22). Wiesbaden: Springer VS.
Hecker, G. (2001). Leistungserziehung. In H. Haag & A. Hummel (Hrsg.), *Handbuch Sportpädagogik* (S. 323–334). Schorndorf: Hofmann.
Heckhausen, H. (1989). *Motivation und Handeln* (2., völlig überarbeitete und ergänzte Aufl.). Berlin: Springer.
Heckhausen, J., & Heckhausen, H. (2018). *Motivation und Handeln* (5., überarbeitete und erweiterte Aufl.). Berlin: Springer.
Horkheimer, M., & Adorno, T. W. (2000). *Dialektik der Aufklärung. Philosophische Fragmente* (12. Aufl.). Frankfurt: Fischer.
Johnen, S. (2016). Leistung und Erfolg in Sport und Ökonomie. In V. Schürmann, J. Mittag, G. Stibbe, J.-U. Nieland, & J. Haut (Hrsg.), *Bewegungskulturen im Wandel. Der Sport der Medialen Moderne. Gesellschaftstheoretische Verortungen* (S. 47–63). Bielefeld: Transcript.
Krüger, M. (2018). Sport und Olympische Erziehung. In A. Güllich & M. Krüger (Hrsg.), *Grundlagen von Sport und Sportwissenschaft*. Berlin: Springer. https://doi.org/10.1007/978-3-662-53385-7_26-1.
Krüger, M. (2019). *Einführung in die Sportpädagogik* (4. Aufl.). Schorndorf: Hofmann.
Kuhlmann, D., & Kurz, D. (2013). Leisten und Leistungen – Verbessern, verstehen, meistern. In P. Neumann & E. Balz (Hrsg.), *Sportdidaktik – Pragmatische Fachdidaktik für die Sekundarstufe I und II* (S. 63–73). Berlin: Cornelsen.
Landesinstitut für Schule NRW. (Hrsg.). (2004). *Leistung und Leistung im Sportunterricht der Sekundarstufe I*. Aachen: Meyer & Meyer.
Meier, S., & Ruin, S. (2018). Das Leistungsprinzip im Sportunterricht: Auf der Suche nach einer zeitgemäßen Auslegung. *Sportunterricht, 67*(5), 197–202.
Miethling, W.-D. (2007). Leisten, Bewerten, Zensieren. In R. Laging (Hrsg.), *Neues Taschenbuch des Sportunterrichts. Kompaktausgabe* (3., veränderte und korrigierte Aufl., S. 152–165). Hohengehren: Schneider.
MSW NRW (Ministerium für Schule und Weiterbildung des Landes Nordrhein-Westfalen). (2014). *Rahmenvorgaben für den Schulsport in Nordrhein-Westfalen* (1. Aufl.). Düsseldorf: MSW NRW.
Naul, R. (2007). *Olympische Erziehung* (Edition Schulsport, Bd. 7). Aachen: Meyer & Meyer.
Neuber, N. (2003). Früh übt sich, was ein Meister werden will!? – Zum Umgang mit Leistung und Erfolg in der bewegungsorientierten Jungenarbeit. *Motorik, 26*(3), 106–116.
Neuber, N. (2020). *Fachdidaktische Konzepte Sport – Zielgruppen und Voraussetzungen* (Basiswissen Lernen im Sport, 2). Wiesbaden: Springer VS. https://doi.org/10.1007/978-3-658-28464-0.

Rode, D. (2019). Selbst-Bildung im und durch Self-Tracking – Ein analytisch-integrativer Systematisierungsversuch zur Subjektkultur des ‚neuen Spiels' digitaler Selbstvermessung. In D. Rode & M. Stern (Hrsg.), *Self-Tracking, Selfies, Tinder und Co. Konstellationen von Körper, Medien und Selbst in der Gegenwart* (S. 151–182). Bielefeld: Transcript.

Winter, F. (2016). *Leistungsbewertung – Eine neue Lernkultur braucht einen anderen Umgang mit den Schülerleistungen* (7. Aufl.). Baltmannsweiler: Schneider.

Winter, F. (2017). Neue Formen der Leistungsbeurteilung. *Pädagogik, 69*(9), 14–18.

Wolters, P. (2008). Wettkämpfen. In E. Balz & P. Wolters (Hrsg.), *Schulsport: Didaktik und Methodik* (S. 62–68). Seelze: Friedrich-Verlag.

Soziales Lernen im Sport 7

Zusammenfassung

In diesem Kapitel wird ein Überblick über Grundbegriffe und Theorien des Sozialen Lernens im Sport gegeben. Ausgehend vom Aufwachsen in modernen Gesellschaften werden Grundlagen sozialer Interaktionen und Kompetenzen im Sportunterricht erläutert, bevor vier ausgewählte fachdidaktische Konzepte vorgestellt werden: Funktionale Sozialerziehung durch Schulsportkultur, Erziehung zum sozialen Handeln im Schulsport, Förderung sozialen Lernens im Sportunterricht sowie Kooperatives Lernen im Sportunterricht. Ein Exkurs zum Informellen Lernen im Sport ergänzt das Kapitel.

7.1 Einführung

Bewegungs-, Spiel- und Sportangebote sind durch vielfältige **soziale Interaktionen** gekennzeichnet. Ein Großteil der Sportangebote wird gemeinsam mit anderen Menschen ausgeführt, nicht zuletzt von Kindern und Jugendlichen in Schulen und Sportvereinen. Dementsprechend wird die „soziale Kraft des Sports" in vielen Richtlinien und Handreichungen zum schulischen und außerschulischen Sport hervorgehoben (Gebken 2010, S. 537). Tatsächlich lassen sich im Sport „als einem Spiegel der modernen ausdifferenzierten Gesellschaft [...] **Grundformen des sozialen Miteinander** in exemplarischer Verdichtung erfahren" (MSW NRW 2014, S. 12). Ob das allerdings automatisch zu einem prosozialen Verhalten der beteiligten Sportlerinnen und Sportler führt, kann durchaus bezweifelt werden. Nicht zuletzt bietet der omnipräsente Profisport zahlreiche Beispiele für unfaires und **unsoziales Verhalten,** etwa durch vorsätzliches Foulspiel oder die Einnahme von Dopingmitteln (Frenger und Pitsch 2018). Andererseits bietet der Sport zahlreiche Chancen für die Entwicklung sozialer Fähigkeiten. Das macht ihn nicht nur für **Soziale Initiativen,** sondern auch für das Soziale Lernen interessant (Rittner und Breuer 2006).

Vor diesem Hintergrund legt auch der Schulsport einen Schwerpunkt auf das **Soziale Lernen.** Unter der Pädagogischen Perspektive „Kooperieren, Wettkämpfen und sich verständigen" werden soziale Basisprozesse aufgerufen, die im Rahmen des Sportunterrichts thematisiert werden sollen (Kleindienst-Cachay 2000). Dadurch bietet der Schulsport „konkrete Möglichkeiten, soziale Handlungsfähigkeit in Verbindung von praktischer Erfahrung und gemeinsamer Reflexion weiterzuentwickeln" (MSW NRW 2014, S. 12). In diesem Zusammenhang wird nicht nur die **Verantwortung der Sportlehrkräfte** für das soziale Klima in der Klasse betont, sondern auch die Selbstverantwortung der Heranwachsenden: „Durch eine angemessene Unterrichtsgestaltung sollen die Schülerinnen und Schüler befähigt werden, ihr soziales Miteinander in typischen Situationen des Sports zunehmend selbstständig und verantwortungsvoll zu regeln" (MSW NRW 2014, S. 12). Dass ein solcher Sportunterricht für die Lehrkräfte pädagogisch anspruchsvoll ist, liegt auf der Hand. Umso wichtiger ist es, sich die eigene Rolle und das eigene **Verständnis von Sozialem Lernen** im Sport bewusst zu machen.

7.2 Grundbegriffe

Das Thema des sozialen Verhaltens ist mit diversen Grundbegriffen verbunden, die z. T. unterschiedliche theoretische Wurzeln haben und nicht immer trennscharf voneinander abzugrenzen sind.

▶ **Sozialisation** Der Begriff der Sozialisation steht für die Vergesellschaftung des Menschen und bezeichnet „den Prozess des Hineinwachsens des Kindes in die es umgebende Gesellschaft mit dem Ziel einer verantwortungsvollen Teilnahme am kulturellen, politischen und wirtschaftlichen Leben der Erwachsenen" (Haug 2019, S. 555).

De facto kann der Sozialisationsvorgang damit als Lernprozess verstanden werden. In der Soziologie wurde lange diskutiert, inwieweit dieser Prozess passiv oder aktiv verläuft, d. h. inwieweit ein junger Mensch sozialisiert *wird* oder diesen Prozess selbst aktiv mitgestaltet. Mittlerweile hat sich die Vorstellung eines „aktiv realitätsverarbeitenden Subjekts" weitgehend durchgesetzt (vgl. Hurrelmann und Bauer 2019). Eng damit verbunden ist der Begriff der **Sozialen Interaktion.** Er beschreibt Vorgänge der gegenseitigen Beeinflussung von einzelnen Personen oder Gruppen sowie die dadurch bedingten Verhaltensänderungen (Petillon 2017, S. 36–40). Eine spezifische Form ist die **Lehrer-Schüler-Interaktion,** die sich auf das Lernen in der Schule bezieht und für die verschiedene Interaktions- und Führungsstile diskutiert werden (vgl. Trenz 2019).

In Bezug auf die Vermittlung sozialer Verhaltensweisen in der Schule wird von **Sozialerziehung** gesprochen. Sie zielt darauf ab, „den heranwachsenden Menschen zu befähigen, sich in seiner sozialen Umwelt kompetent und sozialverträglich verhalten zu können" (Limbourg und Steins 2011, S. 12) oder allgemeiner gesprochen: auf „die Erziehung des Menschen zur Gemeinschaft durch die Gemeinschaft" (Keller und Hafner 2003, S. 9). Im Gegensatz zum Sozialisationsbegriff wird hier also eine explizit normative Position eingenommen. Auch der Begriff des Sozialen Lernens wird zumeist normativ verwendet.

▶ **Soziales Lernen** wird verstanden „als absichtsvolles und funktionales Lernen von Sozialem und als Erwerb sozialer Kompetenzen […]. Soziales Lernen versteht sich als ein (lebenslanges) Einüben von nicht aggressivem, kooperativen Sozialverhalten in sozialen Interaktionen" (Gebken 2010, S. 538).

Im Gegensatz zur Sozialerziehung kann Soziales Lernen auch funktional, d. h. nicht beabsichtigt stattfinden. Das öffnet den Begriff für außerschulische Lernorte, in denen nicht nur formell, sondern auch non-formal und informell gelernt wird (Neuber und Golenia 2019). Alle Lernmodalitäten können zum Erwerb von **Sozialkompetenz** führen. Allgemein kann darunter die Fähigkeit verstanden werden, sich wirkungsvoll mit seiner sozialen Umwelt auseinandersetzen zu können (Petillon 2017, S. 29).

7.3 Grundlagen

Das Aufwachsen von Kindern und Jugendlichen hat sich ein den vergangenen zehn, zwanzig Jahren massiv verändert. **Soziale Modernisierungsprozesse,** aber auch Krisen haben dazu geführt, dass es ungewisser und widersprüchlicher, zugleich aber auch vielfältiger und chancenreicher geworden ist. Allerdings profitieren nicht alle Heranwachsenden gleichermaßen von diesen Handlungsmöglichkeiten. Fast jeder dritte junge Mensch in Deutschland verfügt nicht über ausreichende Ressourcen, um sein Leben unbeschwert führen zu können – die soziale Schere zwischen Gewinnern und Verlierern des Aufwachsens geht auseinander (Neuber 2020, S. 97–98). Dabei kann allerdings nicht pauschal davon ausgegangen werden, dass ausschließlich **sozial benachteiligte Kinder und Jugendliche** Probleme haben. Auch Heranwachsende, denen es materiell an nichts mangelt, die aber emotional vernachlässigt werden, wachsen unter schwierigen Bedingungen auf. Man spricht hier von „innerer Armut" oder **Wohlstandsverwahrlosung** (vgl. Müller 2008). So oder so mangelt es diesen jungen Menschen an klaren Strukturen und Regeln, was dazu führt, dass sie Probleme haben, mit sich selbst und anderen zurechtzukommen. Zunehmende **Individualisierungsansprüche** von Eltern und Kindern verstärken diese Tendenz noch (Petillon 2017, S. 21–22).

Vor diesem Hintergrund überrascht es nicht, wenn dem **Sozialen Lernen** heute besondere Bedeutung beigemessen wird. In den 1970er und 80er Jahren war das noch anders: „Man ging davon aus, dass es sich quasi automatisch und nebenher entwickelt. […] Das gegenseitige Aushandeln von (Spiel-) Interessen, aber auch das Lösen von Konflikten wurde als eine Entwicklungsaufgabe gesehen, die die Kinder im **täglichen Miteinander** weitgehend allein lösen sollten" (Fölling-Albers 2015). Heute wird diese Aufgabe zunehmend den Bildungsinstitutionen, wie Kindertagesstätten und Schulen, zugeschrieben. Nicht selten sollen sie vorhandene „**Defizite kompensieren** und (pro-)soziale Verhaltensformen bzw. soziale Werthaltungen vermitteln" (Gebken 2010, S. 537). Unklar ist allerdings, was genau unter Sozialem Lernen verstanden werden soll. Tatsächlich handelt es sich dabei um einen unscharfen Begriff, der verschiedene Aspekte umfasst. So kann Soziales Lernen als sozialisatorischer Basisprozess, als Rahmen für allgemeine Lernprozesse, als erwünschtes (pro-)soziales Verhalten oder als Moralisches Lernen verstanden werden (Lindner-Müller 2009).

Im Vergleich zur Sozialisation ist das **Soziale Lernen** stärker auf spezifische Situationen, etwa auf dem Spielplatz oder in der Schule, bezogen. In einem wertfreien Verständnis ist es nicht normativ ausgerichtet. „Sozial" bezieht sich dann auf den Umgang mit anderen Menschen und kann sowohl pro- als auch antisoziale Verhaltensweisen beinhalten (Prohl 1999, S. 274). Ein Beispiel dafür sind soziale Lernprozesse im Sportspiel, die sowohl zu Rücksichtnahme und Hilfsbereitschaft als auch zu Rücksichtslosigkeit und Aggression führen können. In einer **pädagogischen Ausrichtung** ist das Soziale Lernen dagegen auf prosoziale Zielsetzungen bezogen (Petillon 2017, S. 62–65). Dazu gehören u. a. der Umgang mit Regeln, die Fähigkeit zur Kontaktaufnahme und Beziehungsgestaltung, die Fähigkeit und Bereitschaft zu konstruktiven Konfliktlösungen, die soziale Sensibilität oder die Fähigkeit, Andersartigkeit, Eigentümlichkeit und Hilfsbedürftigkeit zu respektieren. Der Katalog an **Zieldimensionen** ist allerdings

7.3 Grundlagen

als „ganzheitliches Konzept" zu verstehen, bei dem es zu wechselseitigen Verknüpfungen und Überlappung einzelner Ziele kommt (Petillon 2017, S. 64).

▶ **Literaturtipp** Petillon, H. (2017). *Soziales Lernen in der Grundschule – das Praxisbuch.* Weinheim; Basel: Beltz.
Der Pädagoge Hanns Petillon trägt in diesem Band theoretische Grundlagen und praktische Beispiele, etwa zu *Regeln und Ritualen*, *Fair streiten und Kompromisse finden* oder *Mit Gefühlen achtsam umgehen*, anschaulich zusammen.

Das Soziale Lernen führt im Idealfall bei den beteiligten Kindern und Jugendlichen zum Erwerb **Sozialer Kompetenz**. Auch dieser Begriff ist nicht trennscharf und kann als Sammelbegriff für unterschiedliche Wissensbestände, Fähigkeiten und Fertigkeiten im sozialen Feld verstanden werden (Kanning 2002, S. 155). In einer ersten Annäherung können soziale Kompetenzen **selbst- und fremdbezogen** ausgelegt werden. Im ersten Fall stehen dann eigene Bedürfnisse und Ziele und damit das eigene emotionale Wohlbefinden im Vordergrund. Im zweiten Fall beziehen sich die sozialen Kompetenzen auf Bedürfnisse und Ziele anderer, d. h. auf die Beziehung zu Gleichaltrigen (Perren et al. 2016).

▶ **Soziale Kompetenz** lässt sich vor diesem Hintergrund als komplexes Bündel von Kenntnissen, Einstellungen und Fähigkeiten verstehen, die der Einzelne braucht, um soziale Situationen gestalten zu können, sodass eigene und fremde Bedürfnisse und Interessen angemessen berücksichtigt werden.

Aus dem Kanon der dafür notwendigen sozialen Fähigkeiten lassen sich mindestens fünf zentrale **Dimensionen sozialer Kompetenz** ableiten (vgl. Abb. 7.1): Die Fähigkeit zur Kontaktaufnahme und -gestaltung, verbale und nonverbale Kommunikationsfähigkeiten, die Fähigkeit zur Perspektivübernahme (Einfühlungsvermögen), die Kooperationsfähigkeit sowie die Konfliktfähigkeit. Diese Kompetenzen beeinflussen insbesondere die Stellung des Einzelnen in der Gruppe und damit auch den **sozialen Erfolg**, d. h. die Akzeptanz und den Einfluss des Individuums in einer Gruppe (Petillon 2017, S. 29–30).

Für das Gelingen sozialer Lernprozesse ist die Interaktion in der Gruppe, z. B. einer Schulklasse oder Vereinsmannschaft, von entscheidender Bedeutung. Das Soziale Lernen eines Kindes oder Jugendlichen (Individuelle Ebene) steht in direktem Zusammenhang mit seinen Interaktionen mit den anderen Mitgliedern der Gruppe (Interaktionsebene) und die wiederum mit den normativen, strukturellen und

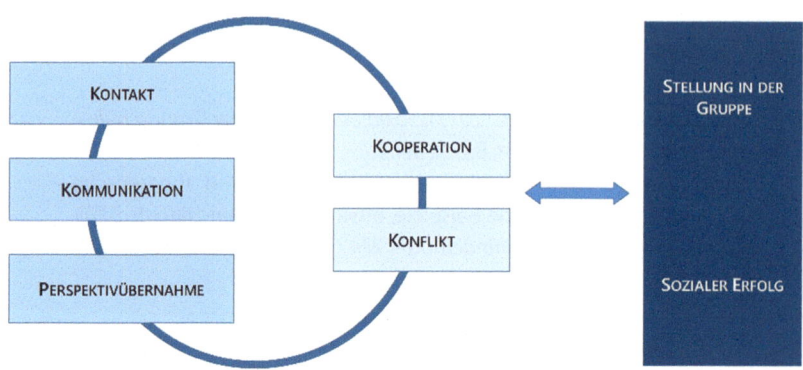

Abb. 7.1 Dimensionen sozialer Kompetenz (Mod. **Interaktion in der Gruppe,** nach Petillon 2017, S. 29)

klimatischen Aspekten in einer Gruppe (Gruppenebene) (Petillon 2017, S. 24–26). Dabei ist zu berücksichtigen, dass es neben dem formellen, institutionellen Erfahrungsfeld z. B. in einer Schulklasse immer auch ein informelles, eigenes Erfahrungsfeld der Heranwachsenden gibt, das sich dem direkten Einfluss der Lehrkraft entzieht (vgl. Abb. 7.2). Auf der **Ebene der informellen Gruppenprozesse** entstehen Anführer und Außenseiter, Cliquen- und Gruppenidentität, Freundschaften und Feindschaften. Auch Missachtung, Ausgrenzung und Mobbing sind eng mit den Gruppenstrukturen und dem **Sozialen Klima** in einer Gruppe verbunden (vgl. Grimminger 2015). Insofern tun Lehrkräfte gut daran, sich der Zusammensetzung ihrer Gruppen wie auch der Entwicklungsbedingungen von Gruppen und ihres Einflusses auf das Wohlbefinden und das Lernen der Gruppenmitglieder bewusst zu sein (vgl. Volk, Wegner und Scheid 2014).

Dem Sport im Allgemeinen und dem Sportunterricht im Besonderen werden spezifische **Chancen für die Förderung Sozialen Lernens** zugeschrieben. Auch wenn der „Erfolgssport" im Sinne einer bedingungslosen Konkurrenz um Spitzenplätze zu Auswüchsen, wie Foulspiel und Betrug führen kann (siehe Kap. 6), wird dem Sport insbesondere im Kindes- und Jugendalter „das Potenzial zugesprochen, als Feld sozialen Handelns zur Vermittlung gesellschaftlicher Normen und Werte sowie sozialer Kompetenzen beitragen zu können" (Süßenbach und Hoffmann 2011, S. 281). Zu den spezifischen **Voraussetzungen des Sports** gehört neben authentischen Erlebnissen und unmittelbaren Rückmeldungen eine hohe Interaktionsdichte: „Insbesondere beim Lösen motorischer Aufgaben und beim gemeinsamen Sich-Bewegen kommt es vielfach zu

7.3 Grundlagen

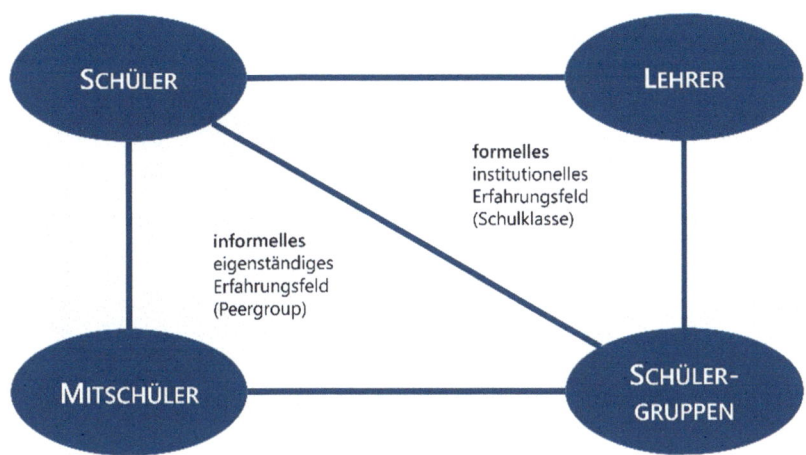

Abb. 7.2 Formelles und informelles Erfahrungsfeld für die soziale Interaktion in Gruppen. (Mod. nach Petillon 2017, S. 25)

spezifischen sozialen Interaktionen; so kann es zu körperlicher Nähe zwischen der Lehrkraft und den Lernenden kommen, außerdem sind zahlreiche Unterrichtsinhalte erst über kooperatives Handeln erschließ- und erlernbar" (Heemsoth 2019, S. 532). Auch das häufige **Arbeiten in Kleingruppen** sowie Problemlösungsaufgaben im Team bieten günstige Ausgangsbedingungen für soziale Lernprozesse. Das Bilden von Mannschaften, das Teilen von Geräten oder die gegenseitige Hilfestellung sorgen dafür, dass Heranwachsende im Sport „wahrscheinlich mehr als in jedem anderen Sozialbereich sowohl verbal als auch motorisch, d. h. leiblich, miteinander interagieren" (Süßenbach und Hoffmann 2011, S. 282). Insgesamt bietet das günstige Ausgangsbedingungen für soziale Lernprozesse im Sport (vgl. Abb. 7.3).

Entsprechend werden Fragen des Sozialen Lernens in der Sportpädagogik und -didaktik seit mehr als fünf Jahrzehnten intensiv diskutiert (vgl. Bähr 2013). Anfangs wurden bspw. Fragen des **Regellernens im Sport** behandelt, das insbesondere für das Funktionieren von Sportspielen entscheidend ist (Meinberg 1996, S. 167–170). Auch die Frage, inwieweit Soziales Lernen intentional angeleitet werden muss, wurde früh thematisiert. Im Sinne einer **Funktionalen Sozialerziehung** wurde dabei angenommen, dass (pro-)soziale Lernprozesse auch durch eine bewegungsorientierte Lern- und Schulkultur angeregt werden können, ohne dass dafür eine unterrichtliche Inszenierung nötig ist (Prohl 1999,

Abb. 7.3 Ausgangsbedingungen für soziale Lernprozesse im Sport. (Eigene Darstellung)

S. 279–281). Dieser Diskurs wird bis heute geführt (Neuber 2018). Allerdings spricht man jetzt anstelle des funktionalen Lernens eher von informellem Lernen. Eine weitere Argumentationslinie des Sozialen Lernens ist phänomenologisch begründet. Dabei wird davon ausgegangen, dass Schülerinnen und Schüler im Sportunterricht lernen, „mehr oder weniger anspruchsvolle, thematisch vielfältige **Bewegungsbeziehungen** zu realisieren und sich dabei nicht zu allererst verbal, sondern in Aktion zu verständigen" (Funke-Wieneke 1997, S. 35). Anders als im Klassenraum werden soziale Interaktionen im Sport also immer unmittelbar, „leibhaftig" erlebt.

▶ **Literaturtipp** Bähr, I. (2008). Soziales Handeln und soziales Lernen im Sportunterricht. In H. Lange & S. Sinning (Hrsg.), *Handbuch Sportdidaktik* (S. 172–193). Balingen: Spitta.
Die Sportdidaktikerin Ingrid Bähr ist Expertin für soziales und kooperatives Lernen im Sportunterricht. In diesem Beitrag fasst sie die bisherigen Ansätze und empirischen Befunde zusammen und gibt umfassende didaktisch-methodische Hinweise zum Sozialen Lernen im Sport.

Informelles Lernen im Sport

Die Debatte um informelles Lernen ist eng mit der Bildungsdiskussion in der zweiten Hälfte der 2000er Jahre im Rahmen des 12. Kinder- und Jugendberichts der Bundesregierung verbunden. Darin wird davon ausgegangen, dass Bildung heutzutage „nur angemessen erfasst werden [kann], wenn die **Vielfalt der Bildungsorte und Lernwelten,** deren Zusammenspiel, deren wechselseitige Interferenz und Interdependenz, aber auch deren wechselseitige Abschottungen wahrgenommen werden" (BMFSFJ, 2005, S. 104). Grundlage dafür ist ein differenziertes Verständnis von Lernen, das je nach Lernort, Lerninhalt und Inszenierung des Lernens verschiedene **Arten des Lernens („Lernmodalitäten")** unterscheidet (Neuber und Golenia 2019):

- Schulisches Lernen folgt danach vorrangig einem **formellen Lernbegriff,** der in der Regel auf zielgerichteten, strukturierten und verpflichtenden Erziehungs- und Unterrichtsprozessen beruht, die zertifiziert werden (z. B. durch die Sportnote).
- Angebote der Kinder- und Jugendhilfe basieren auf einem **nonformalen Lernbegriff,** der durchaus zielgerichtet und geplant, allerdings prinzipiell freiwillig und nicht zertifiziert abläuft; das betrifft z. B. auch die Ganztagsangebote außerschulischer Partner.
- Demgegenüber steht ein **informeller Lernbegriff,** der mehr oder weniger ungeplant, unorganisiert und freiwillig in der Freizeit, aber z. B. auch auf dem Schulhof geschieht, dennoch aber wichtige Impulse für die Entwicklung Heranwachsender gibt.

Informelles Lernen kann damit als **Lernen in der Lebenspraxis** verstanden werden. Allerdings ist es schwerer greifbar als andere Lernmodalitäten, da es selten geplant, „vielfältig und bunt, häufig aber auch unstrukturiert, unsystematisch, zufällig und unübersichtlich" abläuft (Düx 2006, S. 237). Gleichwohl wird dem informellen Lernen ein hohes Potenzial zugeschrieben, eben jene Kompetenzen zu vermitteln, die Heranwachsende benötigen, um sich in **modernen Gesellschaften** zurechtzufinden, mit Gleichaltrigen klarzukommen und sich eine eigene Identität aufzubauen. Folgt man der Faure-Kommission der UNESCO, umfasst informelles Lernen ca. 70 % aller menschlichen Lernprozesse (Overwien 2010). Voraussetzung für das Gelingen informeller Lernprozesse ist der Bezug zur aktuellen, als sinnvoll erlebten Handlungssituation. Das macht diese Lernform für den Sport und nicht zuletzt für das **Soziale Lernen im Sport** besonders interessant, weil hier die Erfahrungs- und Handlungsorientierung zentral ist. Tatsächlich gibt es eine ganze Reihe an Forschungsansätzen zum informellen Lernen im Sport (Neuber 2018). Empirisch recht gut belegt ist bspw. die **Förderung sozialer Kompetenz** durch informelles Lernen von Jugendlichen im Sportverein in den Bereichen Interaktions-, Kooperations-, Anpassungs- und Durchsetzungsfähigkeit (Neuber et al. 2010, S. 55–66).

Ein Konzept mit großer Reichweite in der Sportdidaktik ist auch die **interaktionistische Rollentheorie** von Krappmann (1975). Die Grundidee dieses Ansatzes besteht darin, dass ein Gleichgewicht zwischen den eigenen Bedürfnissen und Interessen und denen der anderen hergestellt werden muss, wenn Interaktionsprozesse gelingen sollen. Es gilt also, selbst- und fremdbezogene Erwartungen auszubalancieren (Süßenbach und Hoffmann 2011, S. 287–289). Dazu sollen Schülerinnen und Schüler vier **soziale Grundqualifikationen** erwerben:

- **Rollen-/Perspektivübernahme** bedeutet, sich in andere hineinversetzen zu können, die Situation aus der Perspektive der anderen sehen und ihre Erwartungen erkennen können. Ähnlich ist der Begriff des Einfühlungsvermögens ausgerichtet.
- **Rollendistanz** heißt, sich mit den Erwartungen anderer kritisch auseinandersetzen zu können. Schülerinnen und Schüler sollen in der Lage sein, über ihre Erwartungen zu sprechen und zu eigenen und fremden Erwartungen eine Distanz aufbauen zu können.
- **Ambiguitätstoleranz** ist die Fähigkeit, eigene Bedürfnisse und Interessen im Sinne einer gelingenden Interaktion (teilweise) zurückstellen zu können. Dieser „Bedürfnisbefriedigungsaufschub" kann durch verstärkte Partizipation der Lernenden gefördert werden.
- **Identitätsdarstellung** meint die Fähigkeit, eigene Bedürfnisse und Interessen gegenüber dem Interaktionspartner deutlich machen und im Zweifel auch durchsetzen zu können. Dafür ist ein vertrauensvolles Unterrichtsklima nötig.

Die interaktionistische Rollentheorie ist gleich für mehrere Ansätze zum Sozialen Lernen im Sportunterricht die Grundlage (u. a. Ungerer-Röhrich 1984;

7.3 Grundlagen

Ungerer-Röhrich et al. 1990; Cachay und Kleindienst-Cachay 1994). Auch für die **Empathieförderung durch Spiel und Sport** konnte der Ansatz fruchtbar gemacht werden (Kleindienst-Cachay 1996). Ausgangspunkt ist dabei die Perspektivübernahme als Basisprozess sozialen Handelns, die im Sinne entwicklungstheoretischer Überlegungen erlernt werden muss. Dazu bietet der Sportunterricht mit Merkmalen, wie Freiwilligkeit, Mitbestimmung und Gerechtigkeit, gute Voraussetzungen. Didaktische Ansatzpunkte sind bspw. das „Aushandeln von Was und Wie", der Umgang mit Regeln in Wettbewerbssituationen, die Kooperation in Spielsituationen oder die Präsentation in „exponierten" Rollen (Kleindienst-Cachay 1996, S. 27). Ein anderer Zugang zum Sozialen Lernen ist die **Gestaltung der Beziehungsebene im Sport** (Treutlein 1998). „Kontakt" wird darin mit dem Philosophen Martin Buber als Grundwort der Erziehung verstanden. Der Kontakt zwischen Lehrenden und Lernenden, aber auch zwischen den Lernenden untereinander müsse im Sinne einer systematischen Beziehungsgestaltung gefördert werden, wenn der Sportunterricht gelingen soll. Dazu setzt Treutlein (1998) bei der Reflexion der Alltagspraxis sowie beim Erkennen von Differenzen zwischen Soll- und Ist-Werten an. Auch das Konzept der Themenzentrierten Interaktion basiert auf der **Förderung von Kontakt** (siehe Kap. 2).

Neuere empirische Arbeiten greifen ebenfalls die sozialen Beziehungen innerhalb des Sports auf. So untersucht Heemsoth (2019) die **Sozialbeziehungen im Sportunterricht** unter Berücksichtigung fachspezifischer Besonderheiten. Dabei erfasst er mit Verständigung, Gleichbehandlung, Passung von Leistungsansprüchen, Schüler-Schüler-Konflikten, Teamgeist und Selbstdarstellungsfreude ausgewählte Facetten der sozialen Interaktion im Sportunterricht und leitet daraus bspw. einen bewussteren Umgang mit Regeln oder eine Förderung der Verständigung ab. Schüller und Demetriou (2019) entwickeln ein Konzept zur **Förderung sozialer Kompetenzen im Schulsport,** das auf der Basis theoretischer Vorüberlegungen auf eine systematische Unterrichtsplanung abzielt. Dabei greifen sie auf Konzepte des Classroom-Managements, des Modelllernens sowie des Sozialen Lernens zurück und leiten förderliche Handlungsstrategien, wie den Umgang mit Regeln, das Loben positiven Verhaltens oder die Demokratisierung des Unterrichts, ab. Auch der Ansatz der **Demokratischen Partizipation im Sportunterricht** zielt mit den Facetten „Mitbestimmung und Mitentscheidung", „Mitsprache und Aushandlung" sowie „Mitgestaltung und Engagement" auf eine stärkere Beteiligung von Schülerinnen und Schülern (Menze et al. 2019).

Vor dem Hintergrund der langjährigen Beschäftigung mit dem Thema des Sozialen Lernens im Sportunterricht gibt es eine große Zahl an didaktischen Hinweisen. Daraus können einige **Prämissen Sozialen Lernens im Sportunterricht** abgeleitet werden (vgl. Balz 2007). Soziales Lernen im Sport ist danach *erstens* allgegenwärtig, d. h. es gibt keinen Sportunterricht ohne soziale Lernprozesse. Ob diese Lernprozesse zu prosozialen Kompetenzen führen, ist unklar, aber der Umgang mit **Regeln, Rollen und Konflikten** in Bewegungssituationen ist nicht ohne soziale Interaktionen denkbar. *Zweitens* gehören **motorisches und soziales Lernen** im Sportunterricht zusammen. Im Sinne eines Erziehenden Sportunterrichts (siehe Kap. 1) gibt es kein Bewegungslernen ohne Soziales Lernen – und umgekehrt (Prohl 1999, S. 274–279). Das bedeutet auch, dass Soziales Lernen im Sport in aller Regel leibhaftig und unmittelbar stattfindet. Es braucht keine Rollenspiele, um einen Konflikt thematisieren oder einen Kompromiss aushandeln zu können. *Drittens* bedarf Soziales Lernen im Sport zumindest mittelfristig der **Reflexion**. Man muss nicht jeden Konflikt ausdiskutieren, aber wenn die Schülerinnen und Schüler aus sozialen Situationen lernen sollen, müssen die dahinter liegenden Prozesse bewusst gemacht werden (vgl. Gieß-Stüber 1998). Diese Prämissen finden sich in den unterschiedlichen fachdidaktischen Konzepten zum Sozialen Lernen im Sport wieder.

7.4 Fachdidaktische Konzepte

Ähnlich wie das Leistungsthema ist das Soziale Lernen ein **Querschnittthema des Sportunterrichts.** Konkrete Bezüge bestehen bspw. zum interkulturellen Lernen, zur sozialen Integration und zur Reflexiven Koedukation (vgl. Neuber 2020) oder zum Erlebnis- und Abenteuersport (siehe Kap. 5). **Spezifische fachdidaktische Konzepte** finden sich etwa in der „Sozialen Integration durch Schulsport als Schutzfaktor" (Brodtmann 1984), in der „Kultivierung des Sozialleibs durch Bewegungsbeziehungen" (Funke-Wieneke 1997) oder in der „Sozialen Verantwortung durch Schul- und Vereinssport" (Dieckert und Gebken 1997). Auch die bereits vorgestellten Ansätze zum Sozialen Lernen auf der Grundlage der interaktionistischen Rollentheorie von Ungerer-Röhrich et al. (1990) sowie zur Empathieförderung von Kleindienst-Cachay (1996) zählen zu den spezifischen fachdidaktischen Konzepten. Die folgende Auswahl soll zum einen ein möglichst breites **Spektrum an Zugängen zum Sozialen Lernen** im Sport vorstellen. Zum anderen wird neueren Arbeiten im Zweifel Vorrang eingeräumt, wobei konzeptionelle didaktische Ansätze in der jüngeren Vergangenheit vergleichsweise selten sind.

7.4 Fachdidaktische Konzepte

So wurde das Konzept der **Funktionalen Sozialerziehung durch Schulsportkultur** bereits 1992 entwickelt (Prohl 1999, S. 281–290). Nach der Wiedervereinigung Deutschlands standen die Lehrkräfte an Thüringer Schulen „dem individualistischen, teilweise auch ‚a-sozialen' Verhalten vieler Schüler äußerst hilf- und ratlos gegenüber" (Prohl 1999, S. 282). Als Interventionsmaßnahme wurden daraufhin an einer Versuchsschule der Sekundarstufe I zusätzliche sportbezogene Kurse und Arbeitsgemeinschaften eingerichtet. Im Sinne des **Prinzips der absichtlichen Unabsichtlichkeit** standen dabei die sportlichen Aktivitäten im Vordergrund. Sozialerzieherische Absichten wurden nur „nebenbei" angestrebt. Tatsächlich veränderten sich einige Parameter des Sozialklimas aus der Sicht von Schülerinnen und Schülern, Lehrkräften und Eltern im Vergleich zur Kontrollgruppe signifikant positiv. Prohl (1999, S. 290) folgert daraus, „dass schulsportkulturelle Angebote in der Sekundarstufe I einen Beitrag zur funktionalen Sozialerziehung leisten können". Er räumt allerdings selbst ein, dass nicht abschließend geklärt werden könne, ob die **Verbesserung des Sozialklimas** ausschließlich auf die sportlichen Arbeitsgemeinschaften zurückzuführen sei oder ob der Effekt auch durch das besondere Engagement der Lehrkräfte bedingt ist.

Auch das Konzept der **Erziehung zum sozialen Handeln im Schulsport** zielt auf die gesamte Schulkultur (Gebken 2002; 2010). Ursprünglich ausgehend von der kommunitaristischen Idee der Pflege „alter Werte", wie Achtung, Vertrauen und Hilfsbereitschaft, bezieht der Ansatz das Schulleben und die sozialen Lebenswelten der Schülerinnen und Schüler im Quartier mit ein (Dieckert und Gebken 1997). Auch in Konzepten zur „Sozialen Integration durch Sport" finden sich diese Überlegungen wieder (vgl. Neuber 2020, S. 104–105). Im vorliegenden Konzept stehen die **Förderung sozialen Handelns** sowie die **Übernahme sozialer Verantwortung** im Rahmen des Schulsports im Vordergrund. In diesem Sinne stellt sich für Sportlehrkräfte die Aufgabe, „nach Anknüpfungspunkten zu suchen, die den Schülern ein selbst bestimmtes Gestalten ihrer sozialen Umwelt ermöglichen. Sport kann junge Menschen zu engagiertem sozialem Handeln aktivieren und damit die Bereiche Schule und Lebenswelt miteinander verbinden" (Gebken 2010, S. 545). Dafür müssen sportliche Handlungssituationen methodisch so inszeniert werden, dass sich soziale Handlungsanlässe ergeben. Gebken (2010) gibt zahlreiche Beispiele zur **Gestaltung sozialer Handlungssituationen** in „normalen" Sportstunden (vgl. Tab. 7.1).

Das Konzept zur **Förderung sozialen Lernens im Sportunterricht** ist im Vergleich zu den beiden vorherigen Ansätzen stärker unterrichtsbezogen (Balz 2007). Soziales Lernen wird darin als „Aneignung und Verarbeitung sozialer Wirklichkeit" verstanden, die „zwischenmenschliche Beziehungen und den

Tab. 7.1 Inszenierungsformen des sozialen Handelns im Schulsport. (Mod. nach Gebken 2010, S. 542)

Soziale Handlungssituationen gestalten (Ziel)	Soziale Inszenierungsformen (Methode)
Miteinander sprechen und Verständnis füreinander entwickeln	z. B. Gelegenheit des Miteinanders ermöglichen, beratend unterstützen und aufrecht erhalten
Gemeinsames Handeln abstimmen und miteinander umsetzen	z. B. Formen gemeinsamen Handelns ermöglichen, beratend unterstützen und aufrecht erhalten
Gemeinsam Aufgaben/Probleme arbeitsteilig bewältigen und lösen	z. B. In Arbeitsteilung zu bewältigende Aufgaben stellen, beratend begleiten und aufrecht erhalten
Einander helfen und Hilfe annehmen	z. B. Vertrauensbasis entwickeln, Situationen zum Helfen schaffen, Helfen vorleben
Verantwortung für andere und anderes erkennen und übernehmen	z. B. Verantwortung vorleben, Vorbild sein, Verantwortung an Schüler abgeben

Umgang mit darauf bezogenen Sinndeutungen, Handlungsmustern und Werthaltungen zum Gegenstand hat" (Balz 2007, S. 151). Ansatzpunkt dafür ist der **Sportunterricht,** der für Soziales Lernen besonderes geeignet sei, weil hier der „Umgang mit Regeln, Rollen, Konflikten etc. spielerisch erprobt und am praktischen Handeln erfahren werden" könne (Balz 2007, S. 153). Allerdings sind soziale Lernprozesse kein „Selbstläufer", vielmehr bedürfen sie einer systematischen methodischen Inszenierung. Dafür formuliert Balz (2007, S. 156–165) fünf **Methodische Prinzipien** zur Förderung Sozialen Lernens im Sportunterricht: Regeln verstehen und handhaben, Rollen übernehmen und gestalten, Konflikte vermeiden und bewältigen, Gefühle ausleben und meistern, Unterschiede erkennen und berücksichtigen. Darüber hinaus wird auf allgemeine methodische Hinweise, wie die **Vorbildfunktion von Lehrkräften,** einen sozialintegrativen Unterrichtsstil oder demokratische Umgangsformen, hingewiesen.

Das Konzept zum **Kooperativen Lernen im Sportunterricht** greift eine neuere Unterrichtsmethode auf, die in vielen Fächern Anwendung findet (Bähr 2005; 2013; Bähr und Wibowo 2018). Grundsätzlich geht es bei diesem Ansatz darum, dass „Schüler in kleinen Gruppen arbeiten, um sich beim Lernen des Stoffes gegenseitig zu helfen" (Slavin 1989, zit. nach Bähr und Wibowo 2018, S. 15). In Bezug auf den Sportunterricht geht es dabei in Anlehnung an den Doppelauftrag sowohl um **fachliches Lernen** im Sinne einer Erziehung zum

Sport, als auch um **überfachliches Lernen** im Sinne einer Erziehung durch Sport, wobei letzteres nicht zuletzt auch soziale Kompetenzen adressiert. Inhaltlich können alle Bewegungsfelder genutzt werden, kooperative Themen, wie Akrobatik, Gestaltungs- oder Teamaufgaben bieten sich aber an (Wibowo und Bähr 2018). Dabei werden allgemeine **Merkmale von Gruppenunterricht**, wie ein klares Gruppenziel oder unmittelbare Interaktionen, mit ergänzenden **Merkmalen des Kooperativen Lernens**, wie Spielraum für Entscheidungen oder individuelle Verantwortung, kombiniert (vgl. Abb. 7.4). **Lernformen** Kooperativen Lernens im Sport sind bspw. Gruppenpräsentationen, Gruppenpuzzles, Gruppenturniere oder Rollenzuweisungen innerhalb der Gruppe (Bähr 2018). Im Vergleich zu anderen Konzepten zum Sozialen Lernen im Sport ist das Kooperative Lernen empirisch vergleichsweise gut untersucht. Insgesamt zeigt sich dabei, „dass Kooperatives Lernen im Sportunterricht zu positiven Ergebnissen hinsichtlich des fachlichen Lernens sowie der Selbsteinschätzung der Teamkompetenz geführt hat" (Bähr und Groeben 2018, S. 88).

So unterschiedlich die vier ausgewählten Konzepte sind, ausgehend von den zuvor aufgestellten Prämissen (siehe Abschn. 7.3) lassen sich doch einige übergreifende **didaktisch-methodische Hinweise** zum Sozialen Lernen im Sport ableiten (vgl. Balz 2007; Gebken 2010; Bähr 2013). Ausgangspunkt ist der Zusammenhang von motorischem und sozialem Lernen, der zur Folge hat, dass

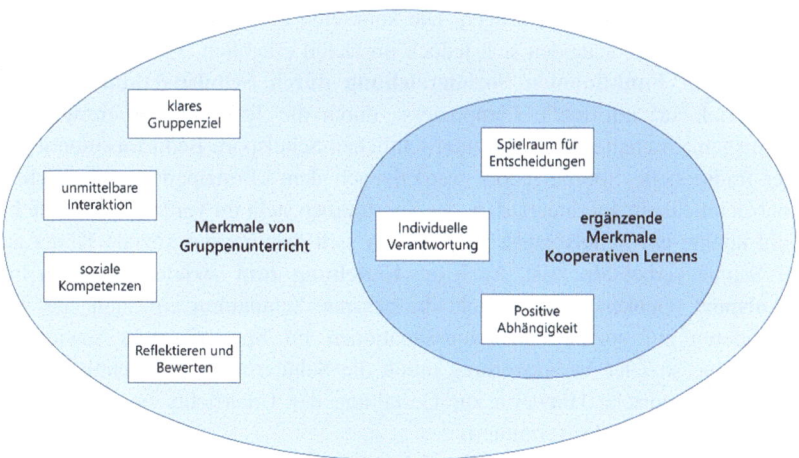

Abb. 7.4 Merkmale Kooperativen Lernens im Sportunterricht. (Mod. nach Bähr und Wibowo 2018, S. 17)

die Schülerinnen und Schüler **authentische Erfahrungen** „am eigenen Leib" sammeln, die ihnen wichtig sind und für die es keine künstlich inszenierten Situationen braucht. Hinzu kommt die hohe Interaktionsdichte im Sport, die durch das bewusste Inszenieren von **Partner- und Gruppenaufgaben** noch verstärkt werden kann. Auf dieser Grundlage ist der **Umgang mit Regeln** eine der wirkungsvollsten „Stellschrauben", um sportliche Inhalte so umzusetzen, dass soziale Interaktionen deutlich werden. Der bewusste **Umgang mit Rollen,** z. B. als Abwehr- oder Angriffsspieler, kann dazu beitragen, unterschiedliche Perspektiven einzunehmen. Der **Umgang mit Konflikten** gehört zum „Kleinen Einmaleins" des Sportunterrichts, wobei die Heranwachsenden immer wieder die Gelegenheit bekommen sollten, sie selbstständig zu lösen. Schließlich ist die Übernahme von **Verantwortung für die Gruppe** ein wichtiges Übungsfeld, das z. B. auch im Hinblick auf das Geben und Annehmen von Hilfen durch Mitschülerinnen und Mitschüler zum Tragen kommt.

7.5 Konzepte im Überblick

Soziale Interaktionen sind im Sport allgegenwärtig. Darum greifen auch zahlreiche fachdidaktische Konzepte das Soziale Lernen im Sportunterricht auf. Bei aller begrifflichen Diversität unterscheiden sich die Ansätze nicht in ihrer gemeinsamen Grundintention, durch Sportaktivitäten zur Förderung prosozialer Kompetenzen beizutragen. Die konkreten Ziele, Inhalte und Methoden der Konzepte unterscheiden sich jedoch im Detail erheblich (vgl. Tab. 7.2). Das Konzept der **Funktionalen Sozialerziehung durch Schulsportkultur** (Prohl 1999) zielt auf informelle Lernprozesse durch die Teilnahme an freiwilligen Arbeitsgemeinschaften im außerunterrichtlichen Schulsport. Bedürfnisorientierte, eher traditionelle Sportangebote werden nach dem „Prinzip der absichtlichen Unabsichtlichkeit" inszeniert, d. h. das Sporttreiben steht im Vordergrund. Gleichwohl konnte ein Schulversuch zeigen, dass sich dadurch das soziale Klima an der Schule verbessern lässt. Auch die **Erziehung zum sozialen Handeln im Schulsport** (Gebken 2010) bezieht die gesamte Schulkultur ein, zielt aber im Besonderen auf soziale Handlungssituationen im Sportunterricht sowie die Übernahme sozialer Verantwortung durch die Schülerinnen und Schüler. Dazu werden methodische Hinweise zur Gestaltung des Unterrichts im Sinne eines gemeinsamen Handelns formuliert.

Das Konzept zur **Förderung sozialen Lernens im Sportunterricht** (Balz 2007) zielt auf die Aneignung und Bewältigung sozialer Handlungssituationen

7.5 Konzepte im Überblick

Tab. 7.2 Fachdidaktische Konzepte zum Sozialen Lernen im Sport im Überblick

	Funktionale Sozialerziehung durch Schulsportkultur	Erziehung zum sozialen Handeln im Schulsport	Förderung sozialen Lernens im Sportunterricht	Kooperatives Lernen im Sportunterricht
Vertreter	Robert Prohl	Ulf Gebken	Eckart Balz	Ingrid Bähr
Leitidee	Funktionale Sozialerziehung durch freiwillige Sportangebote	Soziales Handeln und soziale Verantwortung	Soziales Lernen als Aneignung und Bewältigung sozialer Wirklichkeit	Persönlichkeitsentwicklung und fachliches Lernen in Teams
Sachbezug	Traditionelle Sport- und Fitnessangebote im außerunterrichtlichen Schulsport (AGs)	Sportliche Handlungssituationen in Sportunterricht und Schulsport	Sportunterricht	Sportunterricht, v. a. kooperative Bewegungsthemen, wie Akrobatik oder Teamübungen
Vermittlungsbezug	– Prinzip der absichtlichen Unabsichtlichkeit – Freiräume zur selbstständigen Konfliktlösung	Inszenierung sozialer Handlungssituationen, wie Aufgaben gemeinsam lösen oder Verantwortung für andere übernehmen	Methodische Prinzipien, wie Regeln verstehen und handhaben, Rollen übernehmen und gestalten oder Gefühle ausleben und meistern	– Gruppenpräsentationen – Gruppenpuzzles – Gruppenturniere – Rollenzuweisungen

im Sport. Der Ansatz konzentriert sich auf den Sportunterricht, der als besonders geeignetes Erprobungsfeld für den Umgang mit Regeln, Rollen und Konflikten gilt. Dazu werden fünf methodische Prinzipien formuliert, die die Inszenierung des Sozialen Lernens strukturieren. Das Konzept zum **Kooperativen Lernen im Sportunterricht** (Bähr 2018) zielt sowohl auf fachliches als auch auf überfachliches Lernen durch die Arbeit in Kleingruppen. Insofern ist das Soziale Lernen hier zunächst eine Methode zur Unterstützung des fachlichen Lernens, zugleich kann damit aber die Entwicklung der Schülerinnen und Schüler nicht zuletzt in sozialer Hinsicht gefördert werden. Grundsätzlich kann das Konzept auf alle Felder des Sportunterrichts angewandt werden, kooperative Themen stehen jedoch im Vordergrund. Methodisch greift das Konzept auf zahlreiche, z. T. auch in anderen Fächern erprobte Lernformen zurück.

Reflexionsfragen

1. Inwiefern sind Kooperieren, Wettkämpfen und Sich-Verständigen Basisprozesse sozialen Handelns im Sport?
2. Was versteht man unter dem Begriff des Sozialen Lernens? Würden Sie den Begriff eher normativ oder neutral verwenden? Warum?
3. Wie lässt sich die Soziale Kompetenz davon abgrenzen?

4. Inwiefern tragen soziale Modernisierungsprozesse dazu bei, dass Kinder und Jugendliche soziale Verhaltensdefizite haben?
5. Warum ist die soziale Interaktion in Gruppen wichtig für das Soziale Lernen?
6. Warum sind informelle Lernprozesse wichtig für das Soziale Lernen in der Schule?
7. Weshalb gilt der Sport als „ideales Feld" für Soziales Lernen?
8. Was versteht man unter „absichtlicher Unabsichtlichkeit" in Bezug auf das Soziale Lernen?
9. Inwiefern bieten Regeln, Rollen und Konflikte gute Anknüpfungspunkte für das Soziale Lernen im Sportunterricht?
10. Wann ist Kooperatives Lernen im Sport erfolgversprechend? Wann nicht?

Literatur

Balz, E. (2007). Wie kann man soziales Lernen fördern? In B. Sportpädagogen (Hrsg.), *Methoden im Sportunterricht* (5. Aufl., S. 149–167). Schorndorf: Hofmann.
Bähr, I. (2005). *Kooperatives Lernen im Sportunterricht.* Sportpädagogik, 29(6), 4–9.
Bähr, I. (2008). Soziales Handeln und soziales Lernen im Sportunterricht. In H. Lange & S. Sinning (Hrsg.), *Handbuch Sportdidaktik* (S. 172–193). Balingen: Spitta.
Bähr, I. (2013). Soziales Lernen. In P. Neumann & E. Balz (Hrsg.), *Sport-Didaktik. Pragmatische Fachdidaktik für die Sekundarstufe I und II* (S. 102–112). Berlin: Cornelsen Scriptor.
Bähr, I. (2018). Formen Kooperativen Lernens im Sportunterricht. In I. Bähr & J. Wibowo (Hrsg.), *Kooperatives Lernen im Sportunterricht* (Basiswissen Didaktik des Bewegungs- und Sportunterrichts, 9, S. 162–182). Baltmannsweiler: Schneider.
Bähr, I. & Wibowo, J. (Hrsg.). (2018). *Kooperatives Lernen im Sportunterricht* (Basiswissen Didaktik des Bewegungs- und Sportunterrichts, 9). Baltmannsweiler: Schneider.
Bähr, I. & Groeben, B. (2018). Wie handeln und was lernen Schüler beim Kooperativen Lernen im Sportunterricht? In J. Wibowo & I. Bähr (Hrsg.), *Kooperatives Lernen im Sportunterricht* (Basiswissen Didaktik des Bewegungs- und Sportunterrichts, 9, S. 74-91) Baltmannsweiler: Schneider.
BMFSFJ (Bundesministerium für Familie, Senioren, Frauen und Jugend). (Hrsg.). (2005). *Zwölfter Kinder- und Jugendbericht.* Berlin: Selbstverlag.
Brodtmann, D. (1984). *Sportunterricht und Schulsport. Ausgewählte Themen der Sportdidaktik* (Didaktische Grundrisse, 2., neu bearbeitete Aufl.). Bad Heilbrunn: Klinkhardt.
Cachay, K. & Kleindienst-Cachay, C. (1994). Soziales Lehren und Lernen im Sportunterricht. Theoretische Überlegungen und unterrichtspraktische Beispiele. In U. Pühse (Hrsg.), *Soziales Handeln im Sport und Sportunterricht* (S. 101–125). Schorndorf: Hofmann.
Dieckert, J., & Gebken, U. (1997). *Sozionet und Soziodidaktik. Sportpädagogik, 21*(2), 25–27.

Literatur

Düx, W. (2006). Aber so richtig für das Leben lernt man eher bei der freiwilligen Arbeit. Zum Kompetenzgewinn Jugendlicher im freiwilligen Engagement. In T. Rauschenbach, W. Düx & E. Sass (Hrsg.), *Informelles Lernen im Jugendalter. Vernachlässigte Dimensionen der Bildungsdebatte* (S. 205–240). Weinheim: Juventa.

Funke-Wieneke, J. (1997). Soziales Lernen. *Sportpädagogik, 21*(2), 28–39.

Frenger M. & Pitsch W. (2019). Abweichendes Verhalten im Sport. In A. Güllich A. & M. Krüger (Hrsg.), Sport in Kultur und Gesellschaft. Berlin: Springer. https://doi.org/10.1007/978-3-662-53385-7_16-1.

Fölling-Albers, M. (2015). Wie reagiert die Schule auf veränderte Lebenswelten der Kinder? Familienhandbuch. Zugriff am 16.08.2020 unter: https://familienhandbuch.de/babys-kinder/entwicklung/jugendliche/schulkinder/WiereagiertdieSchuleaufveraenderte LebensweltendenKinder.php.

Gebken, U. (2002). *Erziehung zum sozialen Handeln im Schulsport*. Oldenburg: Didaktisches Zentrum der Universität.

Gebken, U. (2010). Soziallernen – Methoden sozialen Lernens. In H. Lange & S. Sinning (Hrsg.), *Handbuch Methoden im Sport – Lehren und Lernen in der Schule, im Verein und im Gesundheitssport* (S. 537–547). Balingen: Spitta.

Gieß-Stüber, P. (1998). Unsicherheit macht Schule – Erlebnis, Abenteuer, Risiko im Sportunterricht. In H. Allmer & N. Schulz (Hrsg.), Erlebnissport – Erlebnis Sport (Brennpunkte der Sportwissenschaft, 17, S. 132–148). St. Augustin: Academia.

Grimminger, E. (2015). Missachtungsprozesse unter Schülerinnen und Schülern im Sportunterricht. Sportdidaktische Konsequenzen aus einem multimethodischen Forschungsprojekt. *Sportpädagogik, 39*(1), 40–43.

Haug, A. (2019). Schule als Sozialisationsinstanz. In G. Bovet & V. Huwendiek (Hrsg.), *Leitfaden Schulpraxis – Pädagogik und Psychologie für den Lehrberuf* (11. Aufl., S. 555–574). Berlin: Cornelsen.

Heemsoth, T. (2019). Bedeutung, Messung und exemplarische Befundmuster von Sozialbeziehungen im Sportunterricht. *Sportunterricht, 68*, 531–536.

Hurrelmann, K., & Bauer, U. (2019). *Einführung in die Sozialisationstheorie – Das Modell der produktiven Realitätsverarbeitung* (13. Aufl.). Weinheim: Beltz.

Kanning, U. P. (2002). Soziale Kompetenz – Definition, Strukturen und Prozesse. *Zeitschrift für Psychologie, 210*(4), 154–163.

Keller, G., & Hafner, K. (2003). *Soziales Lernen will gelernt sein. Lehrer fördern Sozialverhalten* (2. Aufl.). Donauwörth: Auer.

Kleindienst-Cachay, C. (1996). Empathie in Spiel und Sport. *Sportpädagogik, 20*(2), 19–28.

Kleindienst-Cachay, C. (2000). Kooperieren, wettkämpfen und sich verständigen. In E. Beckers, J. Hercher, & N. Neuber (Hrsg.), *Schulsport auf neuen Wegen? – Herausforderungen für die Sportlehrerbildung* (S. 200–211). Butzbach-Griedel: Afra.

Krappmann, L. (1975). *Soziologische Dimensionen der Identität*. Stuttgart: Klett-Cotta.

Limbourg, M., & Steins, G. (Hrsg.). (2011). *Sozialerziehung in der Schule*. Wiesbaden: Springer VS.

Lindner-Müller, C. (2009). Soziales Lernen. In K.-H. Arnold, U. Sandfuchs, & J. Wiechmann (Hrsg.), *Handbuch Unterricht* (2., aktualisierte Aufl., S. 147–150). Bad Heilbrunn: Klinkhardt.

Meinberg, E. (1996). *Hauptprobleme der Sportpädagogik. Eine Einführung* (3., unveränderte Aufl.). Darmstadt: Wissenschaftliche Buchgesellschaft.

Menze, L., Derecik, A., & Neuber, N. (2019). Demokratische Partizipationsförderung – Vom programmatischen Aufruf zur Praxis des Ganztagssports. *Sportunterricht, 68,* 248–252.

MSW NRW (Ministerium für Schule und Weiterbildung des Landes Nordrhein-Westfalen). (2014). *Rahmenvorgaben für den Schulsport in Nordrhein-Westfalen.* Düsseldorf: MSW NRW.

Müller, T. (2008). *Innere Armut – Kinder und Jugendliche zwischen Mangel und Überfluss.* Wiesbaden: Springer VS.

Neuber, N. (2018). Sport und informelles Lernen. In T. Burger, M. Harring, & M. Witte (Hrsg.), *Handbuch informelles Lernen – Interdisziplinäre und internationale Perspektiven* (2. Aufl., S. 581–594). Weinheim: Beltz Juventa.

Neuber, N. (2020). *Fachdidaktische Konzepte Sport – Zielgruppen und Voraussetzungen* (Basiswissen Lernen im Sport, 2). Wiesbaden: Springer VS. https://doi.org/10.1007/978-3-658-28464-0

Neuber, N., Breuer, M., Derecik, A., Golenia, M., & Wienkamp, F. (2010). *Kompetenzerwerb im Sportverein – Empirische Studie zum informellen Lernen im Jugendalter.* Wiesbaden: VS.

Neuber, N. & Golenia, M. (2019). Lernorte für Kinder und Jugendliche im Sport. In A. Güllich & M. Krüger (Hrsg.), *Sport in Kultur und Gesellschaft* Berlin: Springer. https://doi.org/10.1007/978-3-662-53385-7_24-1.

Overwien, B. (2010). Zur Bedeutung informellen Lernens. In N. Neuber (Hrsg.), *Informelles Lernen im Sport – Beiträge zur allgemeinen Bildungsdebatte* (S. 35–52). Wiesbaden: VS.

Petillon, H. (2017). *Soziales Lernen in der Grundschule – das Praxisbuch.* Weinheim: Beltz.

Prohl, R. (1999). *Grundriss der Sportpädagogik* (1. Aufl.). Wiebelsheim: Limpert.

Perren, S., Argentino-Groeben, M., Stadelmann, S., & Klitzing, K. V. (2016). Selbst- und fremdbezogene Kompetenzen: Auswirkungen auf das emotionale Befinden. In T. Malti & S. Perren (Hrsg.), *Soziale Kompetenz bei Kindern und Jugendlichen – Entwicklungsprozesse und Förderungsmöglichkeiten* (2. Aufl., S. 91–110). Stuttgart: Kohlhammer.

Rittner, V., & Breuer, C. (2006). Soziale Initiativen im Jugendsport. In W. Schmidt, I. Hartmann-Tews, & W.-D. Brettschneider (Hrsg.), *Erster Deutscher Kinder- und Jugendsportbericht* (S. 381–399). Schorndorf: Hofmann.

Schüller, I., & Demetriou, Y. (2019). Soziale Kompetenzen im Schulsport fördern – Ein theorie-basiertes Unterrichtskonzept. *Sportunterricht, 68,* 548–552.

Süßenbach, J., & Hoffmann, D. (2011). Sozialerziehung im Sportunterricht. In M. Limbourg & G. Steins (Hrsg.), *Sozialerziehung in der Schule* (S. 281–299). Wiesbaden: VS.

Trenz, G. (2019). Interaktionsprozesse im Unterricht. In G. Bovet & V. Huwendiek (Hrsg.), *Leitfaden Schulpraxis – Pädagogik und Psychologie für den Lehrberuf* (11. Aufl., S. 396–420). Berlin: Cornelsen.

Treutlein, G. (1998). Veränderung der Bedeutung und Gestaltung der Beziehungsebene – Grundlage für einen zeitgemäßen Sportunterricht. *Sportunterricht, 47,* 436–443.

Ungerer-Röhrich, U. (1984). *Eine Konzeption zum sozialen Lernen im Sportunterricht und ihre empirische Überprüfung.* (Dissertation). Darmstadt: TU Darmstadt.

Ungerer-Röhrich, U., Singer, R., Hartmann, H., & Kreiter, C. (1990). *Praxis sozialen Lernens im Sportunterricht.* Dortmund: Borgmann.

Volk, A., Wegner, M. & Scheid, V. (2014). *Teamentwicklung im Sportunterricht Eine experimentelle Studie zur Wirksamkeit eines erlebnispädagogischen Lernarrangements* (Schulsportforschung, Bd. 3). Berlin: Logos.

Gesundheitsförderung im Sport 8

> **Zusammenfassung**
>
> In diesem Kapitel wird ein Überblick über Grundbegriffe und Theorien der Gesundheitsförderung im Sport gegeben. Ausgehend von biomedizinischen und psychosozialen Gesundheitsverständnissen werden Grundlagen der Gesundheitsförderung erläutert, bevor vier ausgewählte fachdidaktische Konzepte vorgestellt werden: Gesundheitserziehung im Sportunterricht, Gesundheitsbildung im Sportunterricht, Gesundheitsförderung im Sportunterricht sowie Sportbezogene Gesundheitskompetenz. Ein Exkurs zur guten gesunden Schule ergänzt das Kapitel.

8.1 Einführung

Die gesundheitliche Wirkung sportlicher Aktivitäten gilt gemeinhin als unstrittig. Tatsächlich gibt es zahlreiche Zusammenhänge zwischen Bewegung und Gesundheit. Allerdings sind die Wirkungszusammenhänge nicht eindeutig, d. h. Sport macht nicht „automatisch" gesund (vgl. Becker 2014). Gleichwohl gehört die **Gesundheitsförderung** von jeher zu den zentralen Zielsetzungen des Sports, nicht zuletzt in der Schule: „Gesundheit ist ein hoher individueller und gesellschaftlicher Wert. Sie zu sichern und zu fördern muss auch ein vorrangiges Anliegen der Schule sein. Das ist im Schulsport unter Bezug auf lebensweltliche Erfahrung und praktisches Handeln in besonderer Weise möglich" (MSW NRW 2014, S. 13). Durch Erfahrungen „am eigenen Leibe" können körperliche und emotionale Reaktionen erlebt und reflektiert werden. Zugleich können **gesundheitliche Risiken,** wie Sportverletzungen oder Überlastungen, bewusst gemacht werden. Insgesamt geht es im Sportunterricht darum, „Schülerinnen und Schüler zu befähigen, einen nach Art und Maß individuell angemessenen Sport zu finden" (MSW NRW 2014, S. 13). Die gesundheitsförderlichen Potenziale des Sports werden in der Schule unter der Pädagogischen Perspektive **Gesundheit fördern, Gesundheitsbewusstsein entwickeln** gebündelt. Dabei muss allerdings geklärt werden, was mit dem Gesundheitsbegriff konkret gemeint ist. In einer naturwissenschaftlich-medizinischen Perspektive wird **Gesundheit als „funktionelles Optimum"** bzw. als das „Schweigen der Organe" verstanden (Hollmann o. J., zit. nach Beckers 1991, S. 39). Vereinfacht könnte man sagen: Wenn die medizinischen Werte in Ordnung sind, ist der Mensch gesund. Demgegenüber haben komplexere Modelle schon früh auf die Bedeutung psychosozialer Faktoren hingewiesen. So hat die Weltgesundheitsorganisation den Begriff bereits in den 1940er Jahren umfassend definiert: „Gesundheit ist ein Zustand vollkommenen **körperlichen, geistigen und sozialen Wohlbefindens** und nicht allein das Fehlen von Krankheit und Gebrechen" (WHO 1948, zit. nach Erlemeyer 2016, S. 19). Dagegen wiederum wurde vorgebracht, dass ein Zustand vollkommener Gesundheit kaum zu erreichen ist, sodass **Gesundheitsförderung als Prozess** verstanden werden sollte, der darauf abzielt „allen Menschen ein höheres Maß an Selbstbestimmung über ihre Gesundheit zu ermöglichen und sie damit zur Stärkung ihrer Gesundheit zu befähigen" (WHO 1986, S. 1). Bereits diese wenigen Definitionen zeigen, dass der Gesundheitsbegriff alles andere als selbstverständlich ist. Umso mehr sollten sich Sportlehrkräfte vergegenwärtigen, was sie darunter verstehen, um die Gesundheit von Kindern und Jugendlichen in der Schule angemessen fördern zu können.

8.2 Grundbegriffe

Ausgangspunkt aller Überlegungen zur Gesundheitsförderung ist das jeweilige **Gesundheitsverständnis**. Der Begriff beschreibt zunächst die individuelle Sicht auf das Phänomen der Gesundheit, also das, „was eine Person unter Gesundheit versteht und welche physischen und psychosozialen Dimensionen sie zur Bewertung heranzieht" (Töpfer und Sygusch 2014, S. 171). In der wissenschaftlichen Diskussion werden **biomedizinische und psychosoziale Gesundheitsverständnisse** unterschieden, die eher objektive oder subjektive Aspekte von Gesundheit betonen (siehe Abschn. 8.3). Auf dieser Grundlage können verschiedene Ansätze zur Förderung der Gesundheit unterschieden werden. Das Konzept der **Gesundheitserziehung** zielt auf die Vermittlung gesundheitsrelevanter Fähigkeiten und Fertigkeiten im Sinne „einer gezielten Einflussnahme auf Gesundheitswissen, Gesundheitseinstellungen und Gesundheitsverhalten von Heranwachsenden" (Fessler und Knoll 2013, S. 267). Davon grenzt sich das Konzept der **Gesundheitsbildung** ab, indem es vor allem auf die Selbstgestaltungsfähigkeit des Individuums vor dem Hintergrund biologischer Möglichkeiten und sozialer Anforderungen setzt (Beckers 1991). Während das erste Konzept stärker auf gesundheitliche Aufklärung und Vermittlung abhebt, betont das zweite Konzept gesundheitsbezogene (Selbst-)Bildungsprozesse.

In der gesundheitswissenschaftlichen Diskussion hat sich der Begriff der Gesundheitsförderung in Anlehnung an die Ottawa-Charta der WHO (1986) weitgehend durchgesetzt.

▶ **Gesundheitsförderung** Ausgehend von einem prozessorientierten Verständnis kann Gesundheitsförderung als „Oberbegriff für alle auf das Beeinflussen des Gesundheitszustands gerichteten, kurzfristigen oder langfristig angelegten Maßnahmen" verstanden werden (Brodtmann 2008, S. 188). Dazu zählt die Förderung gesundheitsrelevanten Verhaltens, insbesondere die Stärkung personaler und sozialer Ressourcen (**Verhaltensprävention**), ebenso wie die Verbesserung gesundheitsrelevanter Lebensbedingungen (**Verhältnisprävention**).

Beide Strategien werden im **Settingansatz der Gesundheitsförderung** gebündelt. Dabei handelt es sich um eine umfassende Strategie verhaltens- und verhältnisbezogener Maßnahmen mit dem Ziel der direkten und indirekten Einflussnahme auf die Gesundheit von Menschen in einem definierten Lebenskontext, z. B. einer Schule oder Kommune (Dadaczynski und Paulus 2018). Ausgehend von der neueren bildungswissenschaftlichen Diskussion ist darüber hinaus der Begriff der **Gesundheitskompetenz** von Bedeutung. Im angloamerikanischen Raum wird auch von „Health Literacy" gesprochen, d. h. von einer gesundheitsbezogenen „Alphabetisierung" (Töpfer und Sygusch 2014, S. 165). Eine *sportbezogene* Gesundheitskompetenz kann verstanden werden als „Gesamtheit von Wissen, Können und Wollen, über die ein Schüler verfügen muss, um im Sport so handeln zu können, dass es sich positiv auf die Gesundheit auswirkt" (Töpfer und Sygusch 2014, S. 169).

8.3 Grundlagen

Der Gesundheitsbegriff kann je nach theoretischem Ausgangspunkt ganz unterschiedlich verstanden werden. Nicht zuletzt in der Sportwissenschaft mit ihren natur-, sozial- und geisteswissenschaftlichen Teildisziplinen führt das zu einer

Vielzahl an Definitionen und Modellen (vgl. Güllich und Krüger 2020). Grundsätzlich können biomedizinische und psychosoziale Gesundheitsverständnisse unterschieden werden (vgl. Tab. 8.1). Das **biomedizinische Gesundheitsverständnis** betrachtet Gesundheit aus einer naturwissenschaftlich-medizinischen Perspektive und versucht objektive Parameter zur Vermeidung von Krankheit zu identifizieren. Dahinter steht das sogenannte **Risikofaktorenmodell**, das danach fragt, was einen Menschen krank werden lässt („Pathogenese"). Als Risikofaktor gilt „ein Faktor, dessen Abweichung von Normalwerten eine Gefährdung […] im Hinblick auf eine bestimmte Erkrankung anzeigt" (Hollmann 2004, S. 97). Zu den Hauptrisikofaktoren zählen Übergewicht, Bluthochdruck, erhöhte Blutfettwerte und Bewegungsmangel. In der biomedizinischen Betrachtungsweise gilt es, diese Risikofaktoren zu minimieren, was nicht zuletzt durch ein entsprechendes körperliches Training angestrebt wird. Zugleich werden die Bedingungen für die Entstehung und (medikamentöse) Heilung von Krankheiten unter **Laborbedingungen** untersucht, um möglichst gesicherte Erkenntnisse für die Prävention und Rehabilitation von Krankheiten zu erhalten (vgl. Richter und Hurrelmann 2016).

Das **psychosoziale Gesundheitsverständnis** geht dagegen von sozialwissenschaftlichen Grundlagen aus und ist eher in den Gesundheitswissen-

Tab. 8.1 Biomedizinisches und psychosoziales Gesundheitsverständnis

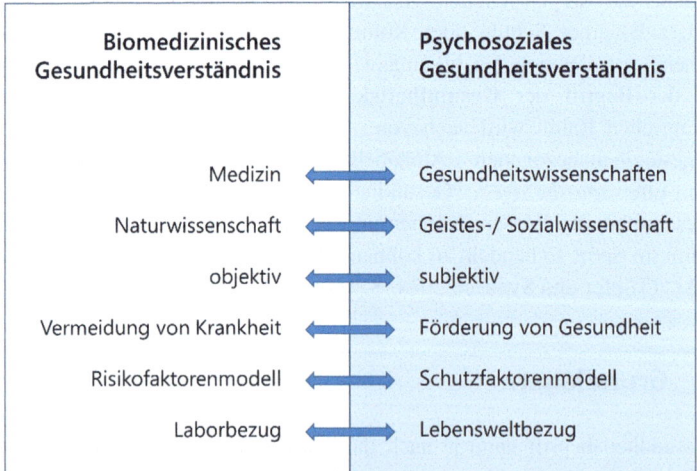

8.3 Grundlagen

schaften als in der Medizin beheimatet. Auch hier wird nach wissenschaftlichen Kriterien geforscht, aber die Perspektive ist stärker subjektiv geprägt. Nicht die Vermeidung von Krankheit, sondern die Förderung von Gesundheit steht im Vordergrund. Dahinter steht das sogenannte **Schutzfaktorenmodell,** das danach fragt, was einen Menschen auch unter widrigen Umständen gesund erhält („Salutogenese"). Der Ansatz geht davon aus, dass Risikofaktoren nie vollständig ausgeschlossen werden können, weshalb ein Mensch in salutogenetischer Perspektive Widerstandsressourcen aufbauen sollte, die seine Abwehrkräfte gegenüber „Stressoren" stärken (vgl. Faltermeier 2018). Dazu gehören personale und soziale Ressourcen wie Selbstvertrauen, Selbstwertgefühl und soziales Eingebundensein. Die Bedingungen für das Gesundbleiben werden unter **Lebensweltbedingungen** untersucht, d. h. die Bewältigung von Alltagssituationen etwa in Schule oder Beruf wird als Ausgangspunkt genommen. In soziologischer Perspektive werden darüber hinaus auch kulturelle, politische und ökonomische Einflussfaktoren auf die Gesundheit untersucht (vgl. Richter und Hurrelmann 2016).

Historisch betrachtet hat sich der **Wandel der Medizin** von einer philosophisch begründeten Heilkunde zu einer angewandten Naturwissenschaft im Zuge von Aufklärung und Industrialisierung im 18. und 19. Jahrhundert vollzogen. Während die Medizin ursprünglich als präventiv orientierte, diätetische **Heilkunst** verstanden wurde, entwickelte sie sich nach und nach zu einer objektivierenden **Heiltechnik** (vgl. Schipperges 1982). Das führte einerseits zu großen Erfolgen bei der Bekämpfung von Infektionen und inneren Erkrankungen, für die die Schulmedizin heute zahlreiche Erfolg versprechende Therapien bereithält. Andererseits führte es jedoch auch zu einer zunehmenden **Technisierung der Medizin,** die den Menschen als mechanischen Apparat versteht, dessen „technische Störungen" repariert werden können (Beckers 1991, S. 36–39). Diese ambivalente Entwicklung wird von Horkheimer und Adorno (2000) auch als **Dialektik der Aufklärung** bezeichnet (siehe Kap. 6). Neuere Ansätze plädieren daher nicht zuletzt im pädagogischen Feld für eine Neuorientierung der Gesundheitsförderung, die ausgehend von einer Einsicht in die Grenzen von Wachstum und technologischem Fortschritt wieder das Subjekt in den Mittelpunkt rückt und damit letztlich die Idee der Bildung stark macht (vgl. Beckers 1991).

▶ **Literaturtipp** Beckers, E. (1991). Von der Krankheitsprophylaxe zum Lebenssinn – Zur Wiederentdeckung pädagogischen Denkens in der neueren Gesundheitsdiskussion. In D. Küpper und L. Kottmann (Hrsg.), *Sport und Gesundheit* (S. 35–49). Schorndorf: Hofmann.

Der Sportpädagoge Edgar Beckers kritisiert in seinem Beitrag die naturwissenschaftliche Verengung des Gesundheitsbegriffs und entwirft Ansatzpunkte für eine Neuorientierung im Sinne einer Gesundheitsbildung durch Sport.

Ein Konzept, das die Gesundheitsförderung maßgeblich beeinflusst hat, ist das **Modell der Salutogenese** des israelischen Medizinsoziologen Aaron Antonovsky. Bei der Untersuchung von Holocaust-Überlebenden stellte er sich die Frage, warum manche Menschen unter schlimmsten Lebensbedingungen gesund bleiben und ein erfülltes, gesundes Leben führen können, während andere Menschen dauerhaft traumatisiert sind und krank bleiben. Vor diesem Hintergrund entwickelte er den Ansatz der Salutogenese, der die Widerstandsressourcen beschreibt, die dazu beitragen, dass Menschen gesund bleiben (Faltermaier 2018). Die zentrale personale Widerstandsressource ist das **Kohärenzgefühl,** das die Überzeugung eines Menschen beschreibt, dass Belastungssituationen erklärbar sind (Verstehbarkeit), dass die notwendigen Ressourcen zur Bewältigung der Belastung verfügbar sind (Bewältigbarkeit) und dass es sich lohnt, die Belastungen zu bewältigen (Sinnhaftigkeit) (Erlemeyer 2016). Ein ausgeprägtes Kohärenzgefühl trägt dazu bei, auch unter belastenden Bedingungen **Widerstandsressourcen** zu mobilisieren und ein Gleichgewicht zwischen äußeren Anforderungen und inneren Ressourcen zu finden (Sygusch et al. 2016, S. 210–213).

In das Salutogenesemodell fließen sowohl objektive, biomedizinische als auch subjektive, psychosoziale Faktoren ein, d. h. die Salutogenese ist nicht das Gegenteil der Pathogenese, sondern sie versucht beide Sichtweisen zu integrieren. Gesundheit wird dabei nicht als statischer Zustand verstanden, sondern als „labiles, aktives und sich dynamisch regulierendes Geschehen", ein **Ausbalancieren** innerer und äußerer Faktoren zwischen den Polen „gesund" und „krank" (Bengel et al. 2001, S. 25). Vor dem Hintergrund dieses mehrdimensionalen, prozessorientierten Verständnisses lässt sich der Gesundheitsbegriff umfassend definieren:

▶ **Gesundheit** kann in diesem Sinne als ein Gleichgewicht des subjektiven und objektiven Befindens einer Person verstanden werden, das dann gegeben ist,

8.3 Grundlagen

„wenn diese Person sich in den physischen, psychischen und sozialen Bereichen ihrer Entwicklung im Einklang mit den eigenen Möglichkeiten und Zielvorstellungen und den jeweils gegebenen äußeren Lebensbedingungen befindet" (Hurrelmann 2010, zit. nach Erlemeyer 2016, S. 19).

▶ **Literaturtipp** Bengel, J., Strittmatter, R. & Willmann, H. (2001). *Was erhält Menschen gesund? – Antonovskys Modell der Salutogenese – Diskussionsstand und Stellenwert* (Forschung und Praxis der Gesundheitsförderung, 6). Köln: BZgA.
Die Expertise im Auftrag der Bundeszentrale für gesundheitliche Aufklärung (BZgA), die mittlerweile in mehreren Auflagen vorliegt, gibt einen guten Überblick über das Salutogenesemodell inklusive empirischer Forschungsergebnisse und praktischer Anwendungshinweise.

Auf der Grundlage dieser weitgefassten Definition lässt sich der **Gesundheitszustand** von Kindern und Jugendlichen skizzieren. Allerdings gibt es eine nahezu unbegrenzte Vielzahl an gesundheitsbezogenen Studien mit jeweils unterschiedlichen theoretischen Zugängen und Schwerpunkten. Insofern kann hier keine abschließende Übersicht gegeben, wohl aber können Tendenzen aufgezeigt werden. Zunächst gelten Kindheit und Jugend als die **gesündeste Phase** im Leben eines Menschen. So schätzen mehr als 95 % der Eltern den Gesundheitszustand ihrer 3- bis 17-jährigen Kinder in der KIGGS-Studie als gut oder sehr gut ein (Poethko-Müller et al. 2018). Auch die Heranwachsenden selbst beurteilen ihre gesundheitliche Situation als gut bis sehr gut, wie die internationale HBSC-Studie zeigt (Inchley et al. 2016). Tatsächlich sind Kinder und Jugendliche aufgrund ihres Alters weniger von inneren oder orthopädischen Erkrankungen betroffen als Erwachsene. Zugleich nehmen **chronische Erkrankungen,** wie Heuschnupfen (14–18 %), Neurodermitis (12–14 %) und Asthma (7 %), bei Heranwachsenden tendenziell zu. Auch **psychische Erkrankungen,** wie Ängste (9–12 %), Depressionen (5 %), Störungen des Sozialverhaltens (7 %) und Aufmerksamkeitsdefizit-/Hyperaktivitätsstörungen (ADHS) (1 %) sind auf dem Vormarsch (Lohaus 2018, S. 497–498).

Hinzu kommen **psychosomatische Beschwerden** wie Einschlafprobleme (20 %), Kopfschmerzen (14 %) und Rückenschmerzen (12 %). 31 % der Mädchen und 17 % der Jungen geben an, wöchentlich unter mindestens zwei psychosomatischen Beschwerden gelitten zu haben (Rathmann et al. 2016). Jungen leiden dagegen häufiger unter ADHS, Stottern und motorischen Entwicklungsstörungen (Neuber 2020, S. 79). Nicht zuletzt in der Sportwissenschaft wird die **körperliche Aktivität** von Kindern und Jugendlichen intensiv diskutiert. Laut den Ergebnissen der KiGGS-Studie verfehlen 78 % der Mädchen und 70 % der Jungen im Alter von 3 bis 17 Jahren die WHO-Bewegungsempfehlung von einer Stunde Bewegungszeit täglich (Finger et al. 2018). In diesem Zusammenhang wird häufig auch auf unangemessenes Ernährungsverhalten, wie fehlendes Frühstück, Konsum zuckerhaltiger Getränke oder hohe Kalorienaufnahme, verwiesen. In Kombination mit weiteren Faktoren kann das zu **Übergewicht und Adipositas** führen. Davon sind je nach Studie 10–15 % der Mädchen und Jungen betroffen (Schienkiewitz et al. 2018). Zugleich dürfen Essstörungen, wie Anorexie und Bulimie, nicht ausgeblendet werden. Auffällig ist über alle Parameter hinweg, dass die gesundheitliche Situation der Heranwachsenden signifikant von der **sozialen Herkunft** abhängig ist: Je niedriger der soziale Status, desto schlechter ist tendenziell der Gesundheitsstatus (vgl. Schmidt 2015).

Nicht nur die Abhängigkeit der Gesundheit von der sozialen Lage legt nahe, dass der Gesundheitszustand junger Menschen von ihren Lebensbedingungen abhängt. Tatsächlich wird ein erhöhter **Entwicklungsdruck** oft als Ursache für gesundheitliche Beeinträchtigungen von Kindern und Jugendlichen angenommen. So wird für das Jugendalter von zentralen Entwicklungsaufgaben ausgegangen, die im Laufe der Jugendphase erfolgreich bewältigt werden müssen (Neuber 2020, S. 58). Sofern die Jugendlichen auf ausreichende personale und soziale Ressourcen zurückgreifen können, sind die Bedingungen für die **Bewältigung der Entwicklungsaufgaben** und damit für eine gesunde Entwicklung gegeben (Volkmann 2015). Positive Entwicklungsschritte wirken über das Erleben individueller und sozialer Erfolge, z. B. in Schule und Verein, unterstützend bei der Bewältigung der juvenilen Aufgaben (Fend 2001, S. 210–220), sodass von einem selbstverstärkenden Prozess ausgegangen werden kann (vgl. Abb. 8.1). Andererseits verstärken ausbleibende Erfolge das Scheitern der Bewältigungsversuche. Das kann zu unangemessenen **Bewältigungsstrategien** führen, etwa zu internalisierenden, nach innen gerichteten Strategien (z. B. Essstörungen), zu externalisierenden, nach außen gerichteten Strategien (z. B. Gewalt) oder zu evasiven, ausweichenden Strategien (z. B. Drogenkonsum) (Hurrelmann und Quenzel 2016, S. 221–251).

Bewegung, Spiel und Sport können die Bewältigung alterstypischer Entwicklungsaufgaben unterstützen und damit mittelbar zur Gesundheit Heranwachsender beitragen. Der **Zusammenhang von Sport und Gesundheit** im Kindes- und Jugendalter ist allerdings uneindeutig. In zahlreichen Studien konnte „weder für die körperliche noch für die psychosoziale Gesundheit ausreichend belegt werden, dass Sporttreiben grundsätzlich zu einer Verbesserung des Gesundheitszustandes führt" (Sygusch et al. 2016, S. 213). Es gibt einzelne Befunde, die Zusammenhänge zwischen sportlicher Aktivität auf der einen und

8.3 Grundlagen

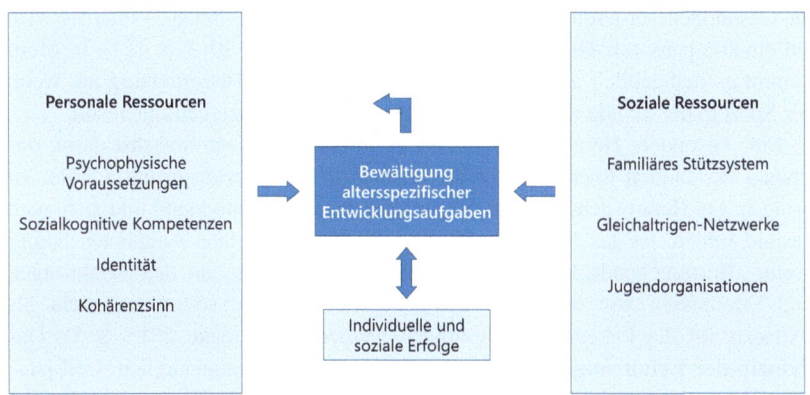

Abb. 8.1 Ressourcen produktiver Problembewältigung. (Mod. nach Fend 2001, S. 214)

Fitness, Wohlbefinden sowie sozialem Rückhalt auf der anderen Seite belegen. Zusammenhänge zwischen sportlicher Aktivität und Body-Mass-Index (BMI), psychosomatischen und chronischen Beschwerden lassen sich dagegen bislang nicht belegen. Allerdings sind **Sportvereinsmitglieder** tendenziell motorisch fitter als Nicht-Mitglieder (vgl. Sygusch et al. 2008). Insgesamt sind Zusammenhänge von Sport und Gesundheit jedoch nur in Querschnittstudien zu finden, die kaum Aussagen über **Entwicklungszusammenhänge** erlauben. Ob sportlich aktive Heranwachsende also gesünder sind, weil sie Sport treiben (Sozialisationshypothese), oder ob sie Sport treiben, weil sie einen gesünderen Lebensstil haben (Selektionshypothese), kann auf der Grundlage vorhandener Daten nicht beantwortet werden (vgl. Jekauc et al. 2014).

Dennoch ist das Gesundheitsthema im Sport allgegenwärtig. Auch in der Schule ist „Gesundheit" eine zentrale Argumentationsfigur (Laging 2017, S. 62–92). Im Hinblick auf den Fächerkanon scheint es sogar, als ob die **Gesundheitsförderung** „in keinem anderen Fach besser praktisch werden kann als im Sport" (Kurz 2004, S. 63). Dabei können auch in Bezug auf den Schulsport kaum gesundheitliche Effekte belegt werden: Wir wissen, „dass drei Wochenstunden Sport, selbst wenn sie konsequent als präventives Training ausgelegt würden, nicht die Bewegungsanreize entfalten können, die junge Menschen für die Erhaltung ihrer Gesundheit brauchen" (Kurz 2000, S. 43). Gleichwohl ist die **Bedeutung gesundheitsförderlicher Angebote** unstrittig. Mehr noch: Vor dem Hintergrund „zunehmender gesellschaftlicher Gesundheitsprobleme, steigender schulischer Belastungen […] und besonderer Bedingungen des Ganztags wird die Gesundheitsförderung im Schulsport an Bedeutung gewinnen" – oder sie wird auf ein kompensatorisches Fitnessangebot reduziert (Balz 2013, S. 121). Insofern kommt es maßgeblich auf die **didaktisch-methodische Inszenierung** an, wenn der Sport in der Schule sein gesundheitsförderliches Potenzial entfalten soll.

Eine besondere Herausforderung für Sportlehrkräfte liegt zunächst darin, das Thema Gesundheit überhaupt auf die Agenda der Schülerinnen und Schüler zu bringen. Da Heranwachsende im Großen und Ganzen gesund sind und sich auch gesund fühlen, ist das Bedürfnis nach gesundheitsbezogenen Angeboten häufig gering. Entsprechende Unterrichtsvorhaben sollten daher „an den Erfahrungen und Erlebnissen von Spaß und Lebensfreude ansetzen, sodass sie nicht als ‚Attacke auf die Lebenslust' empfunden werden" (Volkmann 2015, S. 5). Das **Prinzip der Erfahrungsorientierung** ist auch deshalb unumgänglich, weil jahrzehntelange Versuche einer normativ bestimmten gesundheitlichen Aufklärung, etwa zum Alkohol- und Tabakkonsum, immer wieder gescheitert sind (Rathmann und Schricker 2019). Gesundheitsbezogene Verhaltensänderungen sind daher nur dann zu erwarten, wenn Kinder und Jugendliche ihre Wirkung unmittelbar „am eigenen Leibe" erfahren. Im Rahmen der lebensstilorientieren Gesundheitsförderung hat sich eine **methodische Reihe** bewährt, die beim Erleben junger Menschen ansetzt, diese Erlebnisse im Folgenden über Reflexionen zu Erfahrungen macht, die dann im Sinne eines Transfers in das eigene Handeln übernommen werden können (vgl. Abb. 8.2). Damit wird zugleich ein **Alltagsbezug** sichergestellt, sodass die Erfahrungen anschlussfähig an die Lebenswelten junger Menschen werden (Neuber und Wentzek 2005).

Weitere Prinzipien einer Gesundheitsförderung durch Sport sind von der jeweiligen Ausrichtung abhängig. Während gesundheitserzieherische Konzepte den Fokus oft auf die Förderung **motorischer Leistungsfähigkeit und Fitness** legen (Fessler und Knoll 2013, S. 279–281), betonen Konzepte der Gesundheitsförderung die Entwicklung personaler und sozialer Ressourcen im Sportunterricht. Das bedeutet, dass Schülerinnen und Schüler „möglichst viele Chancen

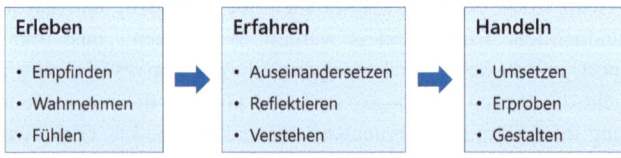

Abb. 8.2 Methodische Reihe der lebensstilorientierten Gesundheitsförderung. (Mod. nach Neuber und Wentzek 2005, S. 24)

8.3 Grundlagen

zur selbstständigen Auseinandersetzung mit Bewegungs- und Spielsituationen erhalten, zum **entdeckenden und problemlösenden Lernen,** zum Handeln auf Probe und zum Lernen aus Irrtümern und – wann immer möglich – auch zur Auseinandersetzung mit Herausforderungen, die nur gemeinsam mit *anderen* bewältigt werden können" (Brodtmann 2008, S. 197). Hinzu kommen Prinzipien, wie die der Mitgestaltung und Mitverantwortung, der gegenseitigen Hilfe und Unterstützung oder des Erfahrens von Spannung und Entspannung (vgl. Neuber und Wentzek 2005). Auch der **Gestaltung von Raum und Umwelt** im Sinne einer angenehmen Atmosphäre kommt eine zentrale Bedeutung zu. Nicht zuletzt geht es dabei um die Idee eines bewegungsfreudigen und gesundheitsförderlichen Schullebens (Balz 2016), das am Beispiel der „Guten gesunden Schule" besonders deutlich wird.

Gute gesunde Schule
Das Konzept der guten gesunden Schule geht von einem engen Zusammenhang zwischen **Bildung und Gesundheit** aus. Psychisches und physisches Wohlbefinden wird dabei als Voraussetzung für gelingende Erziehungs- und Bildungsprozesse verstanden: „Kinder, Jugendliche und Erwachsene, die sich wohl und gesund fühlen, arbeiten und lernen besser, verfügen über eine größere Zufriedenheit und ein größeres Vertrauen in die eigenen Gestaltungskräfte und Fähigkeiten" (Hundeloh 2012, S. 6–7). Nachdem großangelegte Projekte zur **Gesundheitsförderung in der Schule** in den 1990er Jahren wenig erfolgreich waren, weil sie Angebote zur Förderung der Gesundheit nur zusätzlich zum Unterricht gemacht hatten, rückt die gute gesunde Schule die Gesundheitsförderung in den Mittelpunkt des Schullebens. Gesundheit wird damit zu einem Teil der Schulkultur. Letztlich handelt es sich um einen **Schulentwicklungsansatz,** der das Ziel verfolgt, „ein Setting zu schaffen, welches die übergreifende sowie die auf den Lern- und Arbeitsplatz Schule bezogene Gesundheit aller dort involvierten Personengruppen (Schüler, Lehrkräfte und nicht unterrichtendes Personal) fördert" (Dadaczynski und Paulus 2011, S. 164).

Ausgehend von einem ganzheitlichen, salutogenetischen Gesundheitsverständnis und einem umfassenden Verständnis von Schulentwicklung basiert die gute gesunde Schule auf acht **Qualitätsdimensionen:** Ergebnisse, Lernen und Lehren, Schulkultur, Führung und Schulmanagement, Professionalität der Lehrkräfte, Ziele und Strategien der Qualitätsentwicklung. Die Dimensionen werden noch einmal in 40 „Qualitätsbereiche" mit Schlüsselindikatoren unterteilt, die auf den drei Grunddimensionen Ergebnis-, Prozess- und Gesundheitsqualität basieren (Dadaczynski und Paulus 2011, S. 167–168). Entsprechend dem **integrierten Gesamtansatz** „werden Prävention und Gesundheitsförderung in diesem Qualitätstableau nicht als eigene Dimension aufgeführt, sondern sind als Querschnittsaufgaben allen Qualitätsdimensionen immanent" (Hundeloh 2012, S. 7). Ein wichtiges Arbeitsprinzip der guten gesunden Schule ist die **Selbstbestimmung und Partizipation** aller Akteure, die von der Erfassung der Bedürfnisse und Wünsche über schulinterne Steuergruppen bis hinein in Schulprogramm und Schulleben reicht und die Akzeptanz gemeinsam beschlossener Maßnahmen sicherstellen soll (Neuber 2020, S. 137–158).

Das Konzept der guten gesunden Schule ist ein Beispiel für den **Settingansatz der Gesundheitsförderung,** der Maßnahmen der Verhaltens- und Verhältnisprävention in einem konkreten Feld der Lebenswelt umsetzt. Dabei wird ein umfassendes, ökologisches Modell von Gesundheit zugrunde gelegt. Zudem werden Institutionen, wie die Schule, unter systemischer Perspektive betrachtet und als gesamte Organisation betrachtet (vgl. Dadaczynsiki und Paulus 2018). Gesundheitsförderung ist in diesem Ansatz also deutlich mehr als eine gesundheitsorientierte Unterrichtsstunde oder eine bewegungsorientierte Schulhofgestaltung – sie durchzieht die gesamte Schulorganisation und das soziale Umfeld der Schule. Als **umfassender Ansatz** gilt die gute gesunde Schule „als zentrales und von der Weltgesundheitsorganisation (WHO) favorisiertes Konzept der schulischen Gesundheitsförderung, welches sich gegenüber ausschließlich problem- und verhaltensbasierten Ansätzen als Erfolg versprechend erwiesen hat" (Dadaczynski und Paulus 2011, S. 164). Für die konkrete **Umsetzung** gibt es zahlreiche Beispiele, etwa zur Gestaltung von Tagesstrukturen und Angeboten oder zur Kooperation und Teamarbeit. In Nordrhein-Westfalen wird zudem ein entsprechender Schulentwicklungspreis verliehen (Kastrup und Vogel-Deutsch 2016).

8.4 Fachdidaktische Konzepte

Bei der zentralen Bedeutung, die die Gesundheitsförderung im Schulsport hat, verwundert es nicht, dass es eine ganze Reihe an fachdidaktischen Konzepten dazu gibt. In Anlehnung an die zwei Aufgaben pädagogischen Handelns im Sport (siehe Kap. 1) können dabei objektivierende und subjektivierende Positionen

8.4 Fachdidaktische Konzepte

unterscheiden werden (Balz 1995). Die **objektivierende Position** ist in den 1970er Jahren entstanden und zielt vor allem auf eine Optimierung konditioneller Fähigkeiten. Körperliche Leistungsfähigkeit wird dabei mit Gesundheit gleichgesetzt (Frey und Hildenbrandt 1988) und die „Gesundheitserziehung wird im Schulsport [...] als kompensatorische Trainingsmaßnahme verstanden, wodurch [...] einem schlechten Gesundheitszustand entgegengewirkt" werden soll (Töpfer und Sygusch 2014, S. 156). Die **subjektivierende Position** betont dagegen den Prozess der Körper- und Bewegungserfahrung im Sinne eines psychosozialen Gesundheitsverständnisses, etwa im Konzept der Diätetischen Gesundheitserziehung (Balz 1995). Teilweise wird in den subjektivierenden Ansätzen einseitig auf Entspannungstechniken oder fernöstliche Körperpraxen gesetzt, die sich vom traditionellen Sporttreiben abgrenzen (siehe Kap. 3). Letztlich sind aktuelle Konzepte der **Gesundheitsförderung durch Sport** aber kaum eindeutig der einen oder anderen Position zuzuordnen. Dennoch hilft die Unterscheidung bei der fachdidaktischen Einordnung der Ansätze.

Das Konzept der **Gesundheitserziehung im Sportunterricht** geht davon aus, dass „die gesundheitsförderlichen Potenziale [des Schulsports] erst dann zur Wirkung kommen, wenn die sporttreibenden Menschen über jene Kompetenzen verfügen, die das gesundheitsgerechte Sporttreiben sichern" (Kottmann und Küpper 1991, S. 143). Dazu soll die Gesundheitserziehung die nötigen **Fähigkeiten und Fertigkeiten** auf personaler, sozialer und ökologischer Ebene vermitteln. Auf personaler Ebene sind das bspw. die „Fähigkeit zur Wahrnehmung und Deutung von Körpersignalen" oder die „Fähigkeit zur individuell richtigen Dosierung" (Kottmann et al. 1990, S. 455). Inhaltlich greift das Konzept drei Zugänge auf: Gesundheitsförderung durch regelmäßiges Training, Gesundheitsförderung durch Kenntnis- und Einsichtsvermittlung sowie Gesundheitserziehung als Diätetik, wobei sich letzterer auf ein Konzept von Balz (1995) bezieht, das Bewegung, Ernährung, Körperpflege und Entspannung integriert (Kottmann und Küpper 2001, S. 240–241). Mit Bezügen zu physiologischen Körperreaktionen und Belastungsdosierungen weist der Ansatz durchaus Elemente einer objektivierenden Gesundheitsförderung auf. Gleichwohl sind die **methodischen Hinweise** vergleichsweise prozessorientiert: Könnenserlebnisse ermöglichen, erfahrungsgeleitetes Lernen sowie die Einheit von Wahrnehmen, Erfahren und Begreifen (Kottmann und Küpper 2001, S. 246–249).

Das Konzept der **Gesundheitsbildung im Sportunterricht** geht von einer Verengung und Technisierung des Gesundheitsverständnisses in der Folge der Industrialisierung aus und bietet mit der „Wiederentdeckung des Subjekts" und der „Renaissance der Idee der Bildung" Ansätze für eine Neuorientierung der Gesundheitsförderung. Programmatisch steht dafür der Titel des Beitrags: „Von der Krankheitsprophylaxe zum Lebenssinn" (Beckers 1991). Die Leitidee des Konzepts ist die Förderung der **individuellen Selbstgestaltungsfähigkeit** auf der Grundlage eines Gleichgewichts von Können (psycho-physische Voraussetzungen), Sollen (sozio-kulturelle Anforderungen) und Wollen (individuelle Ziele und Werte) (vgl. Abb. 8.3). Letztlich zielt der Ansatz damit auf die Fähigkeit, „die eigenen subjektiven Wünsche und die vorhandenen Ressourcen mit den äußeren Anforderungen […] in Einklang zu bringen" (Erlemeyer 2016, S. 24). Inhaltlich setzt das Konzept insbesondere bei (Kleinen) Spielen sowie bei Aufgaben zur Wahrnehmungsentwicklung aus unterschiedlichen Feldern an, u. a. erlebnispädagogische und kreative Zugänge (siehe Kap. 3–5). Entscheidend ist der **methodische Zugang,** der über eine Sensibilisierung der Wahrnehmung sogenannte „Muster geformten Verhaltens" deutlich machen will, um dadurch unangemessene Verhaltensweisen bewusst zu machen und Alternativen für gesundheitsförderliches Handeln entwickeln zu können (Beckers et al. 1992).

Auch das Konzept der **Gesundheitsförderung im Sportunterricht** grenzt sich zunächst von einer einseitig biomedizinischen Sichtweise ab und bekennt sich zu einem Gesundheitsbegriff, der subjektive und objektive Faktoren integriert (Brodtmann 2008, S. 180–181). Unter Bezug auf den Ansatz der Salutogenese sowie das umfassende Gesundheitsverständnis der WHO zielt das Konzept auf eine Gesundheitsförderung als **Verhaltens- und Verhältnisprävention** in Schule und Sportunterricht. Dazu werden vier Aufgabenbereiche ausgewiesen: Ausüben gesundheitsrelevanter Praktiken (z. B. Yoga oder Jogging), Vermittlung gesundheitsrelevanter Kenntnisse und Fähigkeiten,

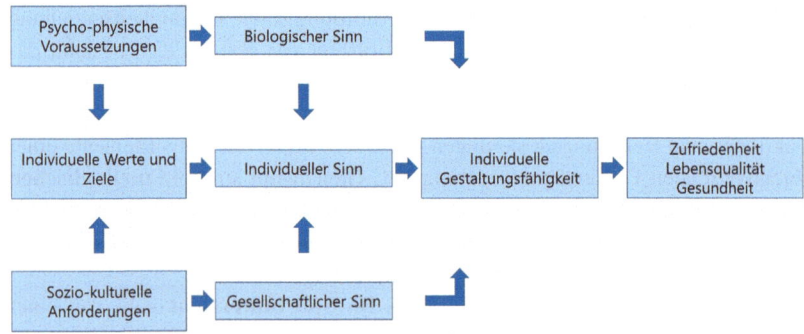

Abb. 8.3 Gesundheitsbildung durch Bewegung, Spiel und Sport. (Mod. nach Beckers et al. 1992, S. 11)

8.4 Fachdidaktische Konzepte

Stärkung personaler Ressourcen sowie Veränderung gesundheitsrelevanter Verhältnisse (vgl. Abb. 8.4). Während die ersten drei Aufgaben der Verhaltensprävention zuzuordnen sind, gehört die vierte Aufgabe zur Verhältnisprävention. Besondere Bedeutung kommt der Entwicklung personaler Ressourcen im Sinne eines **Empowerments** zu, also dem „Entwickeln und Stärken jener individuellen Kompetenzen, mit deren Hilfe die eigene Gesundheit und die Gesundheit anderer positiv beeinflusst werden können..." (Brodtmann 2008, S. 191). Dafür können im Grunde alle Inhalte des Sportunterrichts genutzt werden, entscheidend ist ihre **methodische Inszenierung**, die als selbstständiges, entdeckendes und problemlösendes Lernen beschrieben wird, in der immer wieder auch Gruppenaufgaben eingesetzt werden (Brodtmann 2008, S. 196–198).

Das Konzept einer **Sportbezogenen Gesundheitskompetenz** ist der neueste ausgewählte Ansatz (Töpfer und Sygusch 2014; Töpfer 2017). Es integriert sportpädagogische, bildungswissenschaftliche und gesundheitswissenschaftliche Diskurse zur Gesundheitsförderung und zielt auf eine gesundheitsbezogene Handlungsfähigkeit von Schülerinnen und Schülern in sportbezogenen Kontexten. Dabei geht es im Kern darum, „den Schülern zu helfen, ihre gesundheitlichen Erwartungen an den Sport zu klären und ihren Sport gesundheitsbewusster zu treiben" (Kurz 2004, S. 64). Die sportbezogene Gesund-

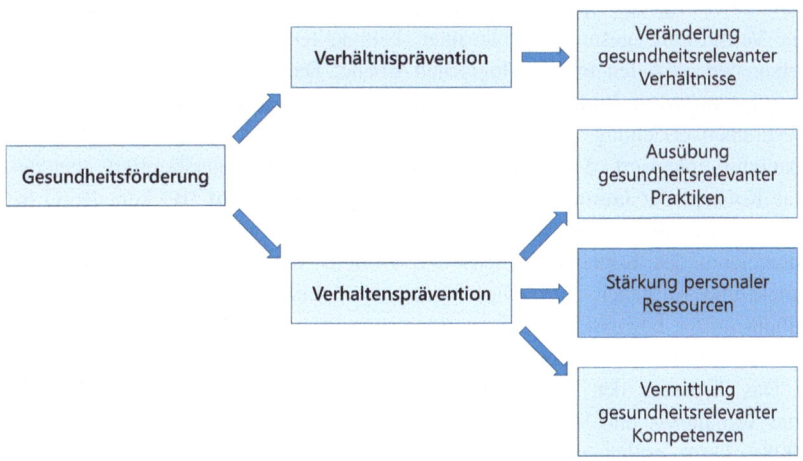

Abb. 8.4 Aufgaben der Gesundheitsförderung im Sportunterricht. (Mod. nach Brodtmann 2008, S. 193)

heitskompetenz wird dazu in die Dimensionen **Wissen, Können und Wollen** unterteilt. Das Wissen bezieht sich bspw. auf Handlungs- und Effektwissen zu gesundheitsbezogenen Trainingsmethoden, das Können auf die Wahrnehmung und Deutung von Körpersignalen sowie die Fähigkeit zur Selbstregulation und das Wollen auf gesundheitsrelevante Einstellungen und die Verantwortungsübernahme für die eigene Gesundheit (Töpfer und Sygusch 2014, S. 168–174). Methodisch bleibt das Konzept bislang noch etwas unscharf. Prinzipien eines **Erziehenden Sportunterrichts,** insbesondere die Reflexion sportlicher Aktivitäten mit dem Ziel des Verstehens und Anwendens, spielen jedoch eine zentrale Rolle (Töpfer 2017, S. 70–73).

8.5 Konzepte im Überblick

Die Förderung der Gesundheit ist eine zentrale Argumentationsfigur im Sport, nicht zuletzt auch im Schulsport. Das Verständnis von „Gesundheit" ist dabei jedoch ebenso unterschiedlich, wie die darauf basierenden fachdidaktischen Konzepte. Zumindest im pädagogischen Feld scheint sich ein gewisser Konsens entwickelt zu haben, der objektive und subjektive Aspekte im Sinne des Salutogenesemodells integriert (Volkmann 2015). Gleichwohl unterscheiden sich die Ansätze im Detail erheblich (vgl. Tab. 8.2). Das Konzept der **Gesundheitserziehung im Sportunterricht** (Kottmann und Küpper 2001) zielt auf die Vermittlung gesundheitsrelevanter Fähigkeiten und Fertigkeiten auf der personalen, sozialen und ökologischen Ebene. Dazu setzt es auf regelmäßige Trainingsprozesse, Kenntnis- und Einsichtsvermittlung sowie auf eine diätetische Gesundheitserziehung, die Bewegung, Ernährung, Körperpflege und Entspannung integriert. Methodisch ist der Ansatz erfahrungsorientiert angelegt. Das Konzept der **Gesundheitsbildung im Sportunterricht** (Beckers 1991) hat die Selbstgestaltungsfähigkeit der Schülerinnen und Schüler als Ziel, die als Ausbalancieren des Könnens, Sollens und Wollens verstanden wird. Über kleine Spiele und Aufgaben zur Wahrnehmungsentwicklung sollen eingefahrene Verhaltensmuster bewusst gemacht werden, um auf dieser Grundlage alternative, gesundheitsbewusstere Handlungen zu ermöglichen.

Das Konzept der **Gesundheitsförderung im Sportunterricht** zielt auf eine Verhaltens- und Verhältnisprävention im schulischen Kontext (Brodtmann 2008). Dazu sollen gesundheitsrelevante Praktiken, Kenntnisse und Fähigkeiten sowie vor allem eine Stärkung personaler Ressourcen im Sinne des

8.5 Konzepte im Überblick

Tab. 8.2 Fachdidaktische Konzepte zur Gesundheitsförderung im Sport im Überblick

	Gesundheitserziehung im Sportunterricht	Gesundheitsbildung im Sportunterricht	Gesundheitsförderung im Sportunterricht	Sportbezogene Gesundheitskompetenz
Vertreter	Doris Küpper Lutz Kottmann	Edgar Beckers Reinhard Erlemeyer	Dieter Brodtmann	Clemens Töpfer Ralf Sygusch
Leitidee	Gesundheitserziehung auf personaler, sozialer und ökologischer Ebene	Individuelle Selbstgestaltungsfähigkeit als Gleichgewicht von Können, Wollen und Sollen	Gesundheitsförderung als Verhaltens- und Verhältnisprävention	Förderung sportbezogener Gesundheitskompetenz als gesundheitsbezogene Handlungsfähigkeit
Sachbezug	– Gesundheitsförderung durch regelmäßiges Training – Gesundheitsförderung durch Kenntnis- und Einsichtsvermittlung – Gesundheitserziehung durch Diätetik	– Kleine Spiele – Aufgaben zur Bewegungserfahrung und Wahrnehmungsentwicklung	– Stärkung personaler Ressourcen – Vermittlung gesundheitsrelevanter Kompetenzen – Ausübung gesundheitsrelevanter Praxen – Veränderung gesundheitsrelevanter Verhältnisse	– Gesundheitsbezogenes Wissen – Gesundheitsbezogenes Können – Gesundheitsbezogenes Wollen
Vermittlungsbezug	– Individuelle Könnenserlebnisse – Erfahrungsgeleitetes Lernen – Einheit von Wahrnehmen, Erfahren und Begreifen	– Sensibilisierung der Wahrnehmung – Umgang mit Mustern geformten Verhaltens	– Selbstständiges Lernen – Entdeckendes und problemlösendes Lernen – Gruppenaufgaben	– Reflexion von Erfahrungen – Prinzipien eines Erziehenden Sportunterrichts

Empowerments beitragen. Hinzu kommt die Veränderung gesundheitsrelevanter Verhältnisse in der Schule. Lernprozesse sollen selbstständig, entdeckend und problemlösend angelegt sein. Das Konzept der **Sportbezogenen Gesundheitskompetenz** zielt auf eine gesundheitsbezogene Handlungskompetenz in sportlichen Kontexten (Töpfer und Sygusch 2014). Dazu soll das Wissen, Können und Wollen der Schülerinnen und Schüler beeinflusst werden, wobei Prinzipien eines Erziehenden Sportunterrichts leitend sind. Facetten einer **objektivierenden Gesundheitsförderung** finden sich tendenziell stärker in den Konzepten der Gesundheitserziehung und der Gesundheitskompetenz. Deutlich **subjektivierende Ansätze** sind dagegen in der Gesundheitsbildung und Gesundheitsförderung erkennbar. Das soziale Umfeld wird in der Gesundheitserziehung und Gesundheitsbildung als handlungsbedeutsam aufgegriffen, im Rahmen der Gesundheitsförderung soll es im Sinne des Settingansatzes darüber hinaus sogar verändert werden.

> **Reflexionsfragen**
> 1. Wodurch unterscheiden sich Gesundheitserziehung, Gesundheitsbildung und Gesundheitsförderung?
> 2. Wodurch unterscheidet sich das psychosoziale Gesundheitsverständnis vom biomedizinischen Gesundheitsverständnis?
> 3. Inwiefern beeinflusst die „Dialektik der Aufklärung" die Gesundheitsförderung im Sport und in der Schule?
> 4. Auf den ersten Blick sind Kinder und Jugendliche gesund, auf den zweiten Blick zeigen sich auch bei Heranwachsenden zahlreiche Erkrankungen. Wie ist das zu erklären?
> 5. Welche Rolle kann der Sport bei der Bewältigung altersspezifischer Entwicklungsaufgaben spielen?
> 6. Warum sind Erfahrungsorientierung und Lebensweltbezug unerlässlich für das Gelingen der Gesundheitsförderung im Schulsport?
> 7. Warum ist das psychosoziale Gesundheitsverständnis letztlich hilfreicher für den Sportunterricht als das biomedizinische Gesundheitsverständnis?
> 8. Welcher Ansatz ist stärker subjektorientiert: Das Konzept der Gesundheitserziehung oder das Konzept der Gesundheitsbildung? Warum?
> 9. Was ist wichtiger: Die Veränderung gesundheitsrelevanter Verhältnisse oder die Stärkung personaler Ressourcen?
> 10. Welche Konzepte beziehen den Settingansatz der Gesundheitsförderung mit ein? Inwiefern?

Literatur

Balz, E. (1995). *Gesundheitserziehung im Schulsport. Grundlagen und Möglichkeiten einer diätetischen Praxis*. Schorndorf: Hofmann.

Balz, E. (2013). Gesundheit fördern. In P. Neumann & E. Balz (Hrsg.), *Sport-Didaktik. Pragmatische Fachdidaktik für die Sekundarstufe I und II* (1. Aufl., S. 113–122). Berlin: Cornelsen Scriptor.

Balz, E. (2016). Gesundheitsförderung im Schulleben konkretisieren. In E. Balz, R. Erlemeyer, V. Kastrup, & T. Mergelkuhl (Hrsg.), *Gesundheitsförderung im Schulsport. Grundlagen, Themenfelder und Praxisbeispiele* (S. 164–175). Aachen: Meyer & Meyer.

Becker, S. (Hrsg.). (2014). *Aktiv und Gesund? Interdisziplinäre Perspektiven auf den Zusammenhang zwischen Sport und Gesundheit*. Wiesbaden: Springer VS.

Beckers, E. (1991). Von der Krankheitsprophylaxe zum Lebenssinn – Zur Wiederentdeckung pädagogischen Denkens in der neueren Gesundheitsdiskussion. In D. Küpper & L. Kottmann (Hrsg.), *Sport und Gesundheit* (S. 35–49). Schorndorf: Hofmann.

Beckers, E., Holz, O., Jansen, U., & Mayer, M. (1992). *Gesundheitsorientierte Angebote in Sportvereinen (Materialien zum Sport in Nordrhein-Westfalen, 34)*. Frechen: Ritterbach.

Bengel, J., Strittmatter, R., & Willmann, H. (2001). *Was erhält Menschen gesund?* – *Antonovskys Modell der Salutogenese – Diskussionsstand und Stellenwert (Forschung und Praxis der Gesundheitsförderung, 6).* Köln: BZgA.

Brodtmann, D. (2008). Gesundheitsförderung im Schulsport. In D. Kuhlmann (Hrsg.), *Sportpädagogik. Ein Arbeitstextbuch* (Sportwissenschaft und Sportpraxis, 152, S. 180–200). Hamburg: Czwalina.

Dadaczynski, K. & Paulus, P. (2011). Gesundheitsmanagement in der guten gesunden Schule – Handlungsfelder, Prinzipien und Rolle der Schulleitung. In W. Dür & R. Felder-Puig (Hrsg.), *Lehrbuch Schulische Gesundheitsförderung* (S. 158–172). Bern: Huber.

Dadaczynski, K., & Paulus, P. (2018). Verhaltens- und Verhältnisprävention. In C.-W. Kohlmann, C. Salewski, & M. A. Wirtz (Hrsg.), *Psychologie in der Gesundheitsförderung* (1. Aufl., S. 257–268). Bern: Hogrefe.

Erlemeyer, R. (2016). Gesundheit und Gesundheitsförderung. In E. Balz, R. Erlemeyer, V. Kastrup, & T. Mergelkuhl (Hrsg.), *Gesundheitsförderung im Schulsport. Grundlagen, Themenfelder und Praxisbeispiele* (Edition Schulsport, 29, S. 18–27). Aachen: Meyer & Meyer.

Faltermeier, T. (2018). Salutogenese und Ressourcenorientierung. In C.-W. Kohlmann, C. Salewski, & M. A. Wirtz (Hrsg.), *Psychologie in der Gesundheitsförderung* (1. Aufl., S. 85–97). Bern: Hogrefe.

Fend, H. (2001). *Entwicklungspsychologie des Jugendalters – Ein Lehrbuch für pädagogische und psychologische Berufe* (2. Aufl.). Opladen: Leske + Budrich.

Fessler, N., & Knoll, M. (2013). Bewegungszentrierte Gesundheitsförderung. In H. Aschebrock & G. Stibbe (Hrsg.), *Didaktische Konzepte für den Schulsport* (S. 264–291). Aachen: Meyer & Meyer.

Finger, J. D., Varnaccia, G., Borrmann, A., Lange, C., & Mensink, G. B. M. (2018). Körperliche Aktivität von Kindern und Jugendlichen in Deutschland. *Journal of Health Monitoring, 3*(1), 24–30. https://doi.org/10.17886/RKI-GBE-2018-006.2

Frey, G., & Hildenbrandt, E. (1988). Gesundheitsförderung durch Schulsport aus trainingswissenschaftlicher Sicht. *Sportunterricht, 37,* 451–460.

Güllich, A., & Krüger, M. (Hrsg.). (2020). *Bewegung, Training, Leistung und Gesundheit – Handbuch Sport und Sportwissenschaft.* Berlin; Heidelberg: Springer. https://doi.org/https://doi.org/10.1007/978-3-662-53386-4

Hollmann, W. (2004). Prävention von Bewegungsstörungen. In K. Hurrelmann, T. Klotz, & J. Haisch (Hrsg.), *Lehrbuch Prävention und Gesundheitsförderung* (S. 97–110). Bern: Huber.

Horkheimer, M., & Adorno, T. W. (2000). *Dialektik der Aufklärung. Philosophische Fragmente* (12. Aufl.). Frankfurt: Fischer.

Hundeloh, H. (2012). Das Konzept „Gute gesunde Schule". *DGUV pluspunkt, 4,* 6–9.

Hurrelmann, K. (2010). *Gesundheitssozialisation.* Weinheim: Juventa.

Hurrelmann, K., & Quenzel, G. (2016). *Lebensphase Jugend – Eine Einführung in die sozialwissenschaftliche Jugendforschung* (13. überarbeitete Aufl.). Weinheim: Beltz Juventa.

Inchley, J., Currie, D., Young, T., Samdal, O., Torsheim, T., & Augustson, L. et al. (2016). *Growing up unequal. Gender and socioeconomic differences in young people's health and well-being: Health Behaviour in School-Aged Children (HBSC) Study: Inter-

national report from the 2013/2014 survey. Kopenhagen: World Health Organization Regional Office for Europe.

Jekauc, D., Reiner, M., & Woll, A. (2014). Zum Zusammenhang zwischen sportlicher Aktivität und habitueller Gesundheit und ihrer Wirkungsrichtung. In S. Becker (Hrsg.), *Aktiv und Gesund?* (S. 13–30). Wiesbaden: Springer VS.

Kastrup, V., & Vogel-Deutsch, P. (2016). Gute gesunde Schule. In E. Balz, R. Erlemeyer, V. Kastrup, & T. Mergelkuhl (Hrsg.), *Gesundheitsförderung im Schulsport. Grundlagen, Themenfelder und Praxisbeispiele* (Edition Schulsport, 29, S. 80–104). Aachen: Meyer & Meyer.

Kurz, D. (2000). Die pädagogische Grundlegung des Schulsports in Nordrhein-Westfalen. In H. Aschebrock (Hrsg.), *Erziehender Schulsport* (S. 9–55). Bönen: Kettler.

Kurz, D. (2004). Von der Vielfalt sportlichen Sinns zu den pädagogischen Perspektiven im Schulsport. In P. Neumann & E. Balz (Hrsg.), *Mehrperspektivischer Sportunterricht – Orientierungen und Beispiele* (S. 57–70). Schorndorf: Hofmann.

Kottmann, L., Küpper, D., & Pack, R.-P. (1990). Schulsport und Gesundheitserziehung – Probleme und Chancen. *Sportunterricht, 39,* 453–460.

Kottmann, L., & Küpper, D. (1991). Kompetenzen für ein gesundheitsgerechtes Sporttreiben. In D. Küpper & L. Kottmann (Hrsg.), *Sport und Gesundheit* (S. 139–152). Schorndorf: Hofmann.

Kottmann, L., & Küpper, D. (2001). Gesundheitserziehung. In W. Günzel & R. Laging (Hrsg.), *Neues Taschenbuch des Sportunterrichts, 1* (2., korrigierte Aufl., S. 235–252). Hohengehren: Schneider.

Laging, R. (2017). *Bewegung in Schule und Unterricht – Anregungen für eine bewegungsorientierte Schulentwicklung.* Stuttgart: Kohlhammer.

Lohaus, A. (2018). Jugend. In C.-W. Kohlmann, C. Salewski, & M. A. Wirtz (Hrsg.), *Psychologie in der Gesundheitsförderung* (S. 493–505). Bern: Hogrefe.

MSW NRW (Ministerium für Schule und Weiterbildung des Landes Nordrhein-Westfalen). (2014). *Rahmenvorgaben für den Schulsport in Nordrhein-Westfalen.* Düsseldorf: MSW NRW.

Neuber, N. (2020). *Fachdidaktische Konzepte Sport. Zielgruppen und Voraussetzungen* (Basiswissen Lernen im Sport, 2). Wiesbaden: Springer VS. https://doi.org/10.1007/978-3-658-28464-0

Neuber, N., & Wentzek, C. (2005). Lebensstilorientierte Gesundheitsförderung im Jugendalter – ein bewegungsorientiertes Pilotprojekt mit Auszubildenden. *Prävention – Zeitschrift für Gesundheitsförderung, 28*(1), 22–25.

Poethko-Müller, C., Kuntz, B., Lampert, T., & Neuhauser, H. (2018). Die allgemeine Gesundheit von Kindern und Jugendlichen in Deutschland – Querschnittergebnisse aus KiGGS Welle 2 und Trends. *Journal of Health Monitoring, 3*(1), 8–14. https://doi.org/10.17886/RKI-GBE-2018-004

Rathmann, K., Herke, M., Moor, I., & Richter, M. (2016). Bildungsungleichheit, Schulumwelt und Gesundheit: Gibt es eine doppelte Benachteiligung? In L. Bilz, G. Sudeck, J. Bucksch, A. Klocke, P. Kolip, W. Melzer, U. Ravens-Sieberer, & M. Richter (Hrsg.), *Schule und Gesundheit. Ergebnisse des WHO-Jugendgesundheitssurveys „Health Behaviour in School-aged Children" 2013/14* (S. 156–180). Weinheim: Beltz Juventa.

Rathmann, K., & Schricker, J. (2019). Gesundheit und Gesundheitsverhalten von Kindern und Jugendlichen – Bedeutung und Implikationen für Prävention und Gesundheitsförderung. In M. Tiemann & M. Mohokum (Hrsg.), *Prävention und Gesundheitsförderung* (S. 1–12). Berlin: Springer.

Richter, M., & Hurrelmann, K. (2016). Die soziologische Perspektive auf Gesundheit und Krankheit. In M. Richter & K. Hurrelmann (Hrsg.), *Soziologie von Gesundheit und Krankheit* (S. 3–19). Wiesbaden: Springer VS.

Schipperges, H. (1982). *Der Arzt von morgen – Von der Heiltechnik zur Heilkunde.* Berlin: Severin & Siedler.

Schienkiewitz, A., Damerow, S., & Schaffrath Rosario, A. (2018). Prävalenz von Untergewicht, Übergewicht und Adipositas bei Kindern und Jugendlichen in Deutschland – Einordnung der Ergebnisse aus KiGGS Welle 2 nach internationalen Referenzsystemen. *Journal of Health Monitoring, 3*(3), 60–74.

Schmidt, W. (2015). Gesellschaftliche Veränderungen: Verstetigung sozialer Ungleichheiten. In W. Schmidt, N. Neuber, T. Rauschenbach, H. P. Brandl-Bredenbeck, J. Süßenbach, & C. Breuer (Hrsg.), *Dritter Deutscher Kinder- und Jugendsportbericht. Kinder- und Jugendsport im Umbruch* (S. 78–101). Schorndorf: Hofmann.

Sygusch, R., Tittlbach, S., Brehm, W., Opper, E., Lampert, T., & Bös, K. (2008). Zusammenhänge zwischen körperlich-sportlicher Aktivität und Gesundheit von Kindern. In W. Schmidt (Hrsg.), *Zweiter Deutscher Kinder- und Jugendsportbericht. Schwerpunkt: Kindheit* (1. Aufl., S. 159–176). Schorndorf: Hofmann.

Sygusch, R., Töpfer, C., Wick, C., & Gabriel, H. (2016). Sport und Gesundheit – eine dynamische Zweierbeziehung. Zwölf Unterrichtsbausteine zur Gesundheitskompetenz im Sportunterricht. In Kröger, C. & Miethling, W.-D. (Hrsg.), *Sporttheorie in der gymnasialen Oberstufe* (S. 208–226). Schorndorf: Hofmann.

Töpfer, C. (2017). *Sportbezogene Gesundheitskompetenz: Kompetenzmodellierung und Testentwicklung für den Sportunterricht.* (Dissertation). Erlangen-Nürnberg: Friedrich-Alexander-Universität.

Töpfer, C., & Sygusch, R. (2014). Gesundheitskompetenz im Sportunterricht. In S. Becker (Hrsg.), *Aktiv und Gesund? Interdisziplinäre Perspektiven auf den Zusammenhang zwischen Sport und Gesundheit* (S. 153–179). Wiesbaden: Springer VS.

Volkmann, V. (2015). Gesundheit fördern: Bestandsaufnahme und Perspektiven für den Schulsport. *Sportpädagogik, 39*(1), 2–5.

WHO (Weltgesundheitsorganisation). (1986). *Ottawa-Charta zur Gesundheitsförderung.* Zugriff am 14.09.2020 unter: https://www.euro.who.int/__data/assets/pdf_file/0006/129534/Ottawa_Charter_G.pdf?ua=1

The manufacturer's authorised representative in the EU is Springer Nature Customer Service Centre GmbH, Europaplatz 3, 69115 Heidelberg, Germany. If you have any concerns regarding our products, please contact ProductSafety@springernature.com

Printed and bound by CPI Group (UK) Ltd, Croydon, CR0 4YY

23/03/2026

02076396-0015